人工智能产业发展的
就业效应及对策研究

RENGONG ZHINENG CHANYE FAZHAN DE
JIUYE XIAOYING JI DUICE YANJIU

曾小龙◎著

西南财经大学出版社
中国·成都

图书在版编目(CIP)数据

人工智能产业发展的就业效应及对策研究/
曾小龙著.--成都:西南财经大学出版社,2025.2.
ISBN 978-7-5504-6551-0

Ⅰ.F492.3

中国国家版本馆 CIP 数据核字第 20252CD167 号

人工智能产业发展的就业效应及对策研究

曾小龙　著

责任编辑:李特军
助理编辑:王晓磊
责任校对:石晓东
封面设计:墨创文化
责任印制:朱曼丽

出版发行	西南财经大学出版社(四川省成都市光华村街 55 号)
网　　址	http://cbs.swufe.edu.cn
电子邮件	bookcj@swufe.edu.cn
邮政编码	610074
电　　话	028-87353785
照　　排	四川胜翔数码印务设计有限公司
印　　刷	郫县犀浦印刷厂
成品尺寸	170 mm×240 mm
印　　张	22.75
字　　数	381 千字
版　　次	2025 年 2 月第 1 版
印　　次	2025 年 2 月第 1 次印刷
书　　号	ISBN 978-7-5504-6551-0
定　　价	98.00 元

前言

人工智能（artificial intelligence），英文缩写为 AI，于 1956 年的达特茅斯会议上首次提出。它是研究、开发用于模拟、延伸和扩展人的智能的理论、方法、技术及应用系统的一门新的技术科学。人工智能是计算机科学的一个分支，目标是对人类智能建立数学模型，并创造出一种新的能以人类智能相似的方式作出反应的智能机器，该领域的研究包括机器人技术、语言识别、图像识别、自然语言处理和专家系统等。自从 2022 年 11 月 ChatGPT 发布以来，全世界又重新掀起了生成式人工智能研究与应用的热潮。以 ChatGPT 为代表的生成式 AI 的崛起是人工智能领域的一次重大变革，也可能成为由专用性人工智能转向通用性人工智能的关键转折点。

世界主要国家都在大力发展人工智能。我国也把发展人工智能作为经济发展的新引擎。党的十九大报告提出，推动互联网、大数据、人工智能和实体经济深度融合。2017 年 7 月，国务院在印发的《新一代人工智能发展规划》中，对我国人工智能发展明确提出了三步走的战略目标。《中共中央关于制定国民经济和社会发展第十四个五年规划和二〇三五年远景目标的建议》指出，要推动互联网、大数据、人工智能等向各产业渗透，促进一批各具特色、优势互补的战略性新兴产业发展。作为新型人工智能技术，生成式人工智能持续升温，引发了社会各界的广泛关注。2023年7月国家网信办联合国家发展改革委、教育部、科技部等7部门发布了《生成式人工智能服务管理暂行办法》，首次对生成式人工智能研发与服务作出了明确的规定。2023年12月，中央经济工作会议明确提出，要大力推进新型工业化，发展数字经济，加快推动人工智能发展。2024年政府工作报告指出，深化大数据、人工智能等研发应用，开展"人工智能+"行动，打造具有国际竞争力的数字产业集群。2024年11月20日，国家主席习近平向2024年世界互联网大会乌镇峰会开幕视频致贺时指出，当前，新一轮科技革命和产业变革迅猛发展，人工智能等新技术方兴未艾，大幅提升了人类认识世界和改造世界的能力，同时也带来了一系列难以预知的风险挑战。我们应当把握数字化、网络化、智能化发展大势，加快推动网络空间创新发展、安全发展、普惠发展，携手构建网络空间命运共同体，让互联网更好地造福人民、造福世界。

人工智能技术的应用对劳动力市场格局产生了颠覆性的影响。一方面，人工智能在许多领域可以自动化完成重复性、低价值的工作，从而减少了对人力资源的需求。另一方面，人工智能的发展也将创造新的就业机会。随着技术的进步，需要更多的专业人员来开发、维护和管理人工智能系统。此外，由于人工智能的广泛应用，还会出现与之相关的新兴行业和职位。

作为高校从事理论教学的教师及学生工作的管理者，我长期以来重视大学毕业生就业问题，近年来尤其关注新一代人工智能对大学毕业生就业的冲击。本书是我2018年参与的国家社会科学基金西部项目：人工智能产业发展的就业效应及对策研究（项目编号：18XJY004）的阶段性成果。该书基于我国人工智能技术大规模应用的初级阶段，借鉴国内外研究前沿文献和我国的实际情况，从技术经济学、劳动经济学、产业经济学和制度经济学多学科融合的维度初步探讨了以智能机器人为代表的人工智能技术在不同行业和企业的渗透对劳动力市场的冲击。本书首先介绍了我国人工智能产业发展现状和我国劳动力市场现状,然后分别从就业的毁灭效应、创造效应、极化效应、人机协同效应、质量提升效应的视角进行机制推导、统计性描述和实证分析,最后提出应对之策。劳动者需要不断提升自己的技能和适应能力,以应对人工智能时代的挑战。政府和企业也需要制定相应的技术培训方案和社会保障政策,来帮助那些受到技术和经济转型严重冲击的就业人员。

人工智能对就业的影响问题涉及范围较广,众多专家和学者从不同的角度进行了探索,相关成果丰富。我在写作过程中也学习和借鉴了他们的成果,在此一并向他们表示深深的谢意。

感谢西南财经大学出版社领导和编辑老师的大力支持和关心!

由于本人才疏学浅,书中难免存在一些不足和错误之处,敬请各位专家和读者海涵,并不吝赐教。

曾小龙

2024 年 6 月

表6-13(续)

变量	变量名	变量含义	单位	数据来源
	robot	服务机器人销量	台	国际机器人联盟（IFR）
		生产性服务业机器人销售量	台	国际机器人联盟（IFR）
		生活性服务业机器人销售量	台	国际机器人联盟（IFR）
	AGDP	人均 GDP	万元/人	中国统计年鉴
	education	受教育程度	年	中国教育统计年鉴
	value	第三产业增加值	亿元	中国第三产业统计年鉴
	offshore	离岸外包执行金额	亿元	中国服务外包发展报告

（2）设定模型

$$lnservice = \beta_0 + \beta_1 lnrobot + \beta_2 education + \beta_3 lnvalue + \beta_4 lnAGDP + \beta_5 lnoffshore + \varepsilon \qquad (6.15)$$

其中，"service"表示服务业总体就业人数；"a"表示生产性服务业就业人数；"b"表示生活性服务业就业人数；"robot"表示服务机器人销售量；"robota"表示生产性服务业机器人销售量；"robotb"表示生活性服务业机器人销量；"education"表示受教育程度；"value"表示服务业增加值；"AGDP"表示人均GDP；"offshore"表示离岸外包执行金额；"ε"表示方差扰动项。

（3）回归结果及讨论

①人工智能技术应用对服务业总体就业影响。

从表6-14模型（1）列回归结果可以看出，服务机器人销售量增加1%，服务业就业人数增加8%，且在1%条件下显著。从表模型（2）-（5）列可以看出，加法引入受教育程度、第三产业增加值、人均GDP、离岸外包执行金额等解释变量，人工智能技术应用对服务业就业影响的系数仍然为正值，仍然在1%条件下显著。

表6-14　人工智能技术应用对服务业就业创造效应

自变量	因变量：lnservice				
	模型（1）	模型（2）	模型（3）	模型（4）	模型（5）
lnrobot	0.081 182 7 ***	0.093 891 ***	0.074 802 2 ***	0.064 894 7 ***	0.121 545 1 ***
	(0.009 838)	(0.008 530 6)	(0.007 54)	(0.012 78)	(0.022 977 8)

目录

第一章　导论

第一节　研究背景和意义

人工智能（artificial intelligence），英文缩写为 AI，始于 1956 年的达特茅斯会议。它是研究、开发用于模拟、延伸和扩展人的智能的理论、方法、技术及应用系统的一门新的技术科学。人工智能是计算机科学的一个分支，目标是对人类智能建立数学模型，并创造出一种新的能以人类智能相似的方式作出反应的智能机器，该领域的研究包括机器人技术、语言识别、图像识别、自然语言处理和专家系统等。AI 作为生产的新要素，至少以三种重要方式推动经济增长：①可以创造新的智能劳动力，即智能自动化；②可以补充并增强技能，提高现有劳动力和实物资本的利用效率；③可以推动经济创新（埃森哲研究部）。

随着大数据的发展，硬件和算法的进步，人工智能越来越受到人们的重视，世界主要国家都在大力发展人工智能。2016 年，人工智能随着 AlphaGo 人机大战而成为热词。如今，人工智能的产品也无处不在，比如 Apple 的 Siri，谷歌的无人车，IBM 的 Watson，以及其他各种人脸识别技术等。这些都使投资界和产业界对人工智能的关注前所未有地高涨。人工智能可能带来的颠覆性变化也受到了全球知名金融和咨询机构的认可。麦肯锡全球研究院就认为人工智能正在促进人类社会发生转变。这种转变将比工业革命"发生的速度快 10 倍，规模大 300 倍，影响几乎大 3 000 倍"。

我国也把发展人工智能作为经济发展的新引擎。党的十九大报告提出，推动互联网、大数据、人工智能和实体经济深度融合。人工智能为实体经济注入新动能。2017 年 7 月，国务院在印发的《新一代人工智能发展规划》中，对我国的人工智能发展明确提出了三步走的战略目标，其中第一步，到 2020 年达到总体技术和应用与世界先进水平同步，人工智能产业成为新的重要经济增长点，人工智能技术应用成为改善民生的新途径。这一目标不仅与 2020 年全面建成小康社会相呼应，而且也是深化供给侧结构性改革、推动中国跻身创新型国家前列的重要驱动力之一。第二步，到 2025 年，实现重大突破，部分达到世界领先水平，智能社会取得积极进展。第三步，到 2030 年，人工智能理论、技术与应用总体达到世界领先水平，并成为世界主要人工智能创新中心。《中共中央关于制定国民经济和社会发展第十四个五年规划和二〇三五年远景目标的建议》指出，要推动互联网、大数据、人工智能等向各产业渗透，促进一批各具特色、优势互补的战略性新兴产业发展，培育新技术、新业态、新模式，促进平台经济健康发展。

党的二十大报告指出，推动战略性新兴产业融合集群发展，构建新一代信息技术、人工智能、生物技术、新能源、新材料、高端装备、绿色环保等一批新的增长引擎。

新一代人工智能技术，主要由商业需求尤其是互联网需求推动，对传统产业的渗透广度、深度是前所未有的，但是人工智能技术也面临着与产业发展的广泛结合问题。对传统产业而言，这也是一次推动产业提升的重大契机，人们对通过新一代人工智能的深入应用，培育新增长点、形成新动能。我国的互联网产业基础位居世界前列，互联网作为"传动机"可以将人工智能应用到各个具体行业，为传统产业的效率提升奠定基础。例如，跨媒体感知计算技术的发展，将为一系列存在安防需求的行业，如停车场、银行、学校、仓储物流等提供人脸识别等智能化应用。作为建设现代化经济体系的"动力机"，人工智能将为各个行业尤其是实体经济的变革提供全新视角。

人工智能如何影响就业和工作，人们存在较大的分歧。有人持悲观态度，认为人工智能会导致大规模失业和无用阶级的产生，呼吁对机器人和人工智能征税，并实行普遍的国民收入基本计划。有人持乐观态度，认为人工智能发展会创造出大量新的就业机会和新的就业岗位，但工作的内容、性质和方式将发生较大变化，人们必须掌握相关的技术和技能。人工智能和智能制造的快速发展，引发国内外关于机器取代人的担忧。智能化是否会带来大量失业？科技创新与就业的关系机制如何？该如何应对全球科技革命与产业变革对就业的深刻影响？如何正确处理人工智能在实体经济中应用与劳动者高质量充分就业的关系，是新时代中国特色社会主义实践中遇到的一项新问题。本书研究的侧重点是基于产业的视阈来研究人工智能技术的应用对就业的影响。

第二节　研究的主要内容

一、研究对象

本书以技术进步对劳动者就业的影响为主线，分析人工智能产业发展对我国就业的毁灭效应和创造效应，指明智能化时代我国劳动者就业面临的机遇和挑战，并提出应对措施。

二、研究的重点和难点

1. 重点难点

（1）研究重点。

①人工智能应用对我国传统就业岗位的毁灭效应。

②人工智能应用对我国新就业岗位的直接和间接创造效应。

③人工智能时代实现人机协同的路径。

（2）研究难点。

①我国人工智能发展和应用处于初期，人工智能对劳动力就业的直接和间接影响有待进一步观察。

②根据现有的产业和就业分类数据很难对人工智能与劳动者就业的内在联系进行精准计量分析。

③人工智能发展水平是影响就业规模和质量的重要解释变量，但如何衡量人工智能发展水平数据是难点。如果我们以机器人安装量和密度作为人工智能代理变量，则外延较小。因为机器人只是人工智能产业链技术的一个分支。如果我们以信息传输、计算机软件和服务业作为人工智能代理变量，则外延偏大。因为人工智能产业只是计算机软件和服务业的一个组成部分。如果根据人工智能产业向各行业的渗透率来确定其发展水平，那么按价值形态计算的渗透率如何与物质形态的劳动力相匹配？

三、主要目标

本节主要探索人工智能时代产业发展给劳动者就业带来的机遇和挑战，研究大学毕业生和青年农民工等特殊群体就业格局的改变及智能经济对新型劳动者综合素质提出的新要求。

第三节　研究的思路和方法

一、研究的基本思路

本书首先对人工智能就业效应相关研究进行综述，然后介绍了我国人工智能的发展现状和劳动力的就业现状，接着重点实证分析了人工智能的应用对我国各行业和特定劳动力群体的就业冲击及提供的机遇，最后提出了积极的应对措施。本书研究的基本思路见图1-1。

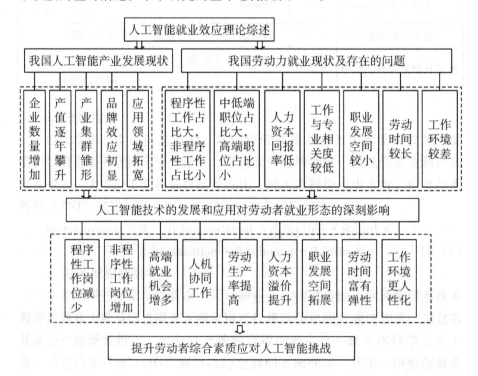

图 1-1　研究的基本思路

本书的框架结构为:

第一章,导论。本章说明本书的研究背景和意义、研究的主要内容和思路方法、创新之处、学术价值和应用价值。

第二章,人工智能产业发展对就业影响的研究进展。本章追踪人工智能技术对劳动力就业影响研究的新进展,梳理国内外相关研究新动态。

第三章,我国劳动力市场就业现状及存在的主要问题。本章首先介绍了改革开放以来我国就业取得的重大成就,包括就业渠道多元化、薪资水平逐步提高、工作与专业相关度增强、职业素养不断提升等成就;然后指出目前我国劳动者市场面临的挑战,包括就业环境不确定性、人口老龄化、就业结构性矛盾突出、技术性失业等。

第四章,人工智能产业发展现状。本章从市场规模、产业链、融资规模、企业分布等方面介绍我国人工智能产业的发展现状,并就中外人工智能产业特征进行比较,指明我国人工智能产业发展的优势与劣势。

第五章,人工智能产业的就业毁灭效应。本章首先介绍了我国"机器换人"的进展和趋势,然后就人工智能就业替代效应的实证分析,最后探讨了"机器换人"对不同就业群体冲击。

第六章,人工智能产业的就业创造效应。本章首先对人工智能产业派生的新职业解析,其次对人工智能的直接就业效应和间接就业效应进行实证分析,最后指出人工智能产业发展为我国特殊群体就业带来的新机遇。

第七章,人工智能产业的就业极化效应。本章首先就人工智能对我国就业造成极化效应的表现进行统计性描述,然后进行实证分析,最后指出就业极化效应对我国中产阶层的冲击不大。

第八章,人工智能产业发展中的人机协同效应。本章首先阐明人工智能与人类智能互补的内在机理,然后介绍两者互补形式和行业表现,最后提出实现人机协同的路径选择。

第九章,人工智能产业发展对就业质量的提升效应。本章首先介绍了就业质量的概念和指标体系,然后阐明人工智能提升就业质量的传导机制,最后进行实证分析。

第十章,人工智能时代实现高质量充分就业的制度安排。在人工智能时代,我们为了实现高质量充分就业,必须实施"就业优先"的智能化发展战略,构建人工智能时代的人才发展战略,健全与灵活就业形态相匹配的社会保障体系,打破技术垄断,实现收益和工作的共享,大力发展新业态，拓展就业新空间。

二、具体研究方法

1. 文献资料研究与实地考察相结合

广泛收集中外文献资料，掌握国内外研究现状、前沿动态、分析工具等；采取调查问卷、直接访谈等方法，对应用人工智能的典型样本企业进行实地调研，以获得翔实数据。

2. 比较制度分析

对我国与发达国家、其他新兴经济体之间人工智能引起劳动力流动数据进行比较，探索新人工智能时代国际范围内新技术对劳动者就业格局影响的大趋势。同时，对我国三次产业及各行业劳动者就业岗位受人工智能冲击的程度进行比较分析。

3. 面板数据分析

对人工智能对制造业就业的影响分别进行行业、区域、国别的静态和动态面板数据分析，揭示人工智能技术应用对制造业就业的毁灭效应。

4. 运用偏最小二乘回归模型分析

偏最小二乘回归分析模型由测量模型和结构模型构成，用以分析多组变量集合之间的现行统计关系。本书采用偏最小二乘回归模型对人工智能技术应用对我国劳动力市场的毁灭效应和创造效应进行多元回归分析。

5. 向量自回归模型

运用 VAR 模型分析智能机器人应用、工资水平、劳动时间三者之间的相互关系，说明机器人安装量和使用密度的增加能够提高劳动生产率和劳动者收入水平，而收入水平提高为缩短劳动时间提供了物质前提。

6. 投入产出分析

产业之间存在密切联系，每种产品在生产过程中，除了直接消耗外，还有间接消耗。本书依据产业关联理论，以里昂惕夫创立的投入产出分析法为基础，利用 2012 年我国投入产出表数据，计算出高端智能设备制造业的劳动力投入系数、综合就业系数和间接就业系数，对人工智能的直接就业效应和间接就业效应进行分析。

第四节　创新之处

一、学术观点创新

1. 人工智能应用对青年农民工大量蓝领工作和大学毕业生部分白领工作冲击较大

人工智能所替代是程序性的高认知和低技能工作，而对于那些非程序性的高认知和低技能工作则暂时无法替代。青年农民工和大学毕业生的大量程序性工作容易被人工智能替代。

2. 人工智能技术应用对我国中产阶层的就业冲击有限

人工智能技术应用到高技能岗位和低技能岗位会不断增长，而中等技能的岗位不断被挤压，非程序性的高认知岗位收入占比上升，而程序性的低技能工作岗位收入占比下降。但是，我国技术的"空心化"是暂时的，随着人工智能技术的成熟和推广，中产阶层新技能不断提升，加上制度激励，橄榄型的就业结构还将是常态。

3. 培养智能经济发展所需要的技能进而实现人机协同是应对人工智能挑战的关键

既然非程序性高认知和社会情绪控制技能不能被人工智能替代，那么我们就需要通过高等教育制度改革提升劳动者综合素质。智能时代对劳动者素质的要求，包括科学思维能力、应用分析能力、交流能力、动手能力和管理能力等。劳动者拥有这些才能实现人机互补，才能实现人工智能发展与劳动者就业协同增长。

二、研究方法创新

1. 产业分析法

国内外关于人工智能就业效应的分析主要采用"职业分析法"和"工作任务分析法"，本书主要采用"产业分析法"。本书应用的"产业分析法"主要从人工智能产业和行业的角度来分析就业效应，并从人工智能产业链供应链引导出人工智能就业链。人工智能产业包括智能产业化和产业智能化两个重要组成部分，又具体分为基础层、技术层和应用层三个层次，产业链每个层次都能创造出细分的就业岗位。

2. 历史和制度分析方法

大多数专家学者在对人工智能的就业效应进行分析时，均采用实证分析法，而本书研究主要采用历史和制度分析方法，力争论证和结果简洁明了，实证分析只作为辅助手段。本书运用了马克思历史分析和制度分析方法回顾了我国劳动力市场和人工智能产业发展的历史，用具体详实的资料展示了人工智能产业发展对我国劳动力市场结构的冲击。

第五节　学术价值和应用价值

一、学术价值

本书从研究人工智能技术进步的就业效应细化到分析人工智能产业发展的就业效应，从人工智能产业链和价值链的新角度对就业毁灭效应和就业创造效应进行分析，这是对就业理论的进一步深化。同时，本书对研究方法也做了新的尝试。

二、应用价值

该项研究为政府顶层设计、高校完善现代职业教育体系、企业对员工进行智能技术培训、大学生职业生涯规划提供了合理化建议。

本书的研究也具有一定的局限性：①由于数据的可获得性和易用性，本书主要以机器人作为人工智能的代理变量，不够全面和客观。②本书利用的工业机器人数据与智能工业机器人数据仍有一定的差距，期待有更详细的智能工业机器人数据来拓展这一议题的研究。③我国服务机器人利用率还比较低，人工智能对服务业的就业冲击还有待进一步观察。

第二章　人工智能产业发展对就业影响的研究进展

　　长期以来，经济学家普遍关注技术进步对就业的影响。历史上每一次重大的技术革命，都促进了劳动生产率的大幅度提高，也都伴随着对就业结构的冲击。今天，在世界范围内人工智能技术的发展正在强烈地冲击着社会生产方式和生活方式，有关人工智能对就业的影响的论题引发了学术界新的关注。

第一节　国外相关研究的学术史梳理及研究动态

一、人工智能对就业的毁灭效应

　　历次工业革命都会对就业带来一定的"毁灭效应"，先进技术设备都会替代部分劳动者原来的就业岗位。随着智能时代的来临，人工智能将对人类的就业产生巨大冲击。当前，科学家、经济学家和哲学家正在热议人工智能技术对就业的潜在影响。

　　艾伦·布林德（2009）通过使用 ONET 数据的计算方法估计，在未来十年中，美国的 22%～29% 的就业岗位将会被取代。[1]

　　美国经济学家埃里克·布林约尔松和安德鲁·麦卡菲（2012）指出，与价格不断上涨的劳动力要素相比，廉价且高效的机器人最终会替代人类

---

[1]　ALAN BLINDER. How Many US Jobs Might be Offshorable [J]. World Economics, 2009, 10 (2).

的就业岗位。①

弗雷和奥斯本 (Frey & Osborne, 2013) 运用概率分类模型测算出美国702 种职业未来被计算机替代的潜在可能性，并根据每种职业描述从中归纳出不易被自动化取代的 9 个维度。他们通过研究得出结论，在未来 10~20 年，美国有 47% 的工作很有可能会被"计算机资本取代"。此外，就业市场的"空心化"更为严重：创造性和认知性强的高收入工作机会和体力性、非规则的低收入工作机会都会增加，但是程序性和重复性的中等收入群体就业机会将大幅度减少。②

马丁·福特 (2015) 认为，技术发展对工作机会造成的威胁，已经超出了"常规"工作范围，几乎所有"可预见的"工作都会受到自动化的影响。不但技术含量低的工作势必会受到影响，而且今后那些拥有高学历的白领也将发现他们的工作难以抵挡计算机软件和运算能力的快速发展。③

2016 年，《经济学人》的一篇重磅文章《机器的警告：一个人工智能特别报道》从技术、就业、教育、政策、道德五个方面解析了人工智能革命，指出以前看起来不可能被自动化替代的工作也许将被人工智能取代。④

根据麦肯锡全球研究院 (2017) 的研究，在未来几十年中，全球 4 亿~8 亿人的工作可能会被自动取代。目前，可完全自动化的工作占比不到5%，60% 的职业只能实现部分自动化。在未来 15 年内，德国、日本、美国一半的工作都能实现自动化。截至 2017 年年底，中国有大约 3.94 亿全职人力工时的就业岗位受自动化冲击。⑤

雷斯特雷波 (Restrepo, 2017a) 通过使用 IFR 和 EU CLEMS 数据集，分析了 1990—2007 年美国机器人使用对当地劳动力市场的冲击，结果表明

① 埃里克·布林约尔松，安德鲁·麦卡菲. 与机器赛跑 [M]. 闾佳，译. 北京：电子工业出版社，2014.

② CARL BENEDIKT FREY, MICHAEL OSBORNE. The Future of Employment：How Susceptible Are Jobs to Computerisation? [J]. Oxford Martine Schoo, Programme on the Impacts of Future technology, University of Oxford, 2013 (12)：17. http://www.oxfordmartine.ox.ac.uk/downloads/academic/The_Future_0f _Employment.pdf.

③ 马丁·福特. 机器人时代：技术、工作与经济的未来 [M]. 王吉美，牛筱萌，译. 北京：中信出版社，2015.

④ March of the machines：A Special Report on Artificial intelligence [J]. The Economist, 2016 (6)：1.

⑤ 麦肯锡全球研究院. 厉兵秣马，砥砺前行：后工业革命时代的中国劳动力 [J]. 麦肯锡季刊，2018 (1).

每增加一台机器人使用量，每千人就业岗位占比就会减少 0.18%~0.14%。[1]

世界经济论坛（WEF）发布的《未来就业报告 2020》报告预计，到 2025 年，新技术的引进和人机之间劳动分工的变化将导致 8 500 万个工作岗位消失。中国未来衰退的职业依次为数据输入人员、计算人员、图书管理员和收银员、管理和行政秘书、商业服务和事务性管理人员、生产线和车间工人、会计人员和审计人员、总经理和运营经理、信息咨询和客服人员、人力资源管理专员、金融和投资顾问。[2]

然而，由于经济、法律和社会的障碍，自动化对职位的替代效应并不是一蹴而就的，而是一个缓慢的过程（Arntz et al.，2016）。

2019 年世界发展报告《工作性质的变革》中，Michael Osborne 等人推测在未来 10~20 年，美国 47% 的就业人口可能会面临失业风险。这个结论是指未来 47% 的工作被自动化替代的可能性，而不能误解为将来一定被自动化替代。前者纯粹基于技术考虑；后者基于经济考虑，依赖于劳动力和自动化技术的比较成本，即投资于自动化技术的收益至少等于现存收益。因为不同的国家使用某一技术由不同行业劳动力分布状况决定。工作可能被自动化与工作将被自动化在劳动力成本较低的国家的差异较大。[3]

阿西莫格鲁和雷斯特雷波（Acemoglu & Restrepo，2021）根据 2010—2018 年美国 AI 渗透率和相关职位招聘数据，通过回归结果得出结论：尽管 AI 应用扩展了相关领域的职位，但正在减少非 AI 领域就业岗位。AI 正在替代人类某些工作任务，但对整个劳动力市场影响不显著。[4]

二、人工智能对就业的创造效应

美国科技战略专家亚力克·罗斯（2016）认为，随着技术的不断进步，机器人将会淘汰许多职业，但他们也将会创造并且保留其他行业，并且也会创造出巨大的价值。

美国麻省理工学院媒体实验室负责人伊藤穰一（Joichi Ito，2017）认

---

① 克里斯托弗. 皮萨里德斯. 未来的工作 [J]. 中国经济报告，2017（4）：19-22.

② WORLD ECONOMIC FORUM. The Future of Jobs Report 2020 [R/OL]. (2020 - 11 - 20) [2021 - 04 - 08]. http://www3.weforum.org/docs/WEF_Future_of_Jobs_2020.pdf.

③ 世界银行集团. 2019 年世界发展报告：工作性质的变革（中文版）[R/OL]. (2019 - 04 - 18) [2019 - 06 - 10]. https://www.worldbank.org/content/dam/wdr/2019/WDR-2019-CHINESE.pdf.

④ DARON ACEMOGLU, PASCUAL RESTREPO. AI and Jobs: Evidence From Online Vacancies [R/OL]. (2020 - 11 - 10) [2022 - 05 - 04]. http://www.nber.org/ papers/w28257.

为，人类应该相信，每一次技术进步，带给我们更多的是福音而不是灾难。

多奇等（Dauch et al.，2017）运用国际机器人联合会有关德国 1994—2014 年的数据进行研究发现，机器人使用并没有减少总体就业人数，只是改变了就业结构，即制造业就业比重减少，服务业就业比重增加。[①]

霍德马克斯（Hoedermakers，2017）运用经济合作组织 15 个国家 8 个部门 15 年的通信技术数据，利用动态面板分析了机器人的应用对劳动者就业的影响，发现机器人技术进步对就业存在弱正相关。

2018 年，在夏季达沃斯经济论坛上，普华永道关于《人工智能和相关技术对中国就业的净影响》的报告认为，中国有 26% 的现有工作岗位被自动化技术所取代，但是新技术为中国创造了 38% 的新就业岗位，就业岗位净增加 12%，相当于未来 20 年内增加约 9 000 万个就业岗位。从行业来看，我国大部分新增岗位出现在服务业，预计净增加率为 29%，新增岗位 9 700 万个。建筑业工作岗位净增幅为 23%，约有 1 400 个净增岗位。[②]

世界银行发布的 2019 年世界发展报告《工作性质的变革》指出，人工智能与自动化时代不会导致就业危机。虽说机器人正在取代工人，但是同时在欧洲创造了 2 300 多万个工作岗位。中国京东的金融业务并没有聘用传统的信贷员，但创造了 3 000 多个与风险管理或者数据分析相关的新工作岗位。[③]

世界经济论坛（World Economic Forum，WEF）发布的《未来就业报告 2020》（The Future of Jobs 2020）报告，未来 5 年，人工智能与机器人的发展将进一步扩大到各个就业岗位领域。机器人的发展在 2025 年会更加兴起，预计有 8 500 万个就业机会将被其取代，但同时也将会新开放 9 700 万个新的就业机会。这意味着，5 年后社会上将新增加 1 200 万个就业机会。根据世界经济论坛《未来就业报告 2020》对中国的预测，未来中国增长最快的职业包括数据分析师和科学家、人工智能和机器学习专家、大数据专

---

① DAUTH W，FINDEISEN S，SUDEKURN J，et al. German Robotics-The Impact of Industry Robots on Workers［R］. CEPR Discussion Papers，2017.

② 普华永道. 人工智能和相关技术对中国就业的净影响［R/OL］.（2018-12-30）［2022-10-18］. https://www.pwccn.com.

③ WORLD BANK. World Development Report 2019：The Changing Nature of Work［R/OL］.（2019-04-18）［2019-06-10］. https://openknowledge.worldbank.org/bitstream/handle/10986/30435/211328CH.pdf.

家、信息安全分析师、数据营销和战略专家等。未来新增长的职业都与人工智能有关。①

三、人工智能对就业结构的极化效应

人工智能对不同行业和不同技能的工人存在差异性影响。多位专家指出，人工智能和自动化技术应用会带来就业极化现象。由于人工智能的冲击，中等技能劳动者就业岗位减少，而高技能劳动者和低技能劳动者的就业岗位有所增加，因而导致了技术和职业空心化现象。就业极化现象在多数发达国家和一些发展中国家的劳动力市场上开始显现（Miceaels et al.，2014；Auter，2015）。

关于就业极化的原因，奥特尔（Auter et al.，2003）进行了解释。他们指出有两类任务不容易被计算机取代：一类是非程序性抽象任务，如需要创造力的专业技术岗位、需要沟通和协调能力的管理岗位，即其需要具备解决问题的能力；另一类是非程序性手工任务，其需要环境适应性及互动能力。而这两类工作正好处于技能岗位的两端，所以出现了就业极化现象。②

Auter（2013）利用美国1980—2010年的数据进行实证分析得出结论，人工智能等技术导致中等技能劳动者收入减少，造成工资极化。

Dauth et al.（2017）的研究认为，随着工业机器人使用量的增加，具有大学学历的高技能劳动者收入明显增加，中等技能劳动者和没有正式学历的低技能劳动者的收入水平下降。

四、减缓人工智能对就业冲击的措施

麦肯锡研究院（2017）的报告认为，在自动化发展迅速的情况下，有关部门需要妥善解决被人工智能取代的劳动力再就业问题。为此，有关部门需要培育新兴产业创造就业机会，及时提升劳动力素质以适应高技能岗位，对不同群体实施差异化的就业促进政策，使全体劳动者共同分享智能技术红利。

---

① World Economic Forum. The Future of Jobs Report 2020 [R/OL]. (2020-11-20) [2022-10-18]. http://www3.weforum.org/docs/WEF_Future_of_Jobs_2020.pdf.

② AUTER D H, LEVY F, MURNANE R J. The Skill Content of Recent Technological Change：An Empircial Expliration [J]. The Quarterly Journal of Economics, 2003, 118 (4)：1279-1333.

很多学者主张，应对人工智能挑战的一个好的方法是实施"全民基本收入"（UBI）政策。自动化为社会带来巨额福利，而全民收入政策则可以保障每个人即使不就业也可以达到合适的生活标准。（Zon，2016）

阿博特和施耐德（Abbott & Schneider，2017）提出对机器人征税的构想。他们认为对机器人征税和对工人的劳动所得征税是一样的。对机器人征税可以缩小自动化推行的规模和延缓采用自动化的速度，给劳动者适应新职业预留时间。国家可以用来自机器人的税收的这部分收入来补贴劳动者，保障劳动力的培训和全民基本收入计划落实。

美国伦理学与新兴技术研究所研究员凯文·拉古兰德和詹姆斯·休斯（2018）认为，技术性失业的短期解决方案有：①将工作时间缩短到每天工作6小时；②建立基本收入保障制度；③针对某些类型的互联网电子商务建立收费制度；④利用这些收费所得向社会中的其他人提供帮助。长期解决方案：①在未来构建一个弹性劳动力市场；②无条件基本收入制度；③骑着机器赛跑；④教育体制创新。[①]

世界银行《2019世界发展报告：工作性质的变革》指出，技术变革迅速，很快机器人将承担许多常规工作，因此劳动者需要在整个职业生涯中不断更新技能。这就需要国家尽早开始培养基础技能，反思课程体系与教学方式，培养人们的高级技术能力，促进人们终身学习。[②]

五、研究述评

发达国家人工智能产业发展起步较早，在人工智能就业效应相关研究的理论和方法上比较成熟，因此在就业效应未来趋势预测方面取得了一系列成果，对我国人工智能的就业效应的进一步研究有一定借鉴价值。但是，国外对于人工智能的就业效应的研究也存在缺陷，由于采用的变量、样本和算法不同，相关专家和国际著名研究机构对该问题量化研究的结论相差很大。

---

① 凯文·拉古兰德，詹姆斯·休斯. 未来的就业：技术性失业与解决之道 [M]. 艾辉，冯丽丽，译. 北京：人民邮电出版社，2018.

② WORLD BANK. World Development Report 2019: The Changing Nature of Work [R/OL]. (2019-12-20) [2022-10-18]. https://openknowledge.worldbank.org/bitstream/handle/10986/30435/211328CH.pdf.

第二节 国内相关研究的学术史梳理及研究动态

一、人工智能对就业的替代效应

赖德胜等（2018）认为，历次工业革命都带来了一定的"破坏性效应"。人工智能的应用颠覆了现存产业链，使企业的产品生产和工艺流程发生了重大变化，以前的一些岗位可能要被人工智能机器人替代。[①]

曾湘泉（2017）指出，自动售货机在服务业广泛采用是机器加速替代劳动的标志。由于招工难，各企业开始考虑机器换人，从长期来讲，这对就业会造成负面影响。[②]

王君等（2017）认为，人工智能技术应用将带来工作技能需求的变化，当达到一定的门槛值，其就会改变劳动力市场格局。短期内冲击的将是程序性的、操作性的工作岗位，其次是程序性的、认知性的工作岗位。[③]

赵磊、赵晓磊（2017）以马克思主义政治经济学为视角，分析了人工智能发展与就业机会消长的关系。失业是工业社会的产物。新产业能够减缓失业，但失业岗位数量无法得到完全补偿。[④]

尹苗苗、崔国旗（2017）认为，吸纳大学毕业生人数较多的行业分别为教育、金融和公共管理等行业。然而，随着人工智能与各行业的深度融合，人工智能对大学毕业生就业的负面效应逐步显现。[⑤]

武汉大学质量战略研究院发布的《中国企业综合调查报告（2015—2018）》显示，机器人的使用替代了所在企业9.4%的初中及以下学历员工，机器人替代了3.3%重复运动和体力要求的常规操作型任务，机器人

---

① 赖德胜，李长安，孟大虎，等. 2017中国劳动力生产报告：迈向制造强国过程中的劳动力生产挑战 [M]. 北京：北京师范大学出版社，2018：193-197.

② 曾湘泉. 基于大数据的劳动力市场研究 [J]. 中国人民大学学报，2017（6）：1.

③ 王君，张于喆，张义博，等. 人工智能等新技术进步影响就业的机理与对策 [J]. 宏观经济研究，2017（10）：169-181.

④ 赵磊，赵晓磊. AI正在危及人类的就业机会吗？：一个马克思主义的视角 [J]. 河北经贸大学学报，2017（6）：17-22.

⑤ 尹苗苗，崔国旗. 人工智能给大学生就业带来的机遇与挑战 [J]. 文教资料，2017（16）：162-163.

对劳动力的整体替代效应为 0.3%，并将在 2025 年达到 4.7%。[1]

陈秋霖、许多和周羿（2018）认为，人工智能是应对人口老龄化的工具。人工智能与劳动力之间虽然存在替代关系，但这种替代是"补位式替代"，不是"挤出式替代"。[2]

龚遥、彭希哲（2020）通过随机森林分类器算法，预测了人工智能应用影响下职业的技术潜在被替代风险。研究结果表明：不同职业的潜在被替代风险存在差异，其中，研究、社交、管理等职业的潜在被替代风险较低，而文秘、审查等程序性认知活动较多的职业的潜在被替代风险较高。[3]

魏下海、孟沛康、程宇琪（2020）基于国际机器人联盟对中国劳动力市场的动态调查数据发现：当城市机器人安装密度大时，移民有更大的动力进入该城市就业，而不是被挤出劳动力市场。这表明机器人的生产率效应大于替代效应，机器人所释放的生产力能够创造更多的工作岗位以吸纳移民涌入。[4]

闫雪凌、朱博楷、马超（2020）使用我国 2006—2017 年制造业数据，研究了我国工业机器人使用对制造业就业的影响。研究结果显示：工业机器人保有量每上升 1%，就业岗位减少 4.6%。即使考虑到劳动力市场的动态调整，工业机器人对就业的负面效应仍然存在。应用工具变量消除内生性问题后该结论仍然稳健。[5]

孟祺（2021）基于 2000—2018 年的面板数据，实证检验了数字经济对中国就业的影响。研究结果显示：数字经济发展的替代效应和抑制效应并存，并不必然减少就业规模，在就业结构上表现为制造业内部促进高技术密集型就业数量但减少劳动密集型和中技术密集型产业就业数量，在服务业上表现为数字经济提升了现代生产性服务业和现代生活性服务业就业规模。[6]

① 程虹，陈文津，李唐. 机器人在中国：现状、未来与影响：来自中国企业－劳动力匹配调查（CEES）的经验证据 [J]. 宏观质量研究，2018（9）：1-21.

② 陈秋霖，许多，周羿. 人口老龄化背景下人工智能的劳动力替代效应：基于跨国面板数据和中国省级面板数据的分析 [J]. 中国人口科学，2018（6）：30-66.

③ 龚遥，彭希哲. 人工智能技术应用的职业替代效应 [J]. 人口与经济，2020（3）：86-105.

④ 魏下海，孟沛康，程宇琪. 机器人如何重塑城市劳动力市场：移民工作任务的视角 [J]. 经济学动态 [J]. 经济学动态，2020（10）：92-107.

⑤ 闫雪凌，朱博楷，马超. 工业机器人使用与制造业就业：来自中国的证据 [J]. 统计研究，2020，37（1）：74-87.

⑥ 孟祺. 数字经济与高质量就业：理论与实证 [J]. 社会科学，2021（2）：47-58.

李磊、王小霞、包群基于中国微观企业数据检验机器人使用对中国工业企业就业的影响。研究发现并非所有行业与工人都从机器人使用中获益，家具、造纸、制鞋等传统劳动密集型企业中的劳动力以及低技能劳动力的就业受到抑制。①

张美莎、曾钰桐、冯涛基于劳动力结构视角，选取2012—2018年中国省级机器人与劳动力就业的面板数据，采用空间面板模型评估人工智能对劳动力市场就业的影响。研究结果表明：机器人应用显著降低了劳动力就业需求，在中国人口跨区域流动背景下，这种效应具有明显的空间外溢性②

二、人工智能对就业的补偿效应

王君等（2017）认为，围绕着机器人技术，产生了机器人技术开发、机器人技能培训、机器人租赁、机器人维修等新型服务，这有助于提高机器人制造业就业吸纳能力。③

赖德胜等（2018）认为，人工智能对就业市场的影响，既有替代与互补的作用，也产生了创造效应。随着人工智能技术的发展及应用，各行业分工更加细化，从而创造出更多的工作岗位。④

鲍春雷（2017）指出人工智能发展对就业同样具有较强的创造效应。一是人工智能的应用能够创造出新的产品和服务，进而催生出新业态和新就业形态。二是人工智能产业发展对其他产业具有关联效应，为其他产业带来新的就业机会。三是人工智能技术能提高生产效率，降低运营成本，增加企业利润，因而会扩大对劳动力需求规模。⑤

尹苗苗、崔国旗（2017）认为，未来人工智能将催生更多新的产业、产品和服务，为大学生乃至社会就业创造新机会。⑥

① 李磊，王小霞，包群.机器人的就业效应：机制与中国经验［J］.管理世界，2021（9）：104-118.

② 张美莎，曾钰桐，冯涛.人工智能对就业需求的影响：基于劳动力结构视角［J］.中国科技论坛，125-133.

③ 王君，张于喆，张义博，等.人工智能等新技术进步影响就业的机理与对策［J］.宏观经济研究，2017（10）：169-181.

④ 赖德胜，李长安，孟大虎，等.2017中国劳动力生产报告：迈向制造强国过程中的劳动力生产挑战［M］.北京：北京师范大学出版社，2018：193-197.

⑤ 鲍春雷.积极应对人工智能对就业的影响［N］.中国劳动保障报，2017-12-08（008）.

⑥ 尹苗苗，崔国旗.人工智能给大学生就业带来的机遇与挑战［J］.文教资料，2017（16）：162-163.

阿里研究院（2017）研究成果显示，随着人工智能的应用，710 万工作岗位将消失，702 种职业中 47% 的工作都有可能被人工智能替代。每部署一个机器人可创造 3.6 个新岗位。

魏下海，张沛康，杜宇洪（2020）通过泊松回归和负二项回归估计结果得出结论，城市机器人安装密度提高，有利于吸引更多移民进入就业。机器人安装密度每提高 1 台/万人，该城市就业人数提高 2.29%。①

李磊、王小霞、包群（2021）基于中国微观企业数据检验机器人使用对中国工业企业就业的影响。研究发现：采用配对—倍差法、工具变量法等识别策略，以及控制可能的外生干扰后，机器人对中国企业就业的促进效应依然稳健存在。②

陈宗胜等（2021）利用省级面板数据和企业面板数据检验智能化升级对不同技术密度部门的就业效应。研究表明：在中国当前发展阶段，高、低技术密度部门工业智能化升级都能显著促进就业增加，且高技术密度就业增加效应要明显高于低技术密度部门。③

三、人工智能对就业的极化效应

郝楠，江永红（2017）对中国劳动力市场的极化的影响因素及作用机制进行探讨，研究结果表明，技能偏向型技术进步、中间品进口的技术外溢和城镇化发展增加了对高技能劳动力的需求，对外贸易和离岸外包增加了对低技能劳动力需求，外商直接投资产业结构升级对劳动力需求具有"U"形的非线性影响。④

2019 年由武汉大学质量发展战略研究院发布的中国企业综合调查报告（2018）显示，机器人使用提高了企业的经济效益，使市场规模扩大，吸纳了更多的劳动力。机器人的使用替代了所在企业初中及以下学历员工的 9.4%，而大学及以上学历的员工则上升了 3.6%。⑤

---

① 魏下海，张沛康，杜宇洪. 机器人如何重塑城市劳动力市场：移民工作任务的视角 [J]. 经济学动态，2020（10）：92-109.

② 李磊，王小霞，包群. 机器人的就业效应：机制与中国经验 [J]. 管理世界，2021（9）：104-118.

③ 陈宗胜，赵源. 不同技术密度部门工业智能化的就业效应：来自中国制造业的证据 [J]. 经济学家，2021（12）：98-106.

④ 郝楠，江永红. 谁影响了中国劳动力的极化？[J]. 经济与管理研究，2017（5）：75-85.

⑤ 武汉大学质量发展战略研究院，武汉大学中国企业调查数据中心. CEGS 中国企业综合调查报告 [M]. 北京：中国社会科学出版社，2019：2-3.

朱火弟和叶润（2021）基于我国 2006—2019 年省级面板数据，实证分析人工智能发展对我国劳动力就业结构的影响。研究发现：从全国范围看，人工智能发展使得我国劳动力就业结构呈现"高级化"发展趋势，即人工智能发展在替代我国低、中等技能劳动力的同时，增加了对高技能劳动力的就业需求。分区域来看，我国东部和中部地区的劳动力就业结构均呈现"高级化"趋势，但在我国西部地区，人工智能发展对劳动力就业结构并未产生显著影响。[①]

四、人工智能对就业质量的提升效应

曹静和周亚林（2018）指出，数字技术发展不但能提高生产效率，而且有利于改善整体就业环境。[②]

王文（2020）认为，在数字经济时代，工作搜寻手段更加自主，供求信息更加精确和匹配，灵活的就业模式使劳动者能够更好地平衡家庭与工作之间的关系。

丁守海等（2018）认为，数字技术应用会引起市场对劳动者技能需求的变化，有利于实现劳动者技岗匹配，有助于改善劳动关系。

毛飞宇和曾湘泉等（2019）基于中国综合社会调查数据，利用 probit 模型证明：使用互联网提高了个体正规就业和机会性创业的概率；提高了各类型就业的收入水平；可以减少劳动时间，提高工作自主性。[③]

王军，詹韵秋（2018）基于 2000—2016 年中国的 30 个省（自治区、直辖市）的面板数据，对就业质量与技术进步之间的相关性进行实证分析，结果表明：技术进步有助于中国就业质量的改善，且经济增长会让技术进步在对就业质量的影响程度上起正向调节作用。[④]

戚聿东，刘翠花，丁述磊（2020）实证分析结果表明：数字经济发展有助于优化就业结构，促使劳动报酬和劳动保护进一步提升；也能促进就

① 朱火弟，叶润.人工智能发展对我国劳动力就业结构的影响：基于 2006—2019 年省级面板数据的实证分析 [J].重庆理工大学学报（社会科学），2021（8）：59-70.
② 曹静，周亚林.人工智能对经济的影响研究进展 [J].经济学动态，2018（1）：103-115.
③ 毛飞宇，曾湘泉，祝慧琳.互联网使用、就业决策与就业质量：基于 CGSS 数据的经验验证 [J].经济理论与经济管理，2019（1）：72-85.
④ 王军，詹韵秋.技术进步带来了就业质量的提升吗：基于中国 2000—2016 年省级动态面板数据分析 [J].云南财经大学学报，2018（8）：29-39.

业环境持续改善、就业能力不断增强，为实现更高质量就业提供新契机。①

侯俊军等（2020）基于广东制造业企业与员工的匹配调查得出结论：①实施"机器换人"可以提高劳动者收入和改善工作环境，从而提升劳动者的工作质量。②"机器换人"对40岁以下劳动者和低技能劳动者、女性劳动者的工作质量提升明显。②

五、减缓人工智能对就业冲击的措施

王君等（2017）主张，要立足长远发展，积极应对"创造性破坏"，注重培育人工智能等新兴产业，制定差异化的就业促进和社会保障政策，实现新兴产业发展和就业增长双赢。③

赖德胜（2017）认为，政府和企业应加强在岗职工培训，帮助员工提升就业技能；对于那些不能适应新岗位要求的人，帮助他们更好地转岗。同时，为适应智能社会，每个人都要努力培养自己的创造力和学习能力，避免"科技性失业"。④

鲍春雷（2017）主张，为了应对人工智能对就业可能带来的冲击，一是加强对就业和失业情况的监测；二是优化高校专业设置，适应市场人才需求变化；三是加强职业技能培训；四是探索适应不同特点人员的多元化社会保险办法，确保社会各群体共享技术进步带来的红利。⑤

尹苗苗、崔国旗（2017）认为，随着科技的进步，人工智能已经深入社会各行各业，推动着社会的变革和转型，对大学生就业来说既是机遇又是挑战。在人工智技术与行业融合的过程中，实现大学生就业的转型，离不开多方参与。⑥

杨卫国、邱子童（2020）认为，人工智能时代劳动力发展政策的变革

① 戚聿东，刘翠花，丁述磊. 数字经济发展、就业结构优化与就业质量提升 [J]. 经济学动态，2020（11）：17-35.
② 侯俊军，张莉，窦钱斌. "机器换人"对劳动者工作质量的影响：基于广东省制造业与员工的匹配调查 [J]. 中国人口科学，2020（4）：113-125.
③ 王君，张于喆，张义博，等. 人工智能等新技术进步影响就业的机理与对策 [J]. 宏观经济研究，2017（10）：169-181.
④ 赖德胜，李长安，孟大虎，等. 2017中国劳动力生产报告：迈向制造强国过程中的劳动力生产挑战 [M]. 北京师范大学出版社，2018：202.
⑤ 鲍春雷. 积极应对人工智能对就业的影响 [N]. 中国劳动保障报，2017-12-08（008）.
⑥ 尹苗苗，崔国旗. 人工智能给大学生就业带来的机遇与挑战 [J]. 文教资料，2017（16）：162-163.

需要在收入分配方面实现劳动者收入保障的持续性，在就业能力方面融合工作技能与社会技能，在工作规则调整时提高劳动标准的适用性，并为所有劳动者提供畅通的需求表达渠道。①

六、研究述评

国内专家学者主要基于技术进步的就业效应来研究我国人工智能产业发展对就业的影响。他们在我国人工智能产业发展初期，运用有限的数据和方法，对我国人工智能产业对就业的毁灭效应和创造效应进行了初步分析，得出一些有价值的结论。但是，已有研究也有不足的地方，表现在抽象分析较多，具体分析较少；统计性描述较多，实证分析较少；对就业一般分析较多，对特殊就业群体研究缺乏；从机器人使用的角度对人工智能就业效应研究的多，但从人工智能产业链和价值链角度对就业效应研究的少。

---

① 杨卫国，邱子童. 人工智能应用中的劳动者发展机制与政策变革 [J]. 中国人口科学，2020（5）：2-13.

第三章　我国劳动力市场就业现状及存在的主要问题

第一节　我国积极就业政策取得的重大成就

就业是民生之本。就业问题关系到老百姓的切身利益和对美好生活的追求，进而影响到社会的安定团结。党的十八大以来，我国积极的就业政策取得了巨大成就，就业总量稳步上升，就业结构持续优化，切实保障和改善了民生，在经济高质量发展中发挥了重要作用。

一、就业总量持续增长，就业形势保持稳定

（一）就业规模不断扩大

在经济发展进入新常态的背景下，大力落实就业优先政策，通过发展现代生产性服务业和生活性服务业吸纳就业，多渠道做好重点群体就业工作，2013—2020 年全国城镇就业总量增加了 10 508 万人，平均每年增加 1 313.5 万人（见图3-1）。

从图3-2可以看出，2010—2020 年每年新增就业人数超过 1 000 万人，平均每年新增 1 287.55 万人，很大程度上缓解了我国就业的总体压力。

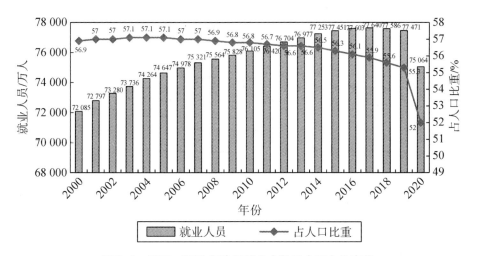

图 3-1　2000—2020 年我国就业人数及人口占比变化

资料来源：中华人民共和国国民经济和社会发展统计公报。

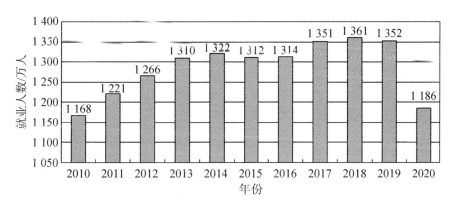

图 3-2　2010—2020 年我国城镇每年新增就业人数

资料来源：中华人民共和国国民经济和社会发展统计公报。

中国人民大学中国就业研究所与智联招聘提出的中国就业市场景气指数（CIER）是指招聘人数与求职人数的比值，其反映了就业市场的整体走势。若 CIER 大于 1，表明劳动力市场供不应求，就业信心较高；若 CIER 小于 1，说明劳动力市场供过于求，就业信心较低。

从图 3-3 可以看出，2013 年以来，我国每季度就业景气指数都大于 1，不少季度就业景气指数超过 2，表明我国城镇劳动力市场总体状况是劳动力短缺。2020 年，虽受新型冠状病毒感染疫情冲击，但第四季度就恢复到往年正常状态，CIER 指数为 1.95。

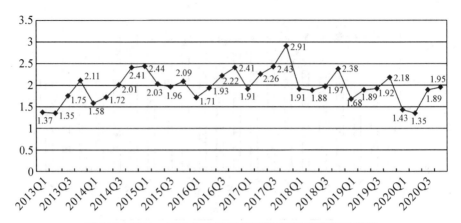

图 3-3　2013—2020 年中国就业环境 CIER 指数变动情况

资料来源：根据中国人民大学中国就业研究所与智联招聘《中国就业市场景气报告》数据整理。

（二）失业率长期保持较低水平

党的十八大以来，在经济进入新常态背景下，我国实施积极的就业政策，采取多种优惠措施，多渠道创造就业机会，使就业形势总体上呈现出稳中向好的态势，城镇登记失业率基本维持在 4.0% 左右的较低水平，2019 年持续下降到 3.62%，2020 年虽遭受新型冠状病毒感染疫情冲击，但城镇登记失业率也仅为 4.2%（见图 3-4）。

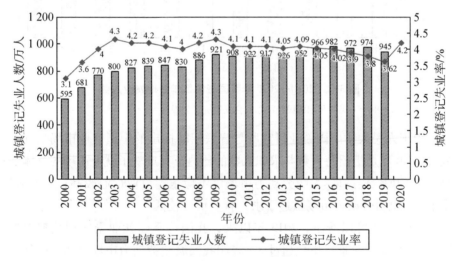

图 3-4　2000—2020 年我国城镇登记失业人数和登记失业率

资料来源：国家统计局官网。

为了与国际惯例接轨，克服城镇登记失业率的局限性，2018年4月国家统计局开始按月定期发布全国和31个大城市城镇调查失业率。我国调查失业率采用国际劳工组织推荐的测量标准，在调查周内（通常指调查时点前一周）从事有收入的劳动时间一小时及以上的劳动者即统计为就业。因此，该就业率可以直接进行国际比较。城镇调查失业率能够较准确地反映城镇劳动力的失业状况。2016—2019年全国城镇调查失业率维持在5.0%左右，处于历史较低水平。2020年我国宏观经济虽然受新型冠状病毒感染疫情的强烈冲击，但是由于党中央力挽狂澜，措施得力，最终将全国城镇调查失业率控制在5.2%的可接受水平，不仅低于发达国家的平均失业率（6.6%），也低于发展中国家的平均失业率（5.5%）。

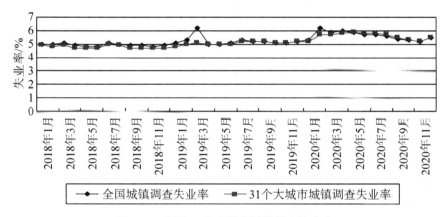

图3-5　全国31个大城市城镇调查失业率

资料来源：http://data.stats.gov.cn/easyquery.htm？cn＝A01.

二、就业结构趋于合理

随着产业结构的转型升级和劳动力市场的逐步完善，我国就业人员在城乡之间、产业之间、所有制经济之间的分布更加合理。

（一）从城乡就业结构看：城镇就业占比上升

改革开放极大地解放和发展了生产力，城镇就业人员大幅度增加。2014年我国城镇就业占比达到50.9%，城镇就业比重首次超越乡村。2019年，城镇就业人员占全国就业人员比重进一步提高到57.1%，与2000年相比增加了25个百分点（见图3-6）。

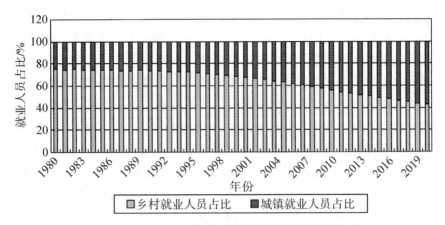

图 3-6　1980—2019 年我国城镇和乡村就业人员比重

资料来源：《中国劳动统计年鉴》（2020）和 2019 年度人力资源和社会保障事业发展统计公报。

（二）从三次产业结构看：服务业占比最高

21世纪以来，随着我国产业结构的转型升级，就业结构得到进一步优化。

2000 年我国就业人员在第一、第二、第三产业中占比分别为 50.0%、22.5%、27.5%。到 2019 年，我国第一、第二、第三产业就业人数占比分别转变为 25.1%、27.5% 和 47.4%。与 2000 年相比，第一产业占比下降了24.9 个百分点，第二产业增加了 5 个百分点，第三产业占比上升了 19.9个百分点。总之，随着经济的提质增效，三次产业就业结构发生了根本转变，第一产业就业占比急剧下降，第二产业就业占比比较稳定，第三产业就业占比显著上升，成为吸纳劳动力能力最强的产业，就业结构与产业结构更加合理（见图 3-7）。

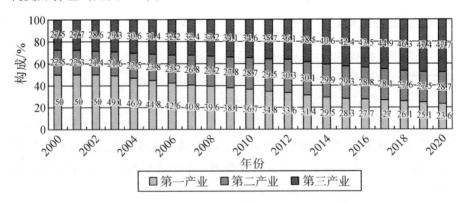

图 3-7　2000—2020 年全国就业人员产业构成情况

资料来源：根据《中国劳动统计年鉴》和人力资源和社会保障事业发展统计公报数据整理。

（三）非公有制经济成为吸纳劳动力的主要渠道

在建立和完善社会主义市场经济体制的过程中，多种经济成分共同发展，非公有制经济也为社会创造了大量就业岗位，为我国稳定和扩大就业政策的实施发挥了积极作用。2019 年，在非公有制经济中，城镇私营企业就业人员为 14 567 万人，个体就业人员为 11 692 万人，分别占城镇就业总人数的 32.92% 和 26.42%，两者就业占比之和接近就业总人数的 60%（见图 3-8、图 3-9）。

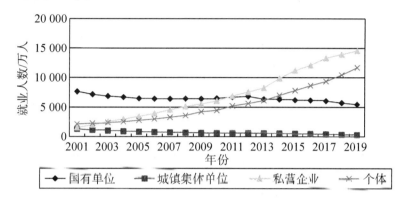

图 3-8　2001—2019 年我国公有制经济与非公有制经济就业人数变化

资料来源：《中国统计年鉴》（2020）。

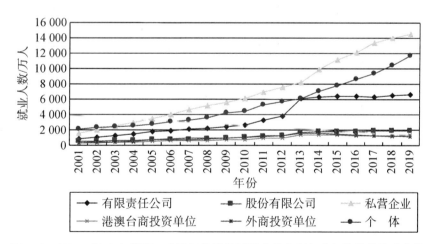

图 3-9　2001—2019 年我国工商登记注册的城镇非公有制细分经济单位就业人数

资料来源：《中国统计年鉴》（2020）。

（四）新时代新就业形态不断涌现

分享经济的出现改变了传统的就业模式，创造了大量非正规就业机会，人们可以根据自己的偏好、技能及其他资源，灵活地参与分享活动，以自雇型劳动者身份灵活就业。2019年平台员工数为623万人，共享经济参与者人数约8亿人。不仅如此，新就业形态还有助于提高就业质量。美团发布的报告显示，56.9%的新职业从业者月收入超6 000元，36.1%的从业者月收入超9 000元，21.2%的从业者月收入超过1.2万元。智联招聘公布的数据显示，直播主播的月平均收入接近1.5万元。

三、就业人员素质明显提高

21世纪以来，我国就业人员的平均受教育程度有了大幅度提高。2018年与2002年相比，就业人员中小学及以下受教育程度人员占比由20%下降到18.7%；初中受教育程度人员占比由46.7%下降到43.1%；高中受教育程度就业人员占比由17.2%提高到18.0%；大专及以上受教育程度就业人员占比由16.05%上升到19.2%（见图3-10）。

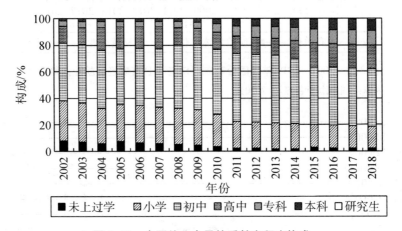

图3-10　全国就业人员的受教育程度构成

资料来源：中国劳动统计年鉴。

四、就业质量逐步提升，劳动权益受到保障

进入21世纪以来，我国劳动者就业环境得到很大改善，逐步实现了体面劳动和绿色就业，就业质量也得到明显提升。

（一）工资收入快速增长

随着我国经济发展不断迈上新台阶，以及政府收入分配政策的调整，城镇非私营单位就业人员平均工资显著增长。2020年全国城镇非私营单位就业人员年货币平均工资为 2000 年的 10.43 倍，年均增长率达到 0.85%（见图 3-11）。

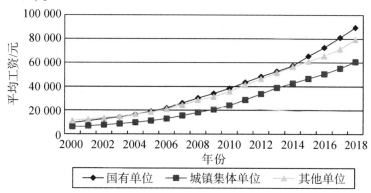

图 3-11 2000—2018 年我国城镇单位就业人员平均工资变化
资料来源：根据《中国劳动统计年鉴》数据整理。

2000—2018 年，城镇单位中按注册登记类分的国有单位就业人员平均工资增加了 847.71%，集体单位就业人员平均工资增加了 872.02%，其他单位就业人员平均工资增加了 607.00%。

（二）就业稳定性增加

进入 21 世纪以后，企业用工自主权进一步扩大了，促进了劳动力的合理流动。但同时，也出现了企业不签订劳动合同、随意解雇工人的不合理现象。为了实现劳动力就业的流动性与稳定性统一，加强劳动者权益保护，国家不断健全相关劳动法规，规范劳动合同的签订。2000—2019 年，全国城镇企业劳动合同签订率一直维持在 90% 以上。

（三）劳动保障得到加强

2010 年以来，我国社会保障制度趋于完备，保障领域越来越宽，覆盖人群不断扩大，保障水平显著提高。

2020 年年末与 2010 年年末相比，全国参加城镇职工基本养老保险、城乡居民基本养老保险、基本医疗保险、失业保险和工伤保险人数分别增加 19 931 万人、43 967 万人、92 838 万人、8 313 万人和 10 609 万人（见图 3-12）。

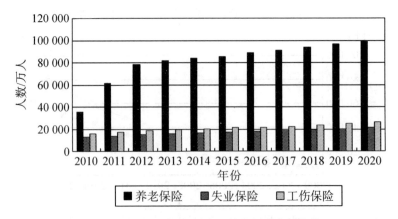

图 3-12　2010—2020 年三项社会保险参保人数

资料来源：《中国人口和就业统计年鉴》和中华人民共和国 2020 年国民经济和社会发展统计公报。

第二节　我国就业的结构性矛盾

一、经济下行压力下劳动力市场需求趋弱

当前国内外环境仍然十分复杂，经济发展的不确定性因素增多，就业形势依然比较严峻，面临诸多挑战。

世界范围内出现"逆全球化"倾向，贸易和投资保护主义抬头，世界经济复苏缓慢。

国内方面，经济增长的内生动力不足，投资增长速度放缓，消费对GDP 的拉动乏力，经济企稳面临较大挑战。供给侧结构性改革进入深水区，去产能、发展实体经济任务繁重，后疫情时代经济恢复困难加大，这一系列不利因素对就业增长形成较大压力。

随着经济增速减缓，我国人力资源市场上供求总量持续走弱。一方面，传统行业，如制造业、采矿业，用工需求继续减少。新型冠状病毒感染疫情期间受冲击较大的批发零售、旅游业、住宿餐饮、居民服务等生活服务业需求也正处于缓慢恢复过程中。在国家房地产政策调控下房价理性回归，建筑业和房地产业用工需求萎缩。另一方面，一些行业进入调整期，从粗放式发展阶段转入集约式优化阶段，尤其是快递物流、电子商

务、移动出行等就业弹性大的行业，增加就业的动能将逐步趋弱，对劳动力需求相对减少。同时，企业用工趋理性，用工条件提高，"招工难"问题得到缓解，劳动力市场供不应求局面有较大改观。

采购经理指数（PMI）包括制造业指数和非制造业指数，是国际上通用的监测宏观经济走势的先行性指数之一，具有较强的预测作用。PMI高于50%，说明经济发展总体上与上月相比在不断繁荣；PMI低于50%，则预示经济发展从总体上看较上月衰退。

从中国制造业从业人员指数和非制造业从业人员指数看（见图3-13），PMI长期徘徊在接近50%的水平，这说明虽然我国就业形势整体向好，但由于国内外环境复杂严峻，企业用工需求偏弱，总体就业压力仍然较大。

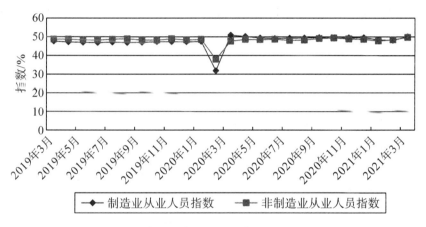

图 3-13 我国制造业和非制造业从业人员指数

资料来源：根据国家统计局中国制造业和非制造业PMI及构成指数整理。

二、去产能过程中部分就业岗位流失

在我国经济处于新旧动能转换、迈进高质量发展阶段的过程中，传统制造业、住宿餐饮业等行业的岗位大量流失，而新兴业态和新就业形态用工缺乏稳定性，劳动者的失业潜在风险上升。当前，煤炭、钢铁、电解铝、平板玻璃等产能过剩行业去产能进入攻坚阶段，下岗职工需要集中安置，但各地去产能企业职工分流安置的渠道不畅。一些资源枯竭型城市因产业单一，缺少再就业途径。加之，地方财政困难，安置资金缺口大，再就业政策难落实。另外，下岗职工固有技能与新岗位需求不匹配，造成转岗难、自主创业难等老大难问题。人力资源市场上一部分大龄劳动力长期处于供过于求的状态。

三、人口老龄化加速对就业影响将日益凸显

1. 我国人口老龄化程度加剧

根据联合国 1956 年确定的划分标准，当一个国家或地区 65 岁及以上老年人在总人口中占比超过 7%时，表明该国家或地区进入老龄化状态。根据 1982 年维也纳老龄问题世界大会确定的标准，60 岁及以上老年人口占总人口的比例超过 10%，是该国家或地区人口进入老龄化的标志。2000年我国 65 岁及以上人口占比为 7.0%，老年抚养比为 9.9%。2020 年第七次全国人口普查数据与 2010 年第六次全国人口普查数据相比，60 岁及以上人口的比重增加了 5.44%，其中 65 岁及以上人口的比重增加了 4.63%（见图 3-14 和图 3-15）。

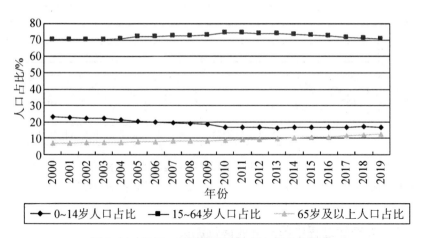

图 3-14　2000—2019 年我国人口年龄结构变化

从老年抚养比看，2000 年老年抚养比为 9.9%，2010 年上升到11.9%，2019 年激增到 17.8%。也就是说，在 2000 年每 100 名劳动年龄人口要负担 9.9 个老年人，而到了 2019 年每 100 名劳动年龄人口要负担 17.8个老年人。

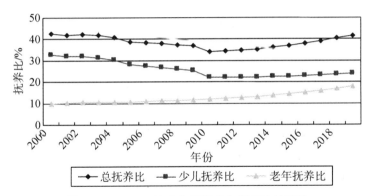

图 3-15　2000—2018 年我国老年抚养比的变化

资料来源：根据《中国人口和就业统计年鉴》数据整理。

　　大龄劳动力接受新知识、新技术的能力较弱，转岗、转业、就业就会比较困难。老龄人口占比增加，会使经济因丧失生机与活力而出现停滞和衰退。而青年劳动力的减少，会导致劳动力市场创新活力不足、边际劳动生产力下降等问题。

　　2. 劳动年龄人口数量及比重出现了下降趋势

　　近年来，中国的人口结构正在发生新的变化，尤其是 15~59 岁的劳动力资源不仅比重在下降，而且其绝对量也在减少，中国的人口红利已经结束。我国 15~59 岁的劳动年龄人口在 2011 年达到 9.41 亿人最高值后开始下行，2013 年已降至 9.35 亿人。劳动年龄人口在总人口中的占比也逐渐下降，已从 2011 年的 69.8% 快速降至 2019 年的 64%。第七次全国人口普查数据显示，在全国人口中，15~59 岁人口为 894 376 020 人，占比为 63.35%。与 2010 年第六次全国人口普查相比，下降 6.75 个百分点（见图 3-16）。

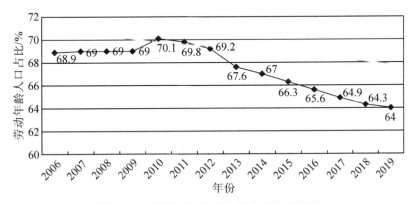

图 3-16　我国 15~59 岁人口占总人口比重

资料来源：根据《中国人口和就业统计年鉴》及中华人民共和国 2020 年国民经济和社会发展统计公报整理。

3. 劳动参与率会呈下行趋势

随着老龄化的到来，受劳动年龄人口占比下降及教育和收入水平提升等因素影响，我国劳动参与率呈下行趋势，从2000年的77.31%降至2019年的69.60%（见图3-17）。

这样就带来两个直接后果：其一，直接参与创造社会财富的人数占比下降，甚至绝对减少，使经济发展的生机和活力大大减弱；其二，包括外出务工人员在内的总体劳动力成本急剧上升。

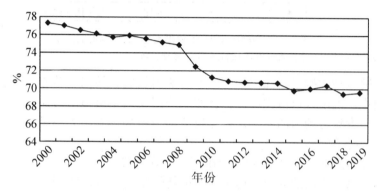

图3-17　2000—2019年我国劳动力参与率

资料来源：根据《中国劳动统计年鉴》数据整理。

注：我国劳动力参与率通过每年劳动力人数除以15岁以上的成年人口数量获得。

四、高层次人才供给不足

随着产业结构提档升级、智能技术向各行业溢出、新业态兴起，我国经济发展对各类高层次人才需求的规模将扩大。劳动力市场的供求状况可用求人倍率来反映。求人倍率反映了当期劳动力市场中每个岗位需求所对应的求职人数。求人倍率越高，说明需求人数越多，而求职者供不应求。进入21世纪以来，我国高技能人才长期短缺，求人倍率多在2以上，也就是说每2个高技术人才招聘岗位，只有1名求职者（见图3-18）。

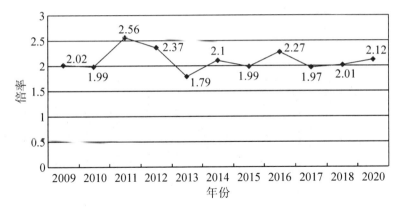

图 3-18　2009—2020 年我国高级专业技术职务求人倍率变化

资料来源：根据中国人力资源市场信息监测中心关于城市公共就业服务机构市场供求状况分析的数据制图。

五、大学生就业结构性矛盾突出

应届大学毕业生是一个较典型的就业群体。他们年富力强，有抱负，有知识，但社会经验不足，动手能力较差。高校毕业生就业形势总体稳定，但随着毕业生人数连年攀升，大学生就业压力越来越大。2021 年全国高校毕业生人数达 909 万人，再创历史新高，就业压力突出。同时毕业生就业在供求关系上存在结构性矛盾。首先，由于教育思维固化，高校在专业设置上滞后性于经济发展，人才结构与市场需求结构不匹配，有些专业毕业生供不应求，有些专业毕业生则存在就业难的情况。具体表现为文科毕业生就业困难，理工科人才短缺。其次，当前新业态、新模式迅速发展，社会对高校毕业生知识和技能结构提出了更高要求，而高校培养的人才难以满足新兴产业对人才的需求。再次，就业渠道不畅。在劳动人事关系、落户、社会保险手续转移等方面还存在一些实际困难和问题，就业歧视在一定范围内依然存在，这会使毕业生择业时间加长，职业搜寻成本加大。最后，高校毕业生就业质量有待提高。大学毕业生找到工作并不难，难的是找到既符合自身专业又体面的工作。毕业生稳定、全职的就业的比例在持续减少，灵活就业有增无减。由于供毕业生择业的岗位少，部分毕业生的初次就业是暂时性就业，只是作为将来流动的跳板。

从 2017—2019 届本科各学科门类毕业生的工作与专业相关度来看，管理学和经济学专业工作与专业相关度存在下降趋势。2017—2019 届管理学

工作与专业相关度依次为 67、66、65，经济学工作与专业相关度依次为
66、64、62（见图3-19）。

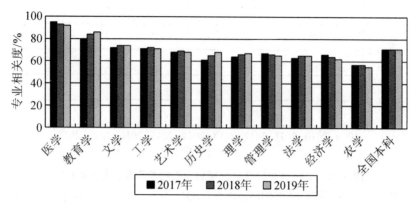

图 3-19　2017—2019届本科各学科门类毕业生的工作与专业相关度

资料来源：麦可斯研究院. 2020 年中国本科生就业报告［M］. 北京：社会科学文献出版社，
2020：107.

六、技术性失业有所抬头

以智能化为主题的第四次工业革命对经济和社会发展影响的广度和深
度超越以往三次。人工智能技术应用对就业的影响，虽有补偿效应，但又
有替代效应。"机器换人"从 2013 年开始出现，2016 年加速推广，到今天
在各行业全面渗透（见表3-1），势必毁灭部分传统岗位。相对于快速发
展的智能技术，人力资本的提升是一个迅速渐进的过程，若劳动者不能及
时进行知识和技能的更新，就面临着技术性失业风险。

表 3-1　机器人使用套数与使用密度（2018）

使用套数与使用密度	全部样本	广东省	江苏省	湖北省	四川省	吉林省
机器人套数 /台/100 家企业	112 （340）	177 （435）	165 （389）	58 （239）	49 （210）	108 （339）
进口机器人套数 /台/100 家企业	35 （118）	39 （128）	63 （152）	21 （91）	15 （74）	40 （130）
机器人使用密度 /台/万人	39 （214）	53 （208）	33 （129）	22 （116）	35 （266）	54 （306）
样本量	$N=1\,882$	$N=439$	$N=335$	$N=428$	$N=343$	$N=319$

资料来源：根据"中国企业—劳动力匹配调查"（CEES）数据整理。

注：括号外为平均值，括号内为标准差。

七、新就业形态中存在"盲点"

建立在数字经济之上的新业态衍生出了多种新就业形态。劳动者权益保障制度面临前所未有的挑战。①平台经济从业人员职业发展不稳定，流动性强。②受教育程度不高，技能欠缺。③就业服务仍需完善。各类电商平台、共享经济平台等通过在线培训、岗前培训的方式对从业人员提供一定职业培训，但培训内容仅覆盖企业自身服务要求，无法为从业人员提供全方位的就业服务。当前，我国公共就业服务体系针对新就业形态从业人员或拟进入新就业形态的从业人员的公共就业服务还存在着很大的空白，难以满足大批新就业形态的从业人员需求。④社会保障法规仍需完善。多数新就业形态劳动者与用工主体之间的关系被认定为劳务关系。由于没有认定为劳动关系，新业态就业劳动者无法顺利地参加职工社会保险，无法享受该享受的社会保险待遇，导致劳动者的权益保障存在严重短板。此外，还存在与新就业形态相关的劳动监管薄弱，劳动纠纷调解需加强等问题。新就业形态劳动者的薪酬体系多数采取计件方式，导致其工作时间过长、劳动强度过大，职业健康风险增加。新就业形态劳动者存在权益保障困局。

总之，我国在就业领域已经取得了一系列重大成就，但目前就业结构性矛盾非常突出，仍需要精准施策，扩大就业容量，提升就业质量。

第四章 人工智能产业发展现状

第一节 人工智能产业简介

一、人工智能的内涵

人工智能，英文缩写为 AI，目前还没有统一的、被普遍接受的定义。当前人们从两个维度来理解人工智能的定义：一是像人一样思考和行动；二是合理地思考和行动。人工智能的概念诞生于 1956 年 8 月的达特茅斯会议，人工智能之父马文·明斯基认为，人工智能就是让机器做需要人的智能才能做到的事情。现代人工智能概念的提出者麦卡锡认为，机器不一定需要像人一样地思考，重点是让机器能够解决人脑所能解决的问题。而人工智能符号派的代表人物司马贺认为，智能是对符号的操作。斯坦福大学人工智能研究中心的尼逊教授则认为，人工智能是致力于让机器变得有智能，让智能机器在其环境中适当地实现功能。[①] 艾瑞研究院认为广义人工智能指通过计算机实现人的头脑思维所产生的效果；狭义的人工智能包括人工智能产业（包含技术、算法、应用等多方面的价值体系）、人工智能技术（包括凡是使用机器帮助、代替甚至部分超越人类实现认知、识别、分析、决策等功能）。[②] 概括起来就是，人工智能就是研究和开发用于模拟、扩展人的智能的理论、技术及应用系统的一门新的科学。

[①] 斯坦福大学. 2030 年的人工智能与生活 [R/OL]. (2017 - 11 - 19) [2022 - 10 - 20]. https://ai100.stanford.edu.

[②] 艾瑞咨询. 2018 年中国人工智能行业研究报告 [R/OL]. (2018 - 06 - 11) [2018 - 07 - 15]. https://www.cebnet.com.cn/20180611/102498332.html.

二、人工智能发展阶段

人工智能发展的第一次高潮出现在 20 世纪 60 年代初期到 70 年代中期。在这个阶段，专家认为具备逻辑推理能力是机器具有人的智能的关键要素。这一时期具有代表性的工作主要是纽维尔和西蒙两位后来的图灵奖得主研发的"逻辑理论家"程序。因此，这一时期也被称为"逻辑推理期"。但是，由于感知器模型存在严重缺陷，它本质上只能处理线性归类问题，而对于异或问题无法正确归类。许多应用难题长时间悬而未决，神经网络的研究也陷入僵局。

人工智能的第二次高潮出现在 20 世纪 80 年代，BP 算法被用于多层神经网络的参数计算以解决非线性分类和学习问题。在 20 世纪 70 年代中后期，大量专家系统问世，在很多领域做出了巨大贡献，人工智能进入了"知识期"。但这些系统中的知识，大多是人们总结出来并用手工输入计算机的。向计算机输入大量知识，不但成本高，而且对一个特定领域建立的系统无法应用在其他领域中，专家系统面临"知识工程瓶颈"。于是，一些学者尝试不依赖于人工输入，训练机器自己来学习知识，人工智能技术发展进入"学习期"。

由于芯片、大数据、算法技术全面发展和重大突破，从 2010 年开始深度学习被应用到语音识别以及图像识别中，并取得了巨大成功，人工智能进入了第三次发展高潮（见图 4-1）。

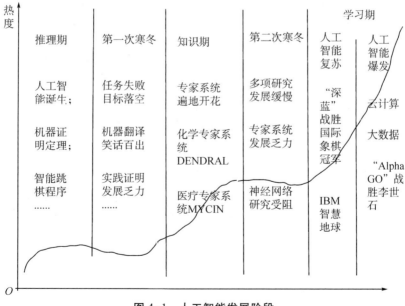

图 4-1　人工智能发展阶段

三、人工智能产业的基本框架

人工智能产业是指以人工智能关键技术为核心的，由基础层、技术层、应用场景组成的，一个覆盖面较广的产业。与人工智能的学术定义不同，人工智能产业更多的是经济和产业上一种概括。从宏观角度，我们可把人工智能产业分为基础层、技术层和应用层三个层次。基础层包括芯片、传感器等硬件厂商，数据资源服务及平台提供方；技术层为语音识别、视觉识别、自然语言处理、机器学习、自动驾驶等人工智能底层技术；应用层是面向政府、企业、消费者等具体使用场景的实际应用，包括机器人、智能硬件及智能软件、整体解决方案等软硬件服务。数据、算法和算力三大要素是推动人工智能产业发展的"三驾马车"（见图4-2）。

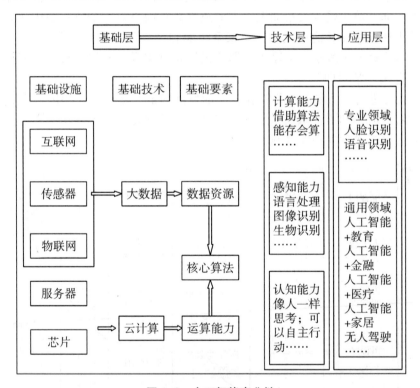

图 4-2　人工智能产业链

资料来源：中国信息通信研究院，中国人工智能产业发展联盟. 人工智能发展白皮书：产业应用篇（2018年）[R/OL]. (2018-12-27) [2019-03-11]. http://www.caict.ac.cn/kxyj/qwfb/bps/201812/t20181227_191672.htm.

下面就人工智能产业三个层次进行详细分析。

（一）基础层

基础层分为基础设施、基础技术、基础要素三部分。人工智能的基础技术主要包括大数据和云计算。基础技术为人工智能技术的实现和应用的落地提供后台保障，它也是一切人工智能技术应用的前提。而云计算和大数据这两项基础技术所涉及的基础设施有所不同，大数据技术所需的基础设施为互联网、传感器和物联网等；云计算所需的基础设施为服务器和高性能的芯片等。数据、运算和算法构成人工智能三大基本要素，协同推动具体人工智能大规模应用产品的落地。数据资源是机器学习的基本材料，通过学习数据，机器可以不断地积累经验、优化决策参数。运算能力是一种由类人脑芯片、GPU并行和云计算"三合一"形成的仿人脑能力。算法是运算方法技术和模型的构建。

（二）技术层

技术层主要包括计算能力、感知能力和认知能力三种。计算能力是指能够存储数据、计算与传递数据的能力。比如神经网络和遗传算法，能够帮助人类存储和处理海量数据，是感知和认知智能的基础。感知能力是指看懂和听懂、通过传感器感知环境并做出少许判断和行动。比如人脸识别摄像头、语音识别系统等，能够帮助人类更为高效地完成"看"和"听"等相关工作。认知能力是能够像人一样思考的能力，可以部分替代人类的行动。在基础层的计算资源和数据资源已提升到一个新台阶，人工智能已完成了从低阶的计算智能向感知智能跨越的过程，并逐步向认知智能阶段迈进。目前在人工智能的感知层面，部分技术如图像、声音等技术，基本趋于成熟并已大规模应用。而在人工智能认知层面，由于要求机器要像人一样主动地去思考和行动，所以短期内技术难有大的突破，诸如完全无人驾驶、全智能机器人等仍处于开发中，与大规模应用仍有很大差距。

（三）应用层

应用层涉及专用和通用两个方面，其中，专用领域涵盖了目前国内人工智能的大多数应用；而通用型则侧重于金融、医疗、交通、教育等领域的解决方案。

1. 专用应用

人工智能专用领域包括计算机视觉，图像识别和人脸识别、自然语言处理等。

2. 通用应用

人工智能产业的应用领域十分广泛，重点应用领域有人工智能+金融、人工智能+电商零售、人工智能+教育、人工智能+安防、人工智能+医疗健康、人工智能+自动驾驶等多方面。

人工智能主流行业应用场景：

（1）智慧金融。

智慧金融以人工智能技术为核心要素，全面赋能金融领域各环节，提升金融机构的运营效率，拓展金融服务新空间，实现金融服务的智能化、定制化。人工智能已被广泛应用到投资、信贷、保险和监管等多个场景。

（2）智慧物流。

智能物流主要是利用大数据技术，智能管理仓储与物流，以节省物流成本、提高购物效率。人工智能主要应用在仓储物流、智能导购和智能客服等场景中。目前较领先的企业有亚马逊、阿里巴巴、京东等。

（3）智能安防。

智能安防是解决安防领域业务流程智能化、数据结构化的技术。它主要依靠视频智能分析技术，通过对监控画面进行分析，采取安防行动。在社会治安领域，应用计算机视觉技术在公共场所安防布控，能及时发现异常情况，为公安、检察等司法机关的刑侦破案、治安管理等行为提供有力支撑。目前较为领先的应用企业有尚云在线、旷视科技、格林深瞳等。

（4）智慧教育。

人工智能在改变现有教学方式方面：一是对教学效果进行智能测评。利用智能技术对标准化的教师教学与学生学习效果进行测评与分析，帮助师生及时精准定位教学动态，实现针对性教学，提高教学质量。二是构建个性化学习系统，激发学生自主学习动力。根据学生学习特点建立知识画像，推送针对性教学内容，进一步激发学生自主学习意愿。

人工智能在解放教师资源方面：一是借助图像识别与语义分析技术自动批改作业，降低教师教学负担。二是拓展学生课后学习途径，分担教师教学压力。教育企业通过构建课后习题库并结合图像识别技术，能对学生上传题目快速识别，即时反馈答案与解题思路。

（5）智慧医疗。

近年来随着医疗数据数字化深入，深度神经网络学习算法突破以及芯片计算能力提升，人工智能在医疗领域应用掀起第二次浪潮，已渗透到疾病风险预测、医疗影像、辅助诊疗、虚拟助手、健康管理、医药研发、医院管理、医保控费等各个环节，并取得初步成效。在病情检查环节，主要是通过大数据技术，完成对部分疑难病症的筛选工作，减少误诊。在手术领域，广泛地应用手术机器人。智慧医疗应用场景主要集中在医疗影像分析、综合治疗、手术机器人、药物开发等领域。较知名的企业有达·芬奇外科手术系统、华大基因等。

（6）智慧交通。

交通管理方面：一是实时分析城市交通流量，缩短车辆等待时间。二是利用大数据技术分析公众资源数据，合理建设交通设施。三是实时检测车辆，提高执法效率。通过整合图像处理、模式识别等技术，全天候实时监控路段的机动车道、非机动车道。通过计算机网络将前端卡口系统收集的信息传输到卡口系统控制中心的数据库，进行数据存储、对比等处理，当发现肇事、逃逸、违规车辆时，系统自动向相关工作人员发出警报。

自动驾驶是在无人类主动操作情况下，依靠人工智能、雷达、监控装置、全球定位系统等技术协同作用，让电脑自动安全地进行控制。目前，自动驾驶的主要应用场景包括智能汽车、智能轨道交通、快递用车等。领先企业主要有特斯拉、谷歌、亚马逊等。

（7）智能家具。

人工智能在家居领域的应用场景主要包括智能家电、智能家居控制中心等。人们通过把生物识别、语音识别、图像识别等智能技术应用到传统家居产品中，实现家居功能的智能化升级，打造智慧家庭。

第二节　世界人工智能产业发展现状

一、发达国家人工智能产业政策动向

当前的发达国家中，美国的人工智能研究走在前面。2013 年，美国政府提出了"推进创新神经技术脑研究计划"。2016 年 10 月，美国国家科学技术委员会机器学习和人工智能小组委员会发布《为人工智能的未来做好准备》和《国家人工智能研究与发展战略计划》两份重要报告，分析了人工智能的发展现状、应用领域和存在问题并提出了发展人工智能的七大战略措施。2017 年 10 月，美国信息产业理事会提出了《人工智能政策原则》。

日本强化智能制造创新能力，加大人工智能投入。2016 年 8 月，日本政府将人工智能相关部门协同政策内容写入补充预算案，部分政策写入2017 年度政府预算申请，并持续给予政策支持。日本在制造业领域运用人工智能主要是为了提高生产率，并克服人口老龄化时代带来的劳动力短缺问题。

2013 年 1 月，欧盟提出以"人脑计划"作为未来新兴技术领先项目，该项目侧重于对数据的研究。"人脑计划"汇集了神经科学、医学和计算机领域近 300 名专家，注重占领技术的制高点。2016 年 6 月，欧盟委员会提出了人工智能立法动议。德国注重科技研发，不断跟踪人工智能前沿技术，如机器学习、自动驾驶、智能机器人等领域，并实施技术成果转化，每年累计贡献的学术成果和科研项目价值超过 4 800 亿欧元。2011 年 11月，德国政府通过《将"工业 4.0"作为战略重心》报告。2013 年 4 月，德国联邦教育与研究部"工业 4.0 工作组"提出了《保障德国制造业的未来：德国工业 4.0 战略实施建议》；2017 年 6 月，《自动与互联驾驶》报告。法国政府同样非常重视人工智能技术开发。2013 年，法国政府通过《法国机器人发展计划》。2017 年 3 月，法国经济部与教研部制定了《人工智能战略》。2018 年 5 月，法国政府发布《法国与欧洲人工智能战略研究报告》。

部分国家或地区与国际组织发布的人工智能政策见表 4-1。

表 4-1　部分国家或地区与国际组织发布的人工智能政策

国家或地区	时间	单位	发布政策
美国	1998 年	美国网络和信息技术研发小组委员会	《下一代互联网研究法案》（P. L. 105-305）
美国	2013 年	美国白宫	国家机器人计划：《机器人技术路线图：从互联网到机器人（2013 版）》
美国	2013 年 4 月	美国白宫	推动创新神经技术脑研究计划
美国	2016 年 10 月	美国国家科技委员会与美国网络和信息技术研发小组委员会	《国家人工智能研究和发展战略计划》
美国	2016 年 10 月	美国国家科技委	《为未来人工智能做好准备》
美国	2017 年 10 月	美国信息产业理事会	《人工智能政策原则》

表4-1（续）

国家或地区	时间	单位	发布政策
英国	2016 年 12 月	英国政府科学办公室	《人工智能：未来决策制定的机遇与影响》
英国	2017 年 1 月	英国政府	现代工业战略
英国	2017 年 10 月	英国政府	《在英国发展人工智能产业》
德国	2010 年 7 月	德国政府	《思想·创新·增长——德国 2020 高技术战略》
德国	2011 年 11 月	德国政府	《将"工业 4.0"作为战略重心》
德国	2013 年 4 月	德国联邦教育与研究部"工业 4.0 工作组"	《保障德国制造业的未来：德国工业 4.0 战略实施建议》
德国	2017 年 6 月	德国交通部伦理委员会	《自动与互联驾驶》报告
法国	2013 年	法国政府	《法国机器人发展计划》
法国	2017 年 3 月	法国经济部与教研部	《人工智能战略》
法国	2018 年 5 月	法国政府	法国与欧洲人工智能战略研究报告
欧盟	2013 年 1 月	欧盟	"人脑项目"（Human Brain Project）
欧盟	2013 年 12 月	欧盟委员会与欧洲机器人协会	SPARC 计划
欧盟	2015 年 12 月	欧盟	SPARC 机器人技术多年路线图
欧盟	2016 年 6 月	欧盟委员会	提出了人工智能立法动议
欧盟	2016 年 10 月	欧盟议会法律事务委员会	《欧盟机器人民事法律规则》
欧盟	2017 年 10 月	欧盟	"地平线 2020"
韩国	2014 年 7 月	韩国贸易工业和能源部	第二个智能机器人总体规划（2014—2018）
韩国	2016 年 8 月	韩国政府	九大国家战略项目
韩国	2017 年 7 月	韩国国会	《机器人基本法案》
韩国	2018 年 5 月	第四次工业革命委员会（韩国）	《人工智能研究与发展（R&D）战略》

资料来源：根据国家工业信息安全发展研究中心《人工智能发展报告》资料整理。

二、人工智能产业市场规模

从2016年"人工智能元年"以来，世界人工智能产业迅猛发展，市场规模持续扩大。根据美国Statista的统计数据，2017年，全球人工智能市场规模约12.5亿美元，预计2025年将达到368亿美元，复合增长率284.4%，年均增长31.6%（见图4-3）。

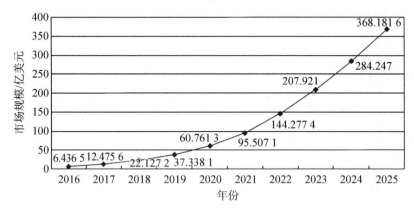

图4-3 世界人工智能产业市场规模增长预测

资料来源：https://www.statista.com.

三、人工智能核心产业链

1. 全球人工智能核心产业各层级占比

2019年全球人工智能核心产业市场规模超过718亿美元，与2018年相比增长了29.2%，其中基础层市场规模占比20%，技术层市场规模占比31%，而应用层市场规模占比49%，三个层次中应用层占比最大（见图4-4）。

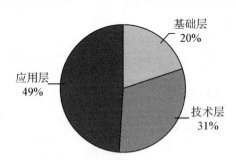

图4-4 全球人工智能核心产业各层级占比

资料来源：CIE智库. 2019年全年人工智能产业数据概览［EB/OL］.（2020-02-14）［2020-05-16］. https://www.afzhan.com/news/detail/79962.html.

2. 全球人工智能核心产业各层级细分产品占比

从人工智能各层级细分产品占比看，全球市场规模中基础层智能芯片占高达50%，表明智能芯片是未来世界人工智能产业的主要发展方向之一。此外，算法模型和智能传感器市场规模分别占比为20%和30%。技术层方面，语音识别市场规模达到153.6亿美元，占据技术层整体规模69%；图像视频识别次之，占比为24%；文本识别市场规模占比仅为7%。应用层市场规模分布较平衡，智能教育和智能安防市场规模占均为16%，其他产业智能化的市场规模规保持稳平稳。具体见图4-5。

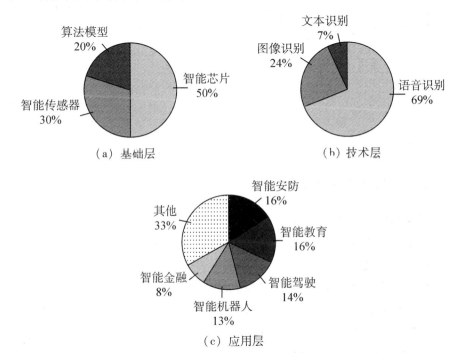

（a）基础层　　　　　　　　　（h）技术层

（c）应用层

图4-5　全球人工智能核心产业各层级细分产品占比

资料来源：CIE智库. 2019年全年人工智能产业数据概览［EB/OL］.（2020-02-14）［2020-05-16］. https://www.afzhan.com/news/detail/79962.html.

四、人工智能产业投融资规模

乌镇智库数据显示，人工智能新增企业数量虽在下降，但企业的融资总额仍持续增加，美国、中国、英国分列前三。中美两国的领先优势明显。2018年，美国人工智能企业融资740次，平均每笔融资1 836.89万美元，融资总额达 135.93 亿美元，占全球人工智能融资总额的 38%。英国人工智能企业融资规模达 12.51 亿美元，占全球人工智能企业融资数额的 4%。中国人工智能企业融资 145 次，平均每笔融资 862.76 万美元。2012—2016 年的具体数据见图 4-6。

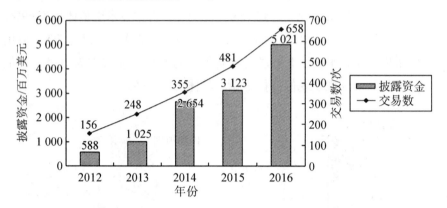

图 4-6　全球人工智能领域融投资交易情况

资料来源：CB Insights。

五、人工智能企业巨头

乌镇智库数据显示，截至 2018 年年底，全球人工智能企业共计 15 916 家，其中美国 4 567 家，中国 3 341 家，英国 868 家，分列前三。

从人工智能企业新增数看，全球人工智能主要国家（美国、中国、英国、德国、以色列、印度）的变化趋势较为一致。2009—2018 年，美国累计新增 AI 企业 3 701[①] 家，占全球 26.18%，比第二名中国多 339 家。2009—2018 年，英国的累计新增 AI 企业数量为 792 家，占全球总数的 4.9%。德国 AI 企业数量 333 家，法国 302 家。2018 年，英国累计 AI 企业增长率由 2014 年最高点 40.00% 跌至 5.04%，法国增长率跌至 4.86%，德国跌至 9.18%。加拿大拥有 401 家 AI 企业。巴西拥有 79 家 AI 企业。

---

① 说明：核对乌镇智库《2018 全球人工智能发展报告》数据，无误。2018 年中国人工智能企业累计 3 341 家，2009—2018 年中国新增 AI 企业数 3 362 家（3 701-339）。数据不一致是由于 10 年间人工智能企业有创立，也有部分人工智能企业倒闭。

六、国际人工智能人才的分布

1. 区域分布

国际人工智能人才投入高度集中于美、中、印、德、英等少数国家。截至 2017 年年底，全球人工智能人才投入总量为 204 575 人，密集分布在北美、西欧、北欧、东亚、南亚、西亚。

截至 2017 年年底，美国人工智能人才投入量 28 536 人，占世界总量的 13.9%；中国人工智能人才投入总量 18 232 人，世界总量的 8.9%。印度、德国和英国分别以 17 384 人、9 441 人、7 998 人名列 3、4、5 位。

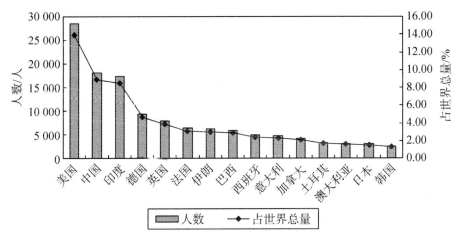

图 4-7　全球 AI 人才分布

资料来源：根据清华大学《中国人工智能发展报告（2018）》数据整理。

2. 企业分布

国际人工智能人才投入主要以计算机软件和硬件开发企业为载体。高强度人才投入企业集中在美国，IBM、微软、谷歌等公司聚集的人工智能人才位列世界前三，英特尔、通用电气、惠普、霍尼韦尔、思科、高通、苹果等美国知名企业也榜上有名。以大型制造企业为主的德国的西门子、SAP 软件、博世三家企业进入世界人工智能人才投入企业前 20 名。印度著名 IT 技术服务公司塔塔咨询和高知特两家公司上榜。中国、意大利、荷兰、爱尔兰和韩国各有一家企业进入世界人工智能人才投入企业前 20 名（见图 4-8）。

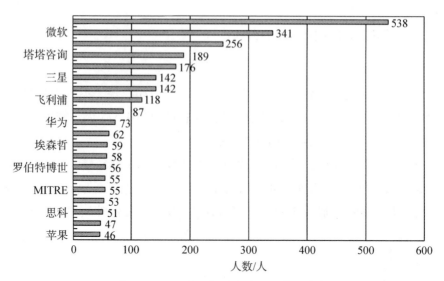

图 4-8　国际人工智能人才所属企业分布

资料来源：清华大学. 中国人工智能发展报告［R/OL］.（2018-07-16）［2018-09-25］.
http：//www.360doc.com/content/18/0716/20/3066843_770879250.shtml.

3. 领域分布

截至 2017 年年底，国际人工智能人才主要集中在数据挖掘、核心算法、机器学习、模式识别等热门领域。机器学习领域人才投入 70 031 人，占比 34.2%；数据挖掘领域累计达 68 736 人，占比 33.6%；模式识别领域累计 53 241 人，占比 26%；计算机视角 32 619 人，占比 15.9%；特征提取 21 794 人，占比 10.7%；人工智能网络 13 404 人，占比 6.6%。

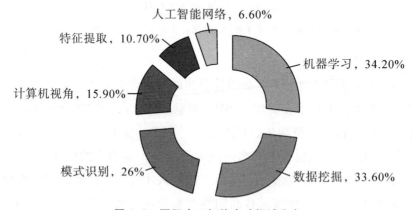

图 4-9　国际人工智能人才领域分布

资料来源：清华大学. 中国人工智能发展报告［R/OL］.（2018-07-16）［2018-09-25］.
http：//www.360doc.com/content/18/0716/20/3066843_770879250.shtml.

第三节　我国人工智能产业发展现状

一、中国人工智能国家政策及解读

2017 年 3 月，在十二届全国人大五次会议上，"人工智能"首次被写入政府工作报告。

2017 年 7 月，国务院印发了《新一代人工智能发展规划》，提出了我国人工智能发展实施三步走战略。第一步，到 2020 年人工智能总体技术和应用水平与世界先进水平同步，人工智能产业成为我国经济发展新的增长点。第二步，到 2025 年人工智能基础理论研究实现重大突破，部分技术与应用达到世界领先水平，人工智能成为推动我国经济转型的主要动力。第三步，到 2030 年人工智能理论、技术与应用总体达到世界领先水平，成为世界主要人工智能创新中心。

2017 年 10 月，推动人工智能和实体经济深度融合被写入党的十九大报告。

2017 年 12 月，工业和信息化部发布《促进新一代人工智能产业发展三年行动计划（2018—2020 年）》，详细规划了在未来三年内人工智能产业发展重点、方向和目标，并对每个方向和目标做了细致的量化规定。

2019 年 3 月，中央全面深化改革委员会提出《关于促进人工智能和实体经济深度融合的指导意见》，强调要把握新一代人工智能在不同行业、不同区域特点的发展特点，探索创新成果应用转化的路径，构建智能经济新生态。

2019 年 6 月，国家新一代人工智能治理专业委员会发布《新一代人工智能治理准则：发展负责任的人工智能》，突出了发展负责任的人工智能这一主题，强调了发展人工智能过程中应对社会承担责任的 8 条规则。

2019 年 8 月，科技部提出了人工智能平台建设申请应具备的条件，同时明确了人工智能试验区建设的总体布局、重点任务、目标。

2020 年 11 月，党的十九届五中全会指出要瞄准人工智能、量子信息等前沿领域，推动互联网、大数据、人工智能等同各行业深度融合。

2022 年 10 月，党的二十大报告指出，推动战略性新兴产业融合集群发展，构建新一代信息技术、人工智能、生物技术、新能源、新材料、高端装备、绿色环保等一批新的增长引擎。

二、我国人工智能产业发展成就

经过人工智能爆发阶段，到2019年我国人工智能产业趋于稳定，产业模式已基本形成，产业焦点从技术驱动转向场景应用与各行业深度融合，逐步走向产业成熟阶段。

（一）人工智能核心产业市场规模迅速扩大

人工智能核心产业是对外提供智能产品和智能服务的产业，主要包括对外提供的产品、以平台的方式对外提供的服务、人工智能解决方案三种类型。其中，对外提供产品包括软件产品和硬件产品，比如语音输入法、机器人等；以平台的方式对外提供服务，如深度学习平台；人工智能解决方案是通过解决方案的形式，对传统产业进行升级，例如，在汽车中加入无人驾驶方案构成无人驾驶汽车。

2019年，中国人工智能产业生产规模达1 291.4亿元，相比2017年增长43.5%的增长率有所降低。人工智能逐渐从快速生产占有的模式向行业精耕细作转变。其中，基础层市场规模210.5亿元，技术层市场规模329.3亿元，应用层市场规模751.6亿元。根据工业和信息化部公布数据，2020年1~6月中国人工智能核心产业规模达到770亿元。具体见图4-10。

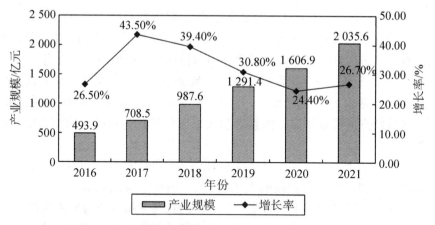

图4-10　2016—2020中国人工智能核心产业规模与增长率
资料来源：根据中国信息通信研究院数据整理。

（二）中国人工智能产业链全面落地

1. 我国人工智能核心产业层级结构

2019年，我国人工智能核心产业市场规模超过105.5亿美元，相较于2018年同比增长26.9%，其中基础层市场规模占比20%，技术层市场规模占比为29%，应用层市场规模占比51%（见图4-11）。

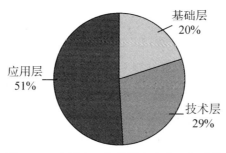

图 4-11　中国人工智能核心产业层级结构

资料来源：CIE 智库. 2019 年全年人工智能产业数据概览［EB/OL］.（2020-02-14）［2021-10-20］. https：//www.afzhan.com/news/detail/79962.html.

2. 我国人工智能核心产业各层级细分产品占比

从我国人工智能核心产业各层级细分产品占比看，在基础层产业中，智能芯片占比为 55%，智能传感器和算法模型占比分别达到 25% 和 20%；在技术层产业中，语音识别占据了绝大部分市场份额，占比达 67%，图像视频识别市场规模占比 23%，而文本识别市场规模占比仅有 10%；在应用层产业中，智能机器人市场规模占比 20%，智能安防市场规模占 16%，智能驾驶产业规模占比达 10%，发展态势良好，未来有望进一步提高市场份额。具体见图 4-12。

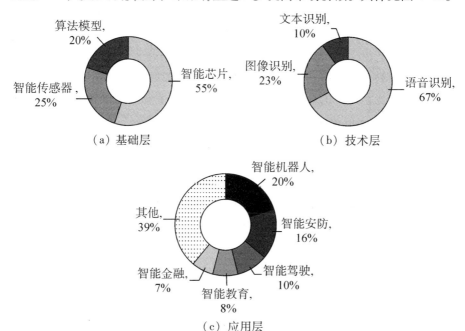

（a）基础层　　　　　　　　（b）技术层

（c）应用层

图 4-12　我国人工智能核心产业各层级细分领域占比

资料来源：CIE 智库. 2019 年全年人工智能产业数据概览［EB/OL］.（2020-02-14）［2021-10-20］. https：//www.afzhan.com/news/detail/79962.html.

（三）融资规模不断扩张

赛迪顾问的数据显示，2012—2019 年，中国人工智能行业总计共有 2 097 起投融资事件发生，总计融资金额为 1 611.99 亿元，其中 2014—2018 年在融资事件及融资规模上呈现持续增长态势，2019 年出现首次回落，行业泡沫弱化。平均融资规模除在 2016 年有所回落外，总体呈现跨越式走高之势，从 2014 年的平均融资额 0.65 亿元增长至 2019 年的 2.27 亿元，增长率达 249.23%，资金流向头部项目的趋势明显。具体见图 4-13。

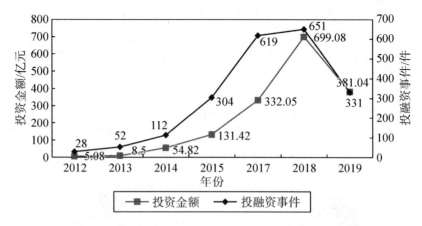

图 4-13　2012—2019 年中国人工智能领域投融资额及事件数

资料来源：赛迪顾问. AI 新基建架构设计与经济价值研究［R/OL］. (2020-07-10)［2020-09-01］. https://www.ccidgroup.com/info/1096/21437.htm.

人工智能细分领域投资，2019 年我国人工智能投融资事件最多的两大领域是计算机视角和 AI 行业应用，占比分别为 24% 和 21.6%，自然语言处理和深度学习技术占比分别达到 16% 和 14%，2022 年我国人工智能投融资规模将达 1 200 亿元（见图 4-14）。

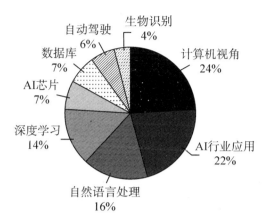

图 4-14　人工智能细分领域投融资占比

资料来源：赛迪研究院，腾讯云，腾讯研究院. 新基建引领产业互联网发展，新基建、新要素、新服务、新生态白皮书 2020［R/OL］.（2020-12-17）［2022-10-20］. http://www.cbdio.com/BigData/2020-12/17/content_6161892.htm.

根据国家工业信息安全发展研究中心的数据，2020 年 AI 领域投资事件 644 起，全年融资额 1 773 亿元。其中，基础层的数据平台、算力资源、传感系统领域融资事件分别为 49 起、43 起、54 起，算法层的通用算法应用、技术平台融资事件分别为 37 起和 8 起，消费极终端和行业解决方案融资事件分别为 24 起和 107 起（见图 4-15）。

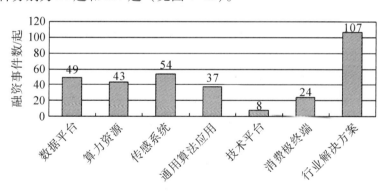

图 4-15　2020 年中国 AI 领域融资事件数统计

资料来源：国家工业信息安全发展研究中心. AI 新基建发展白皮书［R/OL］.（2021-01-25）［2022-10-20］. http://www.cbdio.com/BigData/2021-01-25/content_6162576.htm.

（四）人工智能企业创新创业日益活跃

1. 我国人工智能企业数量

随着人工智能技术不断成熟，我国人工智能创新创业迅速增加。2017—2018年，我国新增人工智能企业数超过前10年的总和。百度、腾讯、阿里云、科大讯飞等跻身全球人工智能领域巨头行列。

我国历年人工智能企业新创公司数量见图4-16。

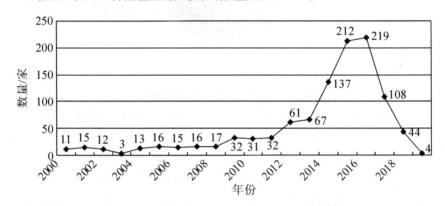

图4-16　我国历年人工智能企业新创公司数量

资料来源：亿欧智库. 2019中国人工智能投资市场报告［R/OL］. (2019-06-12)［2019-07-08］. https://www.iyiou.com/analysis/20190612102480.

2. 人工智能企业巨头

在国内人工智能产业链中，有一批互联网巨头，依托自身技术、数据与资金优势向智能行业渗透。这其中既包括以百度、阿里巴巴和腾讯为代表的传统巨头，也有科大讯飞这些细分领域的龙头企业。作为AI领域的积极参与者，中国科技企业正将人工智能以及机器学习确立为下一个创新的重点领域。中国的互联网巨头正在人工智能各细分领域建立自己的核心竞争力。其中，百度和腾讯更侧重于图像、语音和智能生活场景的解决方案，阿里巴巴把主要重心放在数据和技术结合的服务型人工智能解决方案上，科大讯飞在语音识别解决方案领域具有独特的市场竞争力。

3. 人工智能创业企业分布

（1）地区分布。

从中国新一代人工智能发展战略研究院发布的2020年中国新一代人工智能科技产业区域竞争力评价指数看，京津冀、江浙沪、珠三角和川渝四大都市圈人工智能科技产业区域竞争力评价指数评分和排名如下，京津冀地区以 91.4 排名第一，江浙沪以 77.0 排名第二，珠三角和川渝地区则以 45.4 和 18.5 排名第三和第四。从企业能力、学术生态、资本环境、国际开放度、链接能力和政府响应能力评分看，京津冀在企业能力、资本环境、国际开放度和链接能力 4 项指标评分中均排名第一，学术生态仅次于江浙沪，排名第二。

从人工智能企业的数量看，京津冀、江浙沪和珠三角占比分别为 44.04%、28.86% 和 16.94%。依托国家科技创新中心和互联网发展的优势，京津冀在人工智能科技产业的发展上走在了全国的前列。

在各省（自治区、直辖市）中，人工智能企业主要分布在北京市、广东省、上海市、浙江省、江苏省、四川省、湖北省、天津市、福建省和山东省。其中，北京市占比最高，为 42.53%；其次是广东省，占比为 16.94%，主要分布在深圳市和广州市；排名第三的是上海市，占比为 15.31%；排名第四的是浙江省，占比为 8.16%，主要集中在杭州市。

截至 2019 年 9 月底，全国人工智能企业数量超过 2 500 家，其中北京地区超过 738 家，占比三成，上海紧随其后，两地区合计占比五成（见图 4-17）。

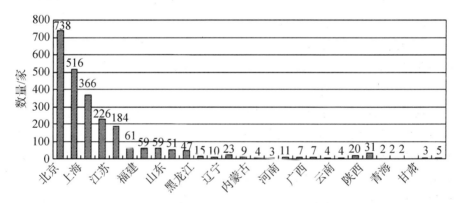

图 4-17　各地区人工智能企业分布

资料来源：国家工业信息安全发展研究中心人工智能所。

（2）城市分布。

在国内主要城市中，人工智能企业分布较密集的城市是北京市、上海市、深圳市和杭州市，占比分别为 42.53%、15.31%、12.05% 和 7.15%，是中国人工智能科技产业发展的前沿城市。西部地区的成都市和中部地区的武汉市同样是人工智能企业数排名靠前的城市（见图 4-18）。

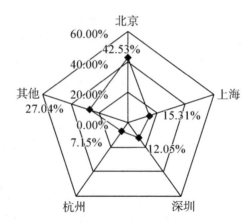

图 4-18 人工智能企业城市分布

资料来源：中国新一代人工智能发展战略研究院. 中国新一代人工智能科技产业发展报告 [R/OL]. (2020-06-25) [2020-07-08]. https://cingai.nankai.edu.cn/2020/0626/c9371a281042/page.htm.

（3）细分领域分布。

经过近年的发展，国内大数据和云计算技术已从一个新兴的领域逐步转变为大众化服务的基础平台，代表性企业有华为、寒武纪科技、地平线、百度、阿里巴巴、腾讯等。

在国内，人工智能技术平台在应用层面主要聚焦于计算机视觉、语音识别和自然语言处理领域，代表性企业包括格灵深瞳、科大讯飞、地平线、永洪科技、旷视科技、云知声等。

我国人工智能主流行业应用场景有智慧金融、智能医疗、智能零售、智慧教育、智能制造等。智慧金融代表性企业有阿里巴巴、中国平安、蚂蚁金服等。智能医疗代表性企业有汇医慧影、深睿医疗、搜狗搜索、BGI 华大、山大地纬等。智慧教育代表性企业有腾讯、松鼠 AI、斑马 AI 等。智慧零售代表性企业有阿里巴巴、京东、小米等。智慧交通代表性企业有阿里巴巴、地平线、景驰科技等。智能家居代表性企业有海尔、美的、小米、京东、华为等。智能制造有埃夫特智能装备、长安汽车等。具体见表 4-2。

表 4-2　我国人工智能产业链及代表性企业

基础层	计算硬件	芯片	华为、金致科技、寒武纪科技、地平线、云知声
		传感器	高德红外、华润半导体、韦尔股份
	计算机技术	大数据	百度、海云科技、创略科技、神州泰岳、惠安金科、国双、数据堂
		云计算	百度、阿里巴巴、中国平安、地平线、华为、腾讯、infobird
		5G 通信	华为、神州泰岳
	数据	数据采集	百度、中国平安
		标注	华为
		分析	阿里巴巴、腾讯
技术层	算法理论	机器学习	百度、商汤、阅面科技、有孚网络、第四范式
	开发平台	基础开源框架	华为
		技术开放平台	阿里巴巴、中科创达
	应用技术	计算机视觉	百度、商汤、云从科技、汉王科技、海康威视、旷视科技
		自然语言处理	搜狗搜索、百度、中科汇联、普强信息、科大讯飞、今日头条、出门问问
		智能语音	捷通华声、声智科技、思必驰、搜狗搜索、地平线、腾讯、云知声、科大讯飞、百度、阿里
		机器视觉	捷通华声、速感科技、interjoy、速腾聚创
应用层	智能制造		埃夫特智能装备、长安汽车
	智慧零售		阿里巴巴、掌贝、京东、小米
	智慧金融		阿里巴巴、中国平安、蚂蚁金服
	智能医疗		汇医慧影、中国平安、深睿医疗、推想科技、搜狗搜索、BGI、华大、山大地纬、腾讯、VOxelCloud
	智慧教育		腾讯、中国平安、松鼠 AI
	智慧交通		阿里巴巴、中国平安、地平线、斑马、图森未来、景驰
	智能家居		云丁、Rokid、小鱼在家、海尔、美的、小米、京东、华为

资料来源：尹丽波. 人工智能发展报告（2018—2019）[M]. 北京：社会科学文献出版社，2019：45-54.

　　中国人工智能创业公司所属领域分布中，计算机视觉、服务机器人、语音及自然语言处理三个领域占比较大，依次为 20%、19%、10%。其中，计算机视觉所占比例最大。它是人工智能的重要核心技术之一，可应用到安防、金融、营销、交通、医疗等领域（见图4-19）。

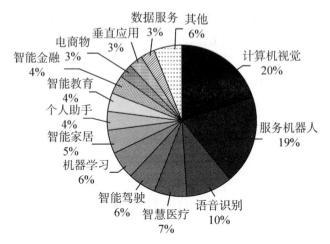

图4-19　人工智能创业企业领域分布

资料来源：艾媒咨询. 2017 中国人工智能产业报告［R/OL］. (2017-04-06)［2017-05-15］. https://www.askci.com/news/chanye/20170406/10203395212_4.shtml.

（五）人工智能赋能实体经济

人工智能是推动我国经济高质量发展全新的生产要素，正与各行业融合、渗透，有助于我国传统产业的改造升级，重塑传统产业的生产方式和管理方式。在制造业领域，人工智能可以创造智能化的工艺流程，改进产品质量，提高劳动生产率，实现柔性化、个性化、定制化生产。在物流领域，人工智能可以实时改进供应链管理，优化库存和配速线路。无人仓储、智能配送等服务，已在不断提升快递业的物流速度和服务水平。在医疗健康领域，人工智能在录入病历、影像分析、健康管理、药物研发、手术治疗等方面发挥着重要作用，帮助改善医疗资源分布不均的问题。在金融领域，人工智能应用广泛，应用场景有智能贷款、智能理财、智能投顾、智能保险等。在交通领域，人工智能可以提高交通工具的安全性，合理分配交通道路资源。在教育领域，人工智能可以辅助老师进行个性化教学，实现教育资源分配均等化。具体见表4-3。

表 4-3　人工智能技术应用对传统行业的改造升级

领域	问题	智能化解决方案
农业	·受自然条件影响大 ·基础设施薄弱 ·产品质量无法保障 ·产业链存在短板 ·生态环境遭到破坏 ·生产技术落后 ·产业化水平低	·人工智能可以收集农作物具体位置的实时数据，节约生产资料投入，填补农业劳动力的缺口。 ·人工智能系统可以为农产品整个产业链提供智能化和可持续性的解决方案
制造业	·劳动力成本高 ·人力工序失误率高且产品质量难保障 ·大规模批量生产不能适应市场需求 ·工艺流程缺乏柔性	·人工智能可以创造更智能、更快速的工艺流程，提高劳动生产率，降低生产成本，提升产品质量。 ·改造制造产业链，减少不必要的原材料和产品库存。 ·可以通过可靠的需求预测，适时调整生产能力，实现柔性制造。 ·改善工作环境，保障工人工作安全与健康
物流	·仓库选址不精准 ·库存量较大 ·运输配送路径不合理 ·仓储作业效率低下	·改进供应链管理，优化库存。 ·利用人工智能自适应功能适时调整网络配送线路。 ·无人仓储，提高作业效率。 ·根据预期自动应对未来不确定性
交通	·运输成本高 ·车祸频发 ·道路拥堵	·人工智能可以通过情景提示来提高交通工具的安全性，并为司机和旅客实时提供路线信息。 ·人工智能可以系统合理地分配交通道路资源，促进整个交通系统的节能减排。 ·人工智能系统可以对交通基础设施和进行实时监测，降低维护成本
营销	·传统的调研手段难以分应真实市场需求 ·广告投放目标不够精准 ·实体店线下体验、支付、配送受时空限制大	·人工智能应用可以更好地实现商品的供需平衡。 ·人工智能可以预测消费者个性化需求，使他们以较低支出获得最大消费者剩余。 ·人工智能会大幅降低交易成本，提高经营者资本收益
金融	·金融机构运营成本高 ·无法为长尾客户提供定制化产品和服务 ·信贷维度单一，无法有效预防坏账、欺诈等金融风险	·提高工作效率，降低交易成本。 ·为政府和企业提供金融风险的早期预测。 ·确保金融系统安全控制，减少恶意行为的发生

表4-3(续)

领域	问题	智能化解决方案
教育	·教育资源不均衡 ·以老师为中心，灌输式教学 ·无法对学生遇到具体问题进行一对一辅导	·辅助老师实现个性化教学。 ·改变教学方式，调动学生学习积极性。 ·减轻老师重复性工作负担。 ·实现城乡教育资源均等化。 ·培养社会成员终身学习的习惯
医疗	·资源分配不均衡 ·看病难，看病贵 ·医患关系紧张	·人工智能可以用于药物研发，并预测新药物的安全性和有效性。 ·人工智能技术可以进行多维度的数据评估，及早发现公共卫生事件，为医疗诊断提供技术支持。 ·智能机器人可以提高手术安全性，减轻病人痛苦。 ·利用人工智能实现个性化大健康管理
法律	·查找法律文本和卷宗工作任务繁重 ·取证和验证有困难 ·当事人诉讼成本高、诉讼渠道少	·减轻了法律工作者从事程序性工作的劳动强度。 ·人工智能可以辅助分析一些复杂案例。 ·人工智能工具可以识别相关证据，并为复杂论证，提供法律依据。 ·智慧法院为诉讼者提供便宜快捷的通道

资料来源：根据相关知识整理。

从市场规模看，2018 年我国人工智能赋能实体经济的规模为 251.1 亿元，2022 年达到 1 573 亿元（见图 4-20）。

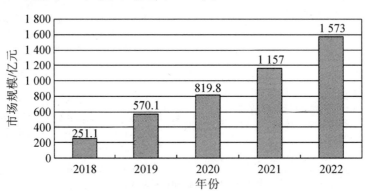

图 4-20 2018—2022 年人工智能赋能实体经济的市场规模

资料来源：艾瑞咨询. 2019 年中国人工智能产业研究报告［R/OL］.（2019-06-27）［2019-07-04］. https://www.iresearch.com.cn/Detail/report？id=3396&isfree=0.

从人工智能赋能实体经济各产业份额看，AI+安防占比最高，达到

53.80%；其次是 AI+金融，占比达 15.50%；排在第三位的是 AI+营销，占比达 11.60%；AI+制造占比最小，占比仅为 0.40%（见图 4-21）。

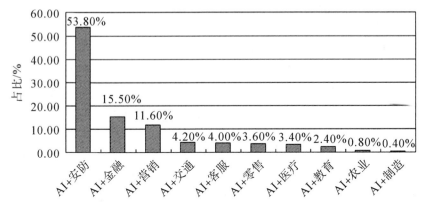

图 4-21　2018 年我国人工智能赋能实体经济各产业份额

资料来源：艾瑞咨询. 2019 年中国人工智能产业研究报告［R/OL］.（2019-06-27）［2019-07-04］. https://www.iresearch.com.cn/Detail/report? id=3396&isfree=0.

第四节　中外人工智能产业发展比较

一、人工智能企业数量对比

在世界范围内，人工智能领先的国家主要有美国、中国及其他发达国家。在全球人工智能企业总数中，美国占比 42%；中国占比 23%，其他国家占比 35%（见图 4-22）。

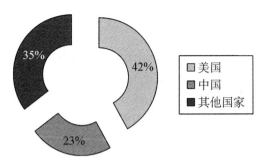

图 4-22　中美人工智能初创企业全球占比

二、细分领域分布

美国 AI 企业依靠成熟的技术与市场做到了全产业链布局，各领域均有优势企业，尤其是在芯片、数据和算法等基础类核心领域，积累了强大的技术创新优势。而我国只在局部领域有所突破，基础层企业分布较少，基础研究薄弱，没有形成完整的产业链。在人工智能技术细分领域公司数量分布上，美国能够排名前三的领域为自然语言处理、机器学习、计算机视觉；中国能够排名前三的领域为计算机视觉、智能机器人、自然语言处理。人工智能芯片、传感器等基础类企业数量，中国仅为美国的 42%。在自然语言处理、计算机视觉、图像处理等技术应用类企业数量，中国为美国的 46%。无人机、智能驾驶、语音识别等消费应用类企业数量，中国为美国 62.3%。我们可以看到，我国在语音识别、机器人两个领域的人工智能企业数量超过美国（见图 4-23）。

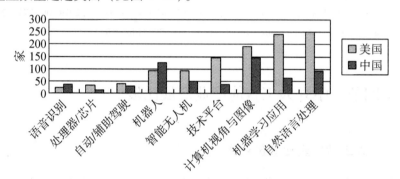

图 4-23 中美人工智能各领域企业数量分布图

资料来源：清华大学互联网产业研究院. 云计算和人工智能产业应用白皮书 2018 ［R/OL］. (2018-09-26) ［2018-10-13］. http://www.databanker.cn/research/240613.html.

三、投融资比较

从投资额来看，2013—2018 年中国 AI 投资热度远高于美国，投资规模年复合增长率（GAGR）为 96.8%，而美国为 52.1%。中国 AI 投资额 2015 年开始超过美国，2018 年为 165.5 亿美元，达到顶峰。近 20 年来世界各国投资到人工智能领域风险资金累计已经达到 1 914 亿美元。其中，美国占比 50.10%，中国占比 33.18%。其他国家合计占比 15.72%。从投资领域来看，美国的投资在人工智能产业三个层次都有分布且较均衡，而中国得到融资的企业主要投在应用层。在中国的 AI 企业中，融资占比排名前三的领域为计算机视觉、自然语音处理、自动/辅助驾驶。具体见图 4-24。

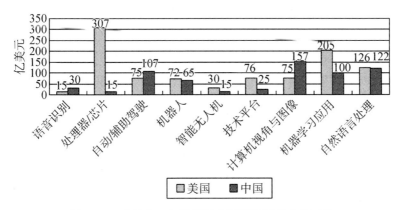

图 4-24　中美人工智能投融资不同领域总金额对比

资料来源：清华大学互联网产业研究院. 云计算和人工智能产业应用白皮书 2018 ［R/OL］.
（2018-09-26）［2018-10-13］. http：//www.databanker.cn/research/240613.html.

四、人工智能人才数量比较

人工智能产业的竞争是人才的竞争。从人才队伍来看，美国梯队比较完整，我国有点参差不齐。美国人工智能更关注基础研究，因此研究型人才数量较多，占比较大。美国人工智能企业人才总量约是中国的两倍，中国约为美国的 50%。美国处于基础层的人工智能员工为我国的 13.8 倍。在处理器/芯片、机器学习应用、自然语言处理、智能无人机领域，美国人工智能团队人数全面超过中国。具体见图 4-25。

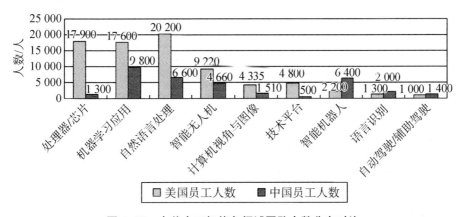

图 4-25　中美人工智能各领域团队人数分布对比

资料来源：腾讯研究院. 中美两国人工智能产业发展全面解读 ［R/OL］.（2017-07-26）［2018-03-04］. https：//wenku.so.com/d/3c2127e6a235701a49a35b3aea807ea3.

清华大学发布的《中国人工智能发展报告 2018》显示，虽然中国人工智能人才总量位居全球第二，但杰出人才占比明显偏低，不及美国的五分之一（见图 4-26）。因此，我国必须培养和吸引顶尖人才，加强基础研究，优化科研环境，力争在人工智能的基础领域实现重大突破。

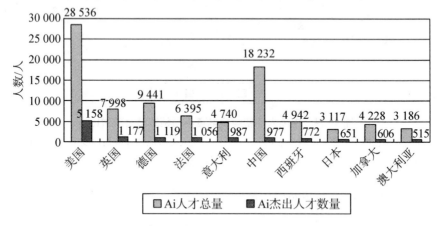

图 4-26　中外人工智能杰出人才占比

五、中美人工智能论文和专利对比

在研究领域，近年来我国在人工智能领域的论文和专利数量保持高速增长，目前已经稳居世界第一梯队。2013—2018 年中国人工智能论文在产出量和增速上大幅领先美国，虽然整体论文质量与美国相比仍有差距，但顶尖论文水平正逐步接近。中国人工智能专利申请数量大于美国，但国际专利较少，百度与微软分列中美第一，展现了一定的头部效应。具体见表 4-4。

表 4-4　2013—2018 年中美 AI 论文对比

国家	2013—2018 年中美 AI 论文总产出/篇	2018 年高被引前 1% 论文国家分布/%	2019 年 AAAI 峰会上的论文录取率/%
中国	74 676	28.3	15.8
美国	52 176	32.5	20.6

资料来源：科技部新一代人工智能发展研究中心

2011—2020 年全球人工智能专利申请量为 521 264 项。中国专利申请量为 389 571 项，位居世界第一，占全球总量的 74.7%，是排名第二的美国专利申请量的 8.2 倍（见图 4-27）。

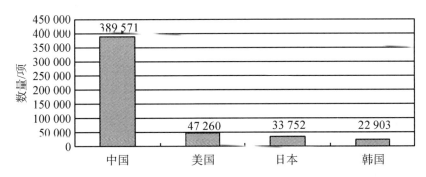

图 4-27　2011—2020 年全球人工智能专利申请量排名前四位国家

资料来源：清华大学人工智能研究院，清华-中国工程院知识智能联合研究中心. 人工智能发展报告 2020［R/OL］.（2021-01-20）［2021-01-22］. http://www.360doc.com/content/21/0122/03/72640105_958247300.shtml.

通过中美两国人工智能产业的对比发现，我国在人工智能领域主要存在三个方面不足：一是重大基础理论研究原创能力不足；二是高端芯片、基础材料等方面的技术对外依赖性较高；三是国内人工智能尖端人才严重缺乏。

同时我们又看到，在全球化人工智能技术竞争中，我国人工智能产业的发展已取得了显著的成绩，且与其他国家相比，我国在人工智能的发展方面有自己独特的优势。

1. 网民的优势

截至 2020 年 12 月底，我国互联网普及率达 70.4%，网民规模为 9.89 亿，网民中使用手机上网的比例为 99.7%。"十三五"期间，我国网民规模从 6.88 亿增长至 9.89 亿，五年增长了 43.7%，网民总体规模已占全球网民的五分之一左右，构成了多元庞大的数字社会。具体见图 4-28。

2. 应用场景的独特优势

虽然我国在核心技术方面暂时还没有超越世界先进水平，但在人工智能应用的场景优化及其相应的商业布局方面走在世界前列。中国人口众多，为研究人员和初创企业提供了最有价值的自然资源。中国人工智能专家和技术人员正在挖掘的这种丰富的数据资源来提升人工智能，创新从教育、制造到零售和军事应用等各个领域的应用模式。我国是全球人口最多、在线用户最多、移动通信用户最多、新业态最多的国家，这些因素形成的合力使中国成为全球最大的、应用场景最多的国家。

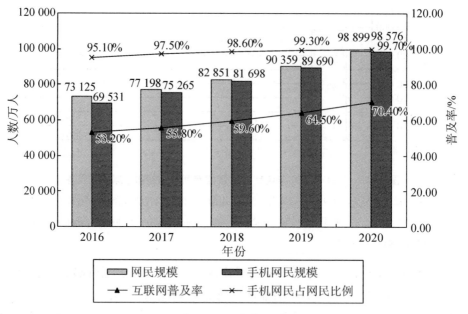

图 4-28 我国网民规模和互联网普及率

资料来源：CNNIC 第 47 次中国互联网络发展状况统计报告。

3. 我国在人工智能技术各领域已实现了初步突破

从人工智能科研论文上看，中国在全球知名期刊上发表论文的数量已经超过美国，位列全球第一。

从专利申请量看，中国人工智能专利申请数量居全球第二，仅次于美国。

从投资看，中国已经成为仅次于美国的全球第二大人工智能融资国，投资机构的数量在全世界位列第三。

从产业发展看，近年来我国人工智能产业规模急剧扩大，人工智能产业生态已初步形成，人工智能产业聚集已成格局，人工智能创业企业大幅增加并在各子领域不断地创新产品和服务模式。

第五章　人工智能产业的就业毁灭效应

第一节　人工智能就业毁灭效应形成机理

"技术性失业"一词最早由英国经济学家约翰·梅纳德·凯恩斯（John Maynard Keynes）在 1931 年提出。凯恩斯在一篇极富前瞻性的文章《我们孙辈的经济前景》中预测："我国正在遭受一种新流行疾病的折磨，有些读者可能没有听过这种疾病的名字，但在未来的数年中会反复听到，即技术导致的失业，这意味着，由于我们找到了更经济地使用劳动力的方法，这种方法造成的失业速度快于我们为失业人口找到新工作的速度。"[①]

以色列历史学家尤瓦尔·赫拉利指出，随着人工智能的发展，机器不仅可以代替如收银员、保安等体力劳动者，而且可以替代如律师、医生等智力劳动者，并促使无产阶级变为"无用阶级"。[②]

一、马克思主义相对过剩人口理论

马克思在《资本论》第一卷第二十三章从资本积累出发揭示出资本积累必然引起资本有机构成提高，进而说明了资本有机构成提高对劳动力需求的影响，最后概括出资本主义积累的一般规律。

---

① JOHN MAYNARD KEYNES. Economic Possibilities for our Grangchildren [M]. New York：w. w. Norton & Co.，1963：358-373.

② 尤瓦尔·赫拉利. 未来简史：从智人到智神 [M]. 林俊宏，译. 北京：中信出版社，2017.

（一）资本积累必然引起资本有机构成的提高

1. 资本有机构成的含义

资本构成包括两个方面：资本的技术构成和资本的价值构成。资本的技术构成是由资本家所使用的生产资料数量和为使用这些生产资料而必需的劳动力数量的比例决定的；资本的价值构成是由生产资料价值与劳动力价值的比例决定的，也可以说是由不变资本与可变资本的比例决定的。资本的技术构成与价值构成，既有联系，又有区别。但是，只有反映资本技术构成的资本价值构成，才叫作资本的有机构成。

2. 资本积累增加必然引起资本有机构成提高

马克思阐述了劳动生产率提高、资本积累的增加对资本有机构成的影响。马克思指出："劳动生产率的增长表现为劳动的量比它所推动的生产资料的量相对减少。资本技术构成的这一变化，即生产资料的量比推动它的劳动力的量的相对增长，又反映在资本的价值构成上，即资本价值的不变组成部分增加。"① 这一论断阐明了资本积累的增加与资本有机构成提高之间内在的、本质的、必然的联系。

（二）资本有机构成的提高必然产生相对过剩人口

马克思认为资本有机构成提高必然会引起资本对劳动力需求相对、甚至绝对减少，产生相对过剩人口。他指出："因为对劳动的需求不是由总资本的大小决定的，而是由总资本中可变组成部分的大小决定的，所以它随着总资本的增长而递减。"② 资本有机构成提高对劳动力需求的减少具体表现在：①新追加资本对劳动力的需求相对减少；②原有固定资本更新对劳动力需求的绝对减少；③技术进步，使操作简单化，大量的人口流入劳动力市场，这必然导致劳动力供过于求，形成相对过剩人口。

马克思在研究资本主义积累的一般规律后得出结论：资本积累必然引起资本有机构成的提高，资本有机构成提高必然产生相对过剩人口。

二、"程序偏向型技术进步"假说

"程序偏向型技术进步"假说对于技术进步对工作任务的影响给予高

① 马克思. 资本论（第一卷）[M]. 北京：人民出版社，2004：718.
② 马克思. 资本论（第一卷）[M]. 北京：人民出版社，2004：725.

度重视。奥托尔、莱维和默南内（Autor, Levy & Murnane, 2003）[①] 发现，电脑对程序化、常规化的工作任务会起到替代作用，因为这类工作任务比较容易通过编写电脑程序使机器可以按照编写的程序进行有序的程序始终如一地重复工作，而对非常规的工作任务则会起到互补作用。之后，奥托尔、卡茨和卡尼（Autor, Katz & Kearney, 2006）[②] 进一步用实证研究佐证了"程序偏向型技术进步"假说。他们指出，过去美国劳动力市场上的中产阶层占比减少和收入呈现的两极化现象都是由工作任务的需求变化引起的，而这种变化的原因正是信息通信技术的进步。因为信息通信技术会对抽象的非常规的工作任务起增强效应，对常规化的工作任务具有替代效应。中等技术工人进行的很多常规化工作任务会被电脑以不同的比例进行替代，从而引起中产阶层占比的相对减少和工资两极化现象。以中产阶层的相对萎缩为特点的工作两极化和收入两极化现象不仅在美国表现显著，在欧洲也存在类似的现象。

随着计算能力的提升，加上互联网的连接性和信息价值，数字技术正在取代越来越多的程序化工作任务，在这种情况下技术是劳动节约型的。数字技术最适合于那些按照明确且一个程序而完成的工作任务。这些任务有些是认知性的，如处理工资单、记账和算账。有些是手工或体力方面的，要用简单的动作和肌肉力量，如开火车或安装货物。这些任务可以很容易实现自动化。从事程序性工作（无论是大部分手工性的或是大部分认知性的）的工人发现他们的工作很容易受自动化的影响。相比之下，非程序化工作受自动化影响较小。从事研究工作，维持人际关系，或设计新产品，这些工作已证明很难实现自动化；同时那些需要灵敏身手的手工工作，如清洁、保安服务或人工护理，也是很难自动化的。因此，数字技术对就业的影响取决于工作的类型及技术提升是否能替代这项工作。研究人员和美发师所从事的工作不容易被编写为电脑程序，但技术进步可以让研究人员工作更有效率，而技术对美发师的影响并不大。人工智能技术和技能在工作中的相互影响见表5-1。

① AUTOR D H, LEVY F, MURNANER J. The Skill Content of Recent Technological Change: An Empirical Exploration [J]. Quarterly Journal of Economics, 2003, 118 (4): 1279-1333.

② AUTOR D H, KATZ L F, KEARNEY M S. The Polarization of the U. S. Labor Market [J]. American Economic Review, 2006, 96 (2): 189-194.

表 5-1　人工智能技术和技能在工作中的相互影响

互补性容易程度（技术能够提高劳动效率）	自动化容易程度（技术是劳动节约型的）	
	高（认知分析和社会情绪密集型任务）	低（手工技能密集型任务）
高（程序性任务）	1 记账员、校对员、书记员	3 机械操作员、出纳、打字员
低（非程序性任务）	2 研究人员、教师、管理人员	4 清洁工、美发师、街头小贩

资料来源：世界银行. 2016 年世界发展报告：数字红利［M］. 北京：清华大学出版社，2017：129.

Autor（2003）用 Cobb-Douglass 总量生产函数来说明人工智能工具应用对程序性任务和非程序性任务的影响。公式可写为

$$Q = (L_R + C)^{1-\beta} L_N^{\beta}, \ \beta \in (0, 1) \tag{5.1}$$

在这里 L_R 和 L_N 代表程序性和非程序性的劳动力投入，C 代表计算机设备。在一定市场价格 p 下，计算机设备的供给是无限弹性的，随着时间的推移，市场价格 p 由于技术的进步而下降。假设自动化的设备和劳动力在执行程序性任务时可以完全替代。根据 Cobb-Douglass 总量生产函数可推出程序性任务与非程序性任务的替代弹性是 1，计算机设备与非程序性任务之间是互补关系。计算机设备对程序性工作的可替代性大于对非程序工作的替代。由于大量程序性任务的投入，非程序性任务的边际生产率和相对工资会上升。[①]

在历史上，失业群体多为技术水平低、不能适应技术进步要求的体力劳动者。在信息技术出现之前，技术进步主要替代的是高强度的体力劳动和重复性的体力劳动。从信息革命开始，技术进步主要替代的是脑力劳动。

三、人工智能就业毁灭效应形成一般机理：基于人工智能产业链视角

人工智能产业包括智能产业化和产业智能化两个方面。下面就从人工智能产业的两个维度来讲述综合人工智能就业毁灭效应形成的一般机理。

1. 智能产业化对就业的毁灭效应

智能产业化引致产品创新。传统产业生产的产品价格高、质量低、款

---

①　DAVID H AUTOR，FRANK LEVY，RICHARD J MURNANE. The Skill of Recent Technological Change：An Empirical Exploration［J］. The Quarter Journal of Economics，2003（11）.

式单一。而人工智能产业生产的智能产品技术含量高、质量高，能够更好地满足消费者个性化需求，形成消费者偏好。因此，智能产品必然替代旧产品，新兴智能产业必然要颠覆和替代大部分传统行业，导致传统产业就业岗位的毁灭。

2. 产业智能化对就业的毁灭效应

人工智能技术向各行业渗透必然带来工艺创新和组织创新，从而减少对劳动力的需求。①工艺流程创新。人工智能技术发展和应用促进生产工具的更新换代，会淘汰部分生产效率低的陈旧生产设备，使生产设备生命周期缩短，固定资本的回收期缩短，每件产品分摊的折旧费增大，增加了企业运营成本，挤压企业的利润空间，企业绩效下滑，从而减少对劳动力需求。人工智能合成品的使用，不但改造了企业生产的工艺流程，降低了劳动强度，而且还提高了资本边际生产力，引起资本和劳动两种生产要素之间的替代，形成节约劳动型技术进步。因此，人工智能通过两种生产要素边际技术替代率形成对劳动需求的毁灭效应。②组织创新。人工智能技术应用必然引起企业组织机构和治理结构的变迁。人工智能技术应用颠覆了企业的原有组织模式，使企业组织由垂直型向智能型、网络型和扁平型转变，从而引起机构精简，管理人员减少。③制度创新。根据技术—经济研究范式，技术变革必然带来诱致性社会制度变迁。由于人工智能技术的引进，传统企业必然建立一套与智能化生产和经营相匹配的规章制度和激励约束机制，以实现资源优化配置，这样就会裁撤冗员。

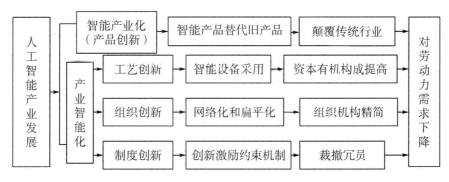

图 5-1　人工智能就业替代效应作用机理

总之，人工智能技术进步和在各行业渗透属于技能偏向型。这种由技术驱动的经济增长增加了对高技能劳动力的需求，减少了对低技能劳动力的需求，从而改变了劳动力市场格局。

第二节　我国"机器换人"的必然性

随着我国人口红利逐渐消失，劳动力成本快速上涨，国内外同行业竞争加剧，我国构建以智能制造为根本特征的新型制造体系迫在眉睫。机器换人的主要目的是降低成本，提高效率，增强核心竞争力。随着关键岗位机器人替代工程的不断落实，工业机器人的应用领域将有望延伸到劳动强度大的行业、对产品生产环境洁净度要求高的行业以及危害人类健康的行业。

一、招工难与劳动力成本不断上升

随着人我国人口红利的逐步消失，我国的劳动力成本不断上升。同时，"90 后""00 后"年轻一代与祖辈父辈相比，价值观发生变化，已不愿意从事一线工作，"招工难"和"用工荒"的问题日益显现。当前，人工成本以每年 14%～16% 的速度上升，而机器人的价格正以每年 5% 的速度下降，故而使用一台机器人的成本已低于使用一名工人。中国被人工智能替代的工资水平为 58 207 元。

1. 制造业的工资不断上涨

根据《中国劳动统计年鉴》的数据，2003 年我国制造业就业人员年平均工资为 12 671 元，2008 年增长到 24 404 元，到 2019 年制造业年平均工资水平增长到 78 174 元（见图 5-2）。

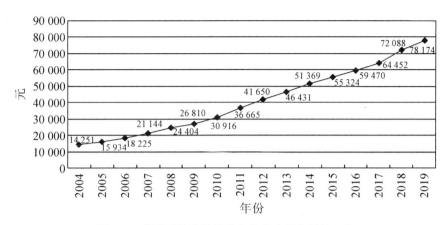

图 5-2　我国制造业城镇单位就业人员年平均工资

资料来源：根据《中国劳动统计年鉴》数据整理。

2. 农民工工资稳步增长

2010—2020 年农民工月均收入增加 2 382 元，复合增长率为 140.9%，年平均增幅增长 12.80%（见图 5-3）。

图 5-3　2011—2020 年农民工月均收入及增速

资料来源：国家统计局 2010—2020 年《中国农民工监测报告》。

蔡昉等（2015）认为自 2004 年沿海地区出现"民工荒"以后，我国劳动力供给出现刘易斯拐点，劳动力短缺现象持续存在。"民工荒"的实质并不是真正的劳动力供不应求而是产业结构的低端化和资本的所有者给付的工资不符合农民工的合理预期。

3. 劳动者工资增长跑赢 GDP 增长率

劳动力成本的上升导致企业用工下降。在过去 10 年里，工资增速超过了劳动生产率，大幅增加了中国企业的劳动力成本。数据显示，制造业城镇单位的年平均工资，2001—2009年复合增长203.4%，年平均工资增长20.34%，2010—2019年复合增长114.85%，年平均工资增长11.48%（见图5-4）。由于各项社保资金与工资挂钩，因此工资的快速增长导致企业社保缴费大幅增加，从而进一步加大了企业的劳动力成本负担。2004年中国制造业成本比美国低14%，但到了2014年只比美国低4%，中美两国制造业成本的差距大幅缩小。劳动力成本快速上升给企业经营造成较大的压力。为了降低劳动力成本，部分企业进机器来代替人工，减少招聘新员工，甚至裁员。

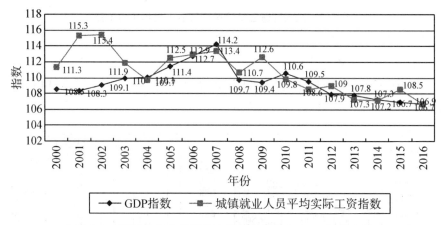

图5-4　城镇就业人员平均实际工资指数与GDP指数比较

由于农民工工资和最低工资标准的提高，与周边一些国家相比，中国劳动力成本的比较优势正在丧失。劳动力的高额成本迫使企业实现生产的自动化或者将就业机会转移到成本较低的国家中去。例如，松下、日本大金、通用等公司把工厂迁回本国；三星、富士康、耐克等公司在工资更低的东南亚和印度开设新厂；甚至中国的一些企业，如浙江科尔纺织公司也出现了向美国、东南亚区域发展的动向。所以部分外资制造企业回迁和部分内资制造企业外迁的行为造成大批工人失业或转岗，受冲击最大的是农民工等低能劳动者。

二、工业机器人使用成本的下降

在工资成本提高的同时，由于机器人供不应求局面得到缓解，工业机器人进口价格总体呈递减趋势（见图5-5）。

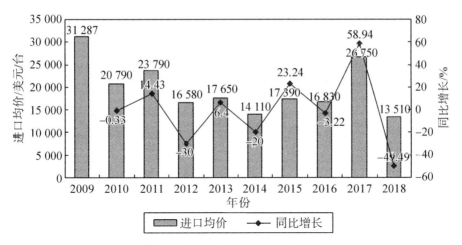

图 5-5　中国工业机器人进口均价

资料来源：根据国际机器人联合会（IFR）的数据整理。

　　人工智能、机器人、数字制造三项技术，正在改变制造业的版图，而三者的相互融合将引发制造业一场新的革命。研发成本的逐步降低和劳动力成本的上升，使得工业机器人相对劳动力因素价格下降。同时，工业机器人相对于劳动力，具有精确度高、工作时间长、对工作环境要求低等独特优势。所以，我国制造业引进工业机器人以降低成本、提高质量、提升效率是必然趋势。"智能制造"催生了大批数字化车间、智能工厂、智能化装备产品，使重复性强、劳动强度大、危险系数高的许多岗位被机器人取代，例如产品分拣，包裹分装，机械装配，高温、高压或高空作业等工作。制造业就业在中等收入国家（包括中国）就业中占较大的比例；高收入国家专注于服务业，制造业就业占比低；低收入国家农业就业占比较高，制造业就业占比低。所以这种变化将减少简单劳动的数量，从而对我国劳动密集型产业形成较大冲击。

　　从图 5-6 和图 5-7 可以看出，3C 行业 2013 年人工总费用 15.3 万元，同期机器人总费用 8.6 万元，2021 年人工总费用达到 24.96 万元，同期机器人总费用仅为 5.5 万元。由于机器人进口均价下降，加之工业企业资本循环和周转加快，折旧加速，因此机器人投资回收期缩短，由原来 4.7 年，缩短为不到 1 年。

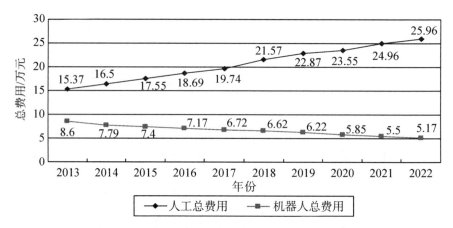

图 5-6 3C 行业人工总费用与机器人总费用的比较

资料来源：根据国际机器人联合会、中国机械工业联合会机器人分会、国家统计局的数据整理。

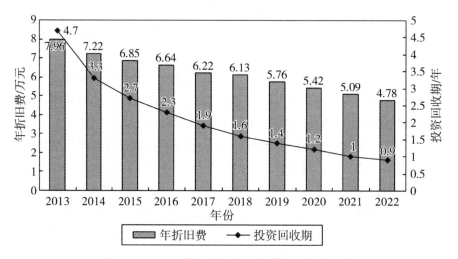

图 5-7 3C 行业年机器人年折旧费与投资回收期

资料来源：根据国际机器人联合会、中国机械工业联合会机器人分会、国家统计局的数据整理。

三、我国机器人使用情况

人工智能在制造业中应用的主要载体是工业机器人。新型工业机器人能够取代人工进行繁重的制造过程，在专业的金属加工自动化中它可用于金属器件制作、搬运、码垛，还可以提升金属产品的加工精度。国内机器人行业具有代表性的企业有：新松、埃夫特、广州数控等。

1. 我国工业机器人产量

根据工业和信息化部的数据，2020 年 12 月我国工业机器人累计套数 237 068 套，累计增长 19.1%；当期套数 29 706 套，同比增长 32.4%（见图 5-8）。

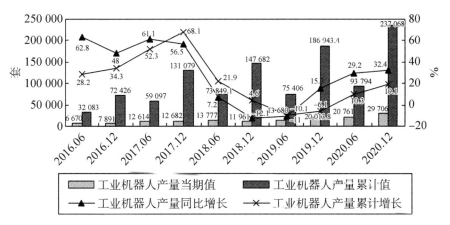

图 5-8　2016—2020 年中国国产工业机器人产量走势图

资料来源：工业和信息化部官网。

2. 我国工业机器人销售额及年增长率

从图 5-9 可以看出，2013 年我国工业机器人销售额为 19 亿美元，2020 年达到 93.5 亿美元，复合增长率为 392.1%。

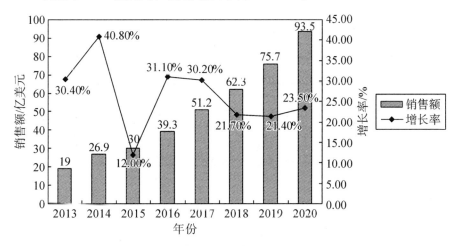

图 5-9　我国机器人销售额和增长率

资料来源：根据国际机器人联合会（IFR）和中国电子学会数据整理。

3. 我国工业机器人安装量

自 2013 年以来，中国已经成为全球最大的工业机器人市场。IFR 的统计数据显示，2013 年我国工业机器人累计安装量为 36 560 套，2016 年为 87 000 套，2019 年为 145 000 套（见图 5-10）。

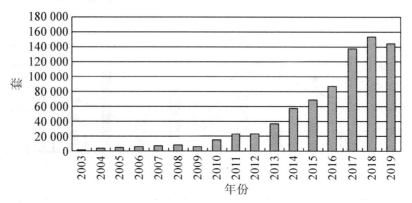

图 5-10　2003—2019 年中国工业机器人安装量走势

资料来源：IFR 数据库。

4. 我国工业机器人安装密度

工业机器人安装密度是评价一个国家工业机器人普及率和自动化发展水平的主要指标。仅十年来，为了提质增效，我国实施"智能制造"和"绿色制造"工业化发展战略，工业机器人安装密度由 2008 年的 10 套/万人，迅速上升到 2019 年的 18 710 套/万人，超过世界平均水平（113 套/万人），如图 5-11、图 5-12 所示。

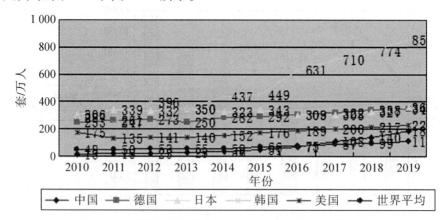

图 5-11　世界部分国家每万人雇员工业机器人安装密度

资料来源：IFR. world Industry Robots 2020［EB/OL］.（2020-09-24）［2020-10-08］. https://ifr.org/img/worldrobotics/Executive_Summary_WR_2024_Industrial_Robots.pdf.

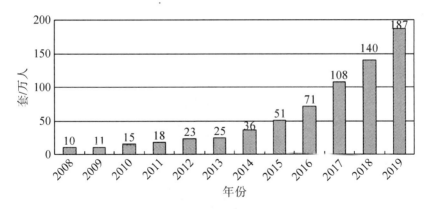

图 5-12　我国工业机器人安装密度的变化

资料来源：IFR. world Industry Robots 2020［EB/OL］.（2020-09-24）［2020-10-08］. https://ifr.org/img/worldrobotics/Executive_Summary_WR_2024_Industrial_Robots.pdf.

5. 我国工业机器人应用领域和行业结构

从工业机器人的应用领域来看，目前我国智能制造主要集中在焊接和搬运领域，未来装配及拆卸领域的应用比例将持续扩大（见图5-13）。

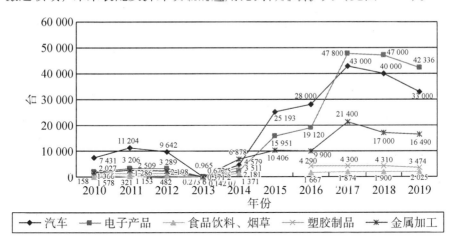

图 5-13　我国各细分行业新增工业机器人年安装量

资料来源：IFR 和赛迪智库。

国产机器人所服务行业达 37 个国民经济行业大类 102 个行业中类。从中国应用行业占比的大小看，依次为汽车制造、电子电器制造、金属制造、塑料及化工产品制造、食品烟草和饮料制造。2019 年，汽车及零部件在中国工业机器人行业应用占比 35%；电子电器 29%；金属加工占 8%；

食品医药占 3%；仓储物流占 3%；塑料加工占 3%；其他领域占比 19%（见图 5-14）。

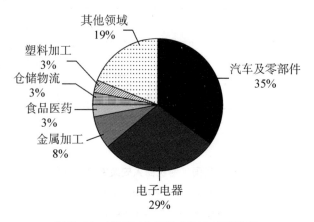

图 5-14 我国工业机器人行业应用结构

资料来源：赛迪智库。

工业机器人的大量使用深刻影响了制造业的生产成本、产品质量和生产效率。一方面，随着工业机器人产业走向成熟，研发成本逐步下降，相对于劳动力要素价格，工业机器人相对价格在下降。另一方面，相对于劳动力，工业机器人具有精准化、标准化、工作持续时间长的独特优势。机器人的智能化是新一代机器人的最重要的特征。首先，人工智能能够帮助机器人处理非规则、非连续性的信息。其次，在人工智能的支持下，机器人开始具备学习能力，能完成更复杂和多样的工作，使真正意义上的无人工厂成为可能。最后，机器人集成了传感器和物联网，实现了对外部信息的实时反馈和自我调整。因此，在制造业转型升级的背景下，企业为了实现利润最大化目标会增加工业机器人的投入并消减对劳动力的使用量。人工智能之父麦卡锡指出："随着数字化技术不断获得新的技能和能力，这些公司和组织机构还将拥有另一种选择：他们可以选择数字化劳动力，而不是人类劳动力。使用人类劳动力的成本越高，雇主越倾向于选择机器。"[1]

① 埃里克·布莱恩约弗森，安德鲁·麦卡菲. 第二次机器革命：数字化技术将改变我们的经济与社会 [M]. 蒋永军，译. 北京：中信出版集团，2016：324.

四、我国服务机器人应用概况

IFR 将服务机器人定义为以服务为核心的自主或半自主机器人，它能完成有益于人类的服务工作，但不包括从事生产的设备。按照用途分类，服务机器人主要分为专业服务机器人和个人/家用服务机器人。专业服务机器人一般在特定场景中使用，如物流机器人、商业服务机器人、医疗机器人等，多为 2B 商用。而个人/家用服务机器人主要在日常生活场景中与人进行交互，一般包括家政机器人、娱乐休闲机器人、助老助残机器人等，以 2C 销售为主。

近年来，我国服务机器人的市场规模快速扩大，成为机器人市场应用中颇具亮点的领域。2017 年，我国服务机器人销量达 183.34 万台，其中家庭/个人服务机器人销量达 182.45 万台，占主导地位。2017 年我国服务机器人市场规模为 12.8 亿美元，2018 年约为 18.4 亿美元，同比增长约 43.9%，高于全球服务机器人市场增速。到 2020 年，随着停车机器人、超市机器人等新兴应用场景的机器人快速发展，我国服务机器人市场规模有望突破 40 亿美元（见图 5-15）。

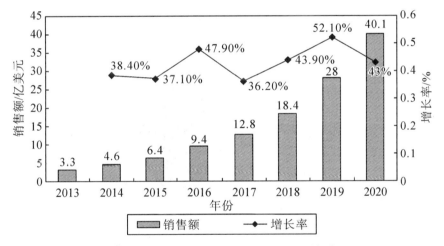

图 5-15 我国服务业机器人销售额及增长率

资料来源：国际机器人联合会（IFR）。

目前，我国服务机器人良好发展态势良好。2016—2019 年我国服务机器人市场规模在全国机器人市场总规模中的占比呈现上升态势。2016 年我国服务机器人在全国机器人市场中所占份额不足 20%，但 2019 年其占比已突破 25%（见图 5-16）。

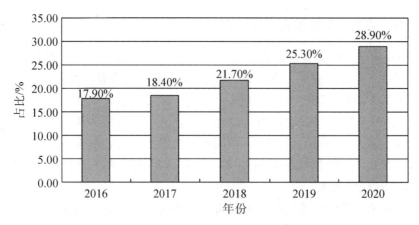

图 5-16 2016—2020 年我国服务机器人结构占比

资料来源：中国产业信息网. 2020 年中国机器人行业市场规模及行业发展趋势分析［EB/
OL］.（2020-05-24）［2022-10-25］. http://www.chyxx.com/industry/202005/866451.html.

从市场应用结构来看，2018 年我国家用服务机器人、医疗服务机器人
和公共服务机器人的市场规模分别为 8.9 亿美元、5.1 亿美元和 4.4 亿美
元。按细分领域来看，家务机器人和物流机器人相对领先，市场份额分别
为 27.5% 和 25%（见图 5-17）。未来，随着医疗、教育需求的持续旺盛，
康复医疗及教育等领域存在较大的市场潜力和发展空间。

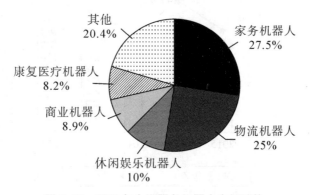

图 5-17 2018 年中国服务机器人市场结构

资料来源：前瞻产业研究院。

五、我国工业机器人安装量影响因素实证分析

1. 变量定义（见表 5-2）

被解释变量：工业机器人安装量。

解释变量：

①人口老龄化程度：我国 65 岁以上人口在总人口中占比。

②制造业年平均工资：当年城镇单位制造业工资总额除以城镇单位制造业就业人数。

③制造业增加值占比：当年制造业增加值除以当年 GDP。

④我国工业机器人均价：购置工业机器人总支出除以工业机器人数量。

⑤机器人回收期：使用机器人的那部分固定资本周转一次所需时间。

表 5-2　变量定义及数据来源

变量类型	名称	符号	定义	单位	数据来源
被解释变量	工业机器人安装量	robot	用我国工业机器人安装量的当期值	套	国际机器人联合会（IFR）；工业和信息化部
解释变量	人口老龄化程度	elder	我国 65 岁以上人口在总人口中占比	%	中国人口和就业统计年鉴；全国人口普查数据
	制造业年平均工资	wage	制造业工资总额除以制造业就业人数	元	中国劳动统计年鉴；中国人口和就业统计年鉴
	制造业增加值占比	structure	当年制造业增加值除以当年 GDP	%	中国统计年鉴第三产业统计年鉴
	我国工业机器人均价	price	工业机器人交易额除以机器人数量	万元	中国海关数据；中国商品贸易数据库
	机器人成本回收期	cycle	机器人价值周转一次所需时间	年	中国海关数据；GGII 数据库；赛迪智库

2. 数据来源

（1）机器人数据：为了更详细了解我国工业机器人的应用水平，本书综合使用国际机器人联合会数据库和中国商品贸易数据库。国际机器人统计数据库提供了全球范围内按机器人类型、行业分支、应用领域分类的工业机器人应用的权威数据。中国商品贸易数据库来源于中国海关，提供了我国 31 个省（自治区、直辖市）对全球 200 多个国家分贸易方式的 15 000 余种商品的进出口月度统计数据，其中包括我国各省份进出口工业机器人数量和均价。

（2）劳动就业数据：为了考察机器人应用对劳动力市场的影响，从历年《中国劳动统计年鉴》和《中国人口和就业统计年鉴》中，提取城镇单位就业人数、年平均工资、老龄化程度等数据，以来衡量劳动力就业和劳动力成本变化趋势。

（3）工业机器人均价数据：来源于中国商品贸易数据库和中国海关数据库。

（4）机器人回收期数据：来源于中国海关数据、GGII数据库、赛迪智库研究报告。

3. 模型构建

以工业机器人安装量为被解释变量，以人口老龄化程度、制造业年平均工资、制造业增加值占比、我国工业机器人均价和机器人成本回收期为解释变量，构建多元回归模型。

$$\text{lnrobot} = \beta_0 + \beta_1 \text{elder} + \beta_1 \text{lnwage} + \beta_2 \text{structure} + \beta_3 \text{price} + \beta_4 \text{cycle} + \varepsilon$$

$$(5.2)$$

模型中"robot"为工业机器人安装量，"elder"为人口老龄化程度，"wage"为制造业年平均工资，"structure"为制造业增加值占比，"price"为我国工业机器人均价，"cycle"为机器人成本回收期，ε 随机干扰项。

假定1：制造业劳动力成本不断提高时，国家或地区的企业会更多地安装机器人。

假定2：人口老龄化导致"用工荒"时，国家或地区的企业会更多地安装机器人。

假定3：制造业增加值在GDP中占比较大时，国家或地区的企业会更多地安装机器人。

假定4：机器人均价持续下降时，国家或地区的企业更多地倾向于使用机器人。

4. 基准回归结果

以工业机器人安装量为被解释变量，以人口老龄化程度、制造业年平均工资、制造业增加值占比、我国工业机器人均价及机器人成本回收期为解释变量进行基准回归分析。

为了研究各因素对工业机器人安装量影响程度，逐次加入解释变量进行回归。模型1只引入人口老龄化程度回归结果，模型2是加入制造业年平均工资回归结果，模型3是加入制造业增加值占比回归结果，模型4和模型5分别是加入我国工业机器人均价和机器人成本回收期的回归结果。

从表5-3回归结果可以看出，人口老龄化程度、制造业年平均工资、制造业增加值占比对工业机器人安装量影响的回归系数为正值，机器人均价和回收期对工业机器人安装量影响的回归系数为负值。这充分证明人口老龄化程度高、制造业年平均工资高（劳动力成本高）、制造业增加值占比大、我国机器人均价较低（相对便宜）时，企业为了降低成本、提高生产效率、增加收益，倾向于"机器换人"。

表5-3　影响机器人安装的因素

自变量	因变量：lnrobot				
	模型1	模型2	模型3	模型4	模型5
elder	1.190 514***	0.530 315***	0.757 359**	0.278 501 4	0.363 637
	(0.084 61)	(0.229 213)	(0.287 358)	(0.225 429)	(0.659 74)
lnwage		1.215 399**	0.495 971 5	2.746 145*	2.157 805
		(0.526 843)	(0.512 501 9)	(0.990 179)	(4.317 20)
structure			−0.020 860 3	0.218 894 4	0.204 454
			(0.131 386 2)	(0.124 944)	(0.183 12)
price				−0.024 911 4	−0.024 901
				(0.014 466)	(0.017 629)
cycle					−0.047 740 7
					(0.336 356)
N	20	20	20	20	20
R^2	0.999 9	0.998 7	0.989 5	0.908 1	0.901 2

注：表中括号内为标准误。*、**、***分别表示在10%、5%、1%的水平上显著。

5. 稳健性检验：基于机器人使用密度

考虑到人口因素，本书把被解释变量更换为每万人机器人安装套数即机器人安装密度，以保证结果的稳健性。本书用lnrobot-md表示机器人密度。

通过稳健性检验结果可以看出，即使把被解释变量更换为工业机器人使用密度，人口老龄化程度对工业机器人的安装量影响仍然稳健，但制造业年平均工资水平对工业机器人安装量影响系数为负且在10%置信条件下显著。这说明目前机器换人的首要因素是人口老龄化引起的员工荒，其次才是制造业年平均工资水平（见表5-4）。

表 5-4　稳健性检验结果

自变量	因变量：lnrobot-md				
	模型（1）	模型（2）	模型（3）	模型（4）	模型（5）
elder	0.678 0*** (0.020 8)	0.859 0*** (0.083 9)	0.872 7*** (0.091 1)	1.403 8 (1.192 1)	0.161 3 (0.506 6)
lnwage		-0.644 2* (0.283 4)	-1.016 3** (0.347 4)	-4.745 0 (8.116 1)	2.815 7 (2.719 8)
structure			-0.085 5 (0.079 8)	-0.137 8 (0.213 0)	0.220 2 (0.185 2)
price				0.039 7 (0.077)	-0.026 5 (0.020 5)
cycle					-0.038 5 (0.208 0)
cons	-3.135 1*** (0.214 5)	1.972 8 (2.227 6)	8.416 3 (5.625 2)	46.163 1 (82.374 5)	-26.609 1 (27.594 8)
N	20	20	20	20	20
R^2	0.986 6	0.991 0	0.995 1	0.992 4	0.989 7

注：表中括号内为标准误。*、**、*** 分别表示在 10%、5%、1%的水平上显著。

第三节　人工智能就业替代效应的行业分析

一、已有研究对替代效应的预测

1. 卡尔·贝内迪克特·弗雷和迈克尔·奥斯本

根据《人工智能时代的未来职业报告》，技术革新的浪潮首先波及的是一批符合"五秒钟准则"的劳动者。"五秒钟准则"指的是，一项工作如果人可以在 5 秒钟以内对工作中需要思考和决策的问题作出相应决定，那么，这项工作就有非常大的可能被人工智能技术全部或部分取代。也就是说，这些职业通常是低技能、可以"熟能生巧"的职业。2013 年，经济学家卡尔·贝内迪克特·弗雷（Carl Benedikt Frey）和机器学习专家迈克尔·奥斯本（Michael Osborne）量化了技术创新对失业的潜在影响，并根据自动化发生的概率，对 702 个职业进行了排名，涵盖了自动化风险最低

（0分表示完全没有风险）和自动化风险最高（1分表示该工作存在被某种计算机替代的一定风险）的职业。① 表5-5列出了自动化风险最高和最低的部分职业。

表5-5　人工智能可替代的职业类型

自动化风险最高的职业		自动化风险最低的部分职业	
职业	概率	职业	概率
电话销售员	0.99	与精神健康和药物滥用相关的社会工作者	0.003 1
报税代理人	0.99	编舞人员	0.004 0
保险鉴定、车辆定损人员	0.98	内外科医生	0.004 2
裁判和其他赛事人员	0.98	心理学家	0.004 3
法律秘书	0.98	人力资源管理者	0.005 5
餐馆、休息室和咖啡店工作人员	0.97	计算机系统分析师	0.006 5
房产经纪人	0.97	人类学家和考古学家	0.007 7
秘书和行政助手（法律、医疗和高管助手除外）	0.96	海洋工程师和造船工程师	0.010 0
快递员、邮递员	0.94	销售管理者	0.013 0

资料来源：CARL BENEDIKT FREY, MICHAEL OSBORNE. The Future of Employment：How Susceptible are Jobs to Computerisation? ［J］. Technological Forecasting & Social Change, 2013, 114：254-280.

卡尔·贝内迪克特·弗雷和迈克尔·奥斯本通过这项研究得出结论：在未来10~20年，美国47%的就业人口可能会面临失业风险。相对于此前工业革命对就业市场的改变，本次工业革命对就业市场的破坏范围更广，速度更快。此外，就业市场两极分化的趋势更为严重：认知性和创造性强的高收入工作机会和体力性的低收入工作机会都会增加，但是常规性和重复性的中等收入工作机会将会大幅减少。劳动力被取代不仅是因为算法、机器人和其他非人资产能力的增强，还受到多种因素的影响。迈克尔·奥斯本还注意到，自动化发展的另外一个关键因素是企业近年来在努力更准确地定义并简化它们的工作，以便它们在外包这些工作的时候对其进行"数字化"处理。通过简化工作，算法就可以更好地替代人类，因为各项

---

① CARL BENEDIKT FREY, MICHAEL OSBORNE. The Future of Employment：How Susceptible Are Jobs to Computerisation ［J］. Oxford Martine Schoo, Programme on the Impacts of Future technology, University of Oxford, 2013（17）.

准确定义的独立任务更便于监控，也可以产生更多更高质量的任务数据，并在此基础上形成更优质的数据库，进而让算法可以替代人工开展工作。

2. 麦肯锡全球研究院的结论

麦肯锡分析了 800 种职业所包含的 2 000 多项活动后发现，全球经济中一半以上的活动可能会被取代；尽管没有工作会被完全取代，但是 60% 的职业中至少有 30% 的活动会被取代，容易被取代的工作主要是在结构性和确定性环境下的体力劳动以及数据收集和处理工。

根据麦肯锡全球研究院的研究，在未来几十年中，全球 4 亿~8 亿人的工作可能会被自动化取代。目前，可完全自动化的工作还相对较少（不到 5%）。但是在所有职业中，60% 包含了大量（至少 30%）可完全实现自动化的部分。在未来 15 年内，如果自动化以足够快的速度推进——也就是说，企业能成功部署所有可行的技术进步成果——那么今天德国、日本、美国一半的工作都能实现自动化。① 不同职业的自动化潜力见图 5-18。

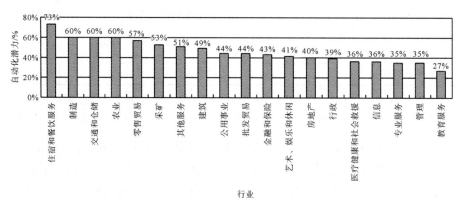

图 5-18　不同职业的自动化潜力

资料来源：麦肯锡全球研究院. 厉兵秣马，砥砺前行：后工业革命时代的中国劳动力 ［R/OL］.（2018-08-24）［2019-04-12］. https：//www.mckinsey.com.cn/厉兵秣马,砥砺前行:后工业革命时代的中国劳动/.

根据麦肯锡全球研究院的预测，在全球范围内，技术性失业人数将达到 12 亿人，以工资计算相当于 14.6 万亿美元。中印两国由于劳动力规模相对较大，预计会有 7 亿名全职就业者受到影响。欧洲五大经济体（法

———————————

① 麦肯锡全球研究院. 厉兵秣马，砥砺前行：后工业革命时代的中国劳动力 ［R/OL］.（2018-08-24）［2019-04-12］. https：//www.mckinsey.com.cn/厉兵秣马,砥砺前行:后工业革命时代的中国劳动.

国、德国、意大利、西班牙、英国）预计有 6 200 万全职就业者会受到此次技术进步的影响。就从被人工智能替代工作所涉及的薪酬来看，美国为2.3 万亿美元，中国为 3.6 万亿美元，欧洲五大国为 4.7 万亿美元，日本为 1 万亿美元，印度为 1.1 万亿美元，其他国家为 4.7 万亿美元（见图5-19）。被人工智能替代的劳动力总量达 11.56 亿人，其中，美国为 6 100万人，中国为 3.95 亿人，欧洲五大国为 6 200 万人，日本为 3 600 万人，印度为 2.35 亿人，其他国家为 3.67 亿人（见图5-20）。

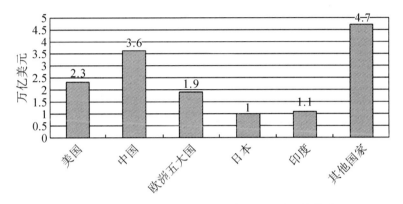

图5-19　人工智能技术可替代的工作所涉及的薪酬

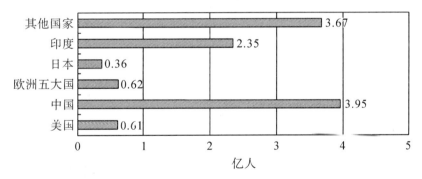

图5-20　人工智能技术可替代的工作所涉及的劳动力数量

资料来源：麦肯锡全球研究院。

　　麦肯锡咨询对 46 个国家各个行业的自动化潜力和技术替代就业量进行了预测。麦肯锡咨询从管理和培训、运用专业知识进行决策和创造、与利益相关方沟通接洽、常规的体力劳动、数据收集、数据处理以及非常规的人力劳动七个方面对各个行业进行评估，发现住宿与餐饮服务业、制造业、交通运输和仓储业的自动化潜力排在前三位，高达 66%、64% 和 60%；然而，被技术替代的前三个行业为农业、制造业和零售业；而较少受到技术替代的行业则为艺术娱乐与休闲、公共事业和商业管理。具体见图5-21。

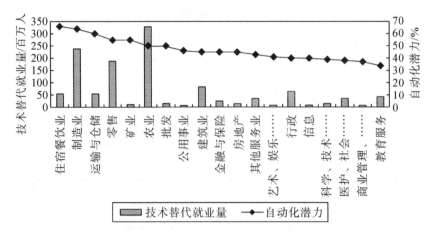

图 5-21　46 个主要国家分行业自动化潜力及技术替代就业量

资料来源：MCKINSEY GLOBAL INSTITUTE. Where Machines Can Replace Humans and Where They Can't？［R/OL］. (2016-07-15)［2018-09-30］. http//public.tableau.com/profile/Mckinseyanalytics#!/vizhome/InternationalAutomation/WhereMachinesCanReplaceHumans.

麦肯锡全球研究院预测，总体而言，中国目前从事可自动化工作的劳动力人口超过其他国家，中国有51%的工作内容有自动化的潜力，这相当于3.95亿全职人力工时的就业岗位将受到冲击。

3. 世界经济论坛《2020未来就业报告》

世界经济论坛《2020未来就业报告》报告估计，2018—2022年新兴工作岗位占比将从16%增加到27%；相反，传统工作岗位占比将从31%锐减至21%（见图5-22）。

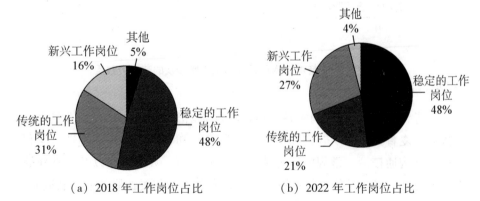

（a）2018年工作岗位占比　　　（b）2022年工作岗位占比

图 5-22　2018—2022 年工作岗位变化

接受世界经济论坛调查的公司总共有1 500多万名员工，这些公司目前估计将减少98万个工作岗位，增加174万个工作岗位。到2022年，由于人机劳动分工变化，7 500万个工作岗位可能被取代，同时有1.33亿个新岗位出现，这些新岗位更适应新的劳动分工。

4. 普华永道预测

普华永道预测，到2030年，英国的工作岗位可能会有30%的自动化风险，低于美国（38%）和德国（35%），但高于日本（21%）；其中运输和仓储（56%）、制造业（46%）和批发零售（44%）等部门的自动化风险最高，卫生和社会工作等部门的自动化风险较低（17%）。

5. 世界银行报告

以人工智能为代表的技术进步无疑会对就业造成一定影响。一方面，很多现有的工作将会被成本更低、效率更高的技术取代，从而造成大量工人失业。Keynes早在1930年便预见性地提出了因技术变革而导致失业的"技术失业"这一概念，并且预言在未来的90年内，随着科技的飞速发展，各国将会发生大量"技术失业"。世界银行《2016世界发展报告》表明，中国有55%~57%的就业将因技术水平较低而被自动化或人工智能取代，而印度劳动力市场上被技术替代的就业比例为43%~69%，经合组织（OECD）国家则在57%左右（见图5-23）。

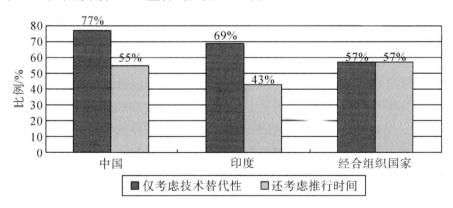

图5-23　被技术替代的就业比例

资料来源：世界银行. 2016年世界发展报告［R］. 北京：清华大学出版社，2017：136.

在2019年世界发展报告《工作性质的变革》中，Michael Osborne等人推测在未来10~20年，美国47%的就业人口可能会面临失业风险。这个结论是指未来47%的工作被自动化替代的可能性，而不能误解为将来一定被自动化。前者纯粹基于技术考虑，后者基于经济考虑，依赖于劳动力和自动化技术的比较成本，即投资于自动化技术的收益至少等于现存收益。因为不同的国家使用某一技术由不同行业劳动力的分布状况决定。工作可能被自动化与工作将被自动化在劳动力成本较低的国家差异较大。具体见表5-6。

表 5-6　不同工作被自动化风险百分比估计值差异　　　　单位:%

国别	极小值	极大值
美国	7	47
日本	6	15
立陶宛	5	56
乌克兰	5	40
玻利维亚	2	41

资料来源：世界银行集团. 2019 年世界发展报告：工作性质的变革（中文版）[R]. 2019：20.

注：众多不同研究给出了众多经济体中面临自动化风险的工作岗位的百分比预测值，本表中这些数字代表众多预测值中的最高预测值和最低预测值。如果一项工作实现自动化的概率超过0.7，那么该工作岗位就面临着流失的风险。

6. 瑞银财富管理

瑞银财富管理在 2018 年 4 月 6 日发布的《亚洲前瞻：人工智能如何塑造亚洲新面貌》的报告中，更是大胆预测，在提高效率的同时，人工智能的广泛应用在中长期可能会威胁到亚洲 3 000 万~5 000 万个就业岗位。中端技术类工作中预判性强和日常重复性的职位最可能受到影响，而在一定程度上需要个性化、创造力或手工艺的低技能和高技能岗位所受到的影响则较小。目前来看，AI 对中国等制造业驱动型经济体的威胁最大，而中国香港、新加坡和印度等服务驱动型经济体受到的影响则较小。不过，这不大可能导致就业危机。瑞银财富管理认为，亚洲员工的整体生产力将会随着 AI 的崛起而显著提高，员工将有充分的机会来提升技能并转向其他创造性领域。最终 AI 将会在亚洲创造数百万个新的就业机会，因此净失业率应会大幅降低且相对可控。

7. "一国两制"研究中心

中国香港特别行政区核准为公共性质慈善团体的"一国两制"研究中心 2018 年发表名为《人工智能对香港就业市场的冲击如何迎接人工智能

时代》的研究报告。该报告指出，包括秘书、会计和核数师等工作，到了2038年之前，将有70%的机会被机器取代。研究指出：未来20年内，人工智能将取代香港特别行政区的100万个工作；香港特别行政区的370万个工作中，有28%将被自动化取代。但相对之下，香港特别行政区的工薪阶层被人工智能取代的威胁，较其他更先进的经济体系如美国、英国和日本稍好，其中的原因，这个研究中心的研究员指出，因为香港特别行政区的经济结构中只有一个规模不大的制造业。

8.《中国企业综合调查（CEGS）报告（2015—2018）》

《中国企业综合调查（CEGS）报告（2015—2018）》从创新情况、营商环境、质量状况、机器人换人（智能制造）等多个维度，为转型升级中的中国制造业进行了描述。使用了机器人的企业占比在2015年为8.1%，2017年这一比例增长至13.4%，3年间机器人投资的年均增速高达57%。机器人的大量使用，将导致一部分岗位的消失，从而增加就业压力。该报告认为，机器人的使用替代了所在企业9.4%的初中及以下学历员工，机器人替代了3.3%的重复运动和体力要求的常规操作型任务，机器人对劳动力的整体替代效应为0.3%，并将在2025年达到4.7%。

近年来，由于受行业提质增效、劳动力成本高涨、新时代农民工期望值高等因素影响，工业机器人的应用呈现大幅增长的趋势。

人工智能正在逐渐取代人类第一、第二产业与部分第三产业传统的工作岗位，尤其是那些程序化、重复性、危险性、重负荷的工种。这类工作岗位，人类的工作效率与机器的工作效率完全无法形成竞争，而且使用机器的成本将低于劳动力成本。人工智能技术应用对不同行业就业影响有异质性，如在制造业就业替代效应的速度明显大于服务业。

二、人工智能就业替代效应的行业分析

（一）智慧农业对农业劳动力的挤出效应

1. 智慧农业产业生态

农业作为国民经济第一大产业，具有价值链长、自然生产周期长等特点，一直以来是一个相对低效且需求价格弹性小的具有国家战略意义的行业。智慧农业将人工智能、云计算和大数据技术运用到传统农业中去，在包括农林牧渔业、水土治理、农产品流通、乡村治理等领域对农业赋能，从根本上改善农业生产效率。智慧农业包括：①种植业智能化管理。利用

地面物联网、卫星遥感等手段，动态监测重要农作物的生长状况，及时发布预警信息，提升种植业生产管理信息化水平。②畜牧业智能化管理。建立数字养殖牧场，应用图像识别、语音识别、计算机视角等数字化技术，精准监测畜禽养殖环境，精准饲喂。③实现渔业智慧化管理。发展数字渔场，推进智慧水产养殖经营活动，构建基于物联网的水产养殖生产和管理体系，运用循环水装备控制、网箱自动升降控制、无人机巡航等数字技术装备对水体环境、病害、饵料投喂进行实时监控。

2. 农林牧渔业城镇单位就业人员变化

与传统农业的生产技术变革相比，人工智能技术向农业渗透对农业生产方式以及农业部门就业产生了较大冲击。安帕齐迪斯（Ampatzidis，2017）提出，随着自动化技术的发展，智能化机器能够在农作物种植、除草、收割等整个生产过程中实现与农业劳动者的结合，进而转型升级为智能农业。智能农业可以通过机器的自主学习、数据的准确预测，对土壤质地、结构等自然属性进行分析，进而为作物选择、播种、耕作等提供更为科学的决策建议。这一智能农业生产过程不仅为提高农业产量提供了有力保障，还为优化农产品质量创造了有利条件。人工智能应用于农业势必会提高农业部门对相关技术人员的需求，进而倒逼农业劳动者通过学习、培训等方式提高自身技能水平，完成向技术劳动力的转型，进一步为农业劳动力结构优化升级提供可能。莱勒和戈斯瓦米（Lele & Goswami，2017）指出，智能化技术的发展能够为农户与消费者建立更加紧密的关系网络，减少农产品从农户到消费者的中间途径，降低农产品销售成本，提高农产品获利水平，改善农业部门劳动力就业状况。因此，随着人工智能技术的持续推进，其在农业领域的应用成本会迅速降低，且相比于农业劳动者，智能化机器的生产效率更高，持续工作时间更长。因此，未来人工智能对农业部门劳动力的冲击可能会逐渐加强。随着智能机器人等新一代人工智能技术的应用普及，农业规模化、集约化、智能化水平及劳动生产率将进一步得到提高，能节约大量农业劳动力，使更多的农村劳动力被释放，农业的就业占比将进一步下降。

从图 5-24 可以看出，按农业行业中类分，2009—2018 年我国农业、林业、畜牧业、渔业及农林牧渔服务业城镇单位就业人数大幅度下降，增长率分别为-41.03%、-27.06%、-33.14%、-6.25%和-20.98%。

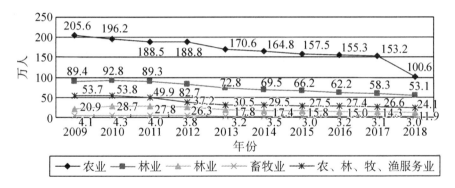

图 5-24　农林牧渔业城镇单位就业人员变化

3. 智慧农业对农林牧渔业城镇单位从业人员的影响

（1）变量定义及数据来源。

①被解释变量：农业就业人员年末人数。

②解释变量：农业人工智能投资额；农业增加值占比；大中型拖拉机数量。

表 5-7　变量定义

变量	名称	单位	数据来源
被解释变量	农业就业人员年末人数	万人	中国劳动统计年鉴
解释变量	农业人工智能投资额	万元	亿欧智库《2019 中国人工智能投资市场研究报告》
	农业增加值占比	%	中国统计年鉴
	农用大中型拖拉机数量	万台	中国农业统计年鉴

（2）模型构建。

以农业就业人员年末人数为被解释变量，以农业人工智能投资额、农业增加值占比、大中型拖拉机数量为解释变量，构建多元回归模型。

$$lnemployment = \beta_0 + \beta_1 lnAI + \beta_2 structure + \beta_3 lntractor + \varepsilon \quad (5.3)$$

公式（5.3）中，"employment"表示农业就业人员年末人数，"AI"表示农业人工智能投资额，"structure"表示农业增加值占比，"tractor"表示农用大中型拖拉机数量。

（3）回归结果。

首先进行普通最小二乘回归分析，得出结果。为了克服数据异方差和自相关问题，有必要使用广义最小二乘回归方法分析。下面以 employment 为因变量、以 AI、structure 和 tractor 为自变量进行迭代式 CO 估计法广义最小二乘回归分析。通过进行普通最小二乘回归分析和广义最小二乘回归分析得出分析结果（见表 5-8）。

表 5-8　人工智能投资对农业就业人数影响

自变量	因变量：employment	
	OLS	WLS
AI	−0.020 653 5 *** （0.006 120 3）	−0.020 235 3 ** （0.003 128 8）
structure	0.080 501 7 *** （0.012 356）	0.078 236 6 *** （0.005 473 1）
tractor	−0.016 859 4 （0.037 504 9）	−0.027 573 5 （0.005 471 3）
Cons	9.662 741 *** （0.152 308 2）	9.744 606 *** （0.166 669）
N	12	12
R^2	0.986 5	0.997 5

注：表中括号内为标准误。*、**、***分别表示在 10%、5%、1%的水平上显著。

（4）结论。

从迭代式 CO 估计法广义最小二乘回归分析的结果可以看出，在其他解释变量不变情况下，农业人工智能投资额增加 1%，农业就业人员年末人数下降 2%，且在 5%水平上显著。这说明随着农业技术进步，农业就业人员年末人数持续下降是世界科技发展普遍规律。农业就业人员年末人数与农用大中型拖拉机使用反方向变动，但不显著。农业就业人员年末人数与农业增加值在 GDP 中占比同方向变动，且在 1%条件下显著。

（二）智能制造对制造业就业岗位的毁灭效应

1. AI+ 制造现状

人工智能技术赋能制造业领域，可以显著促进优化制造的工艺流程，改善产品质量，降低人工成本。智能制造典型应用场景包括智能工厂、智能产品与智能装备、智能化供应链与管理、智能制造软件的研发与集成、工业互联网等。智能制造产业链见图 5-25。

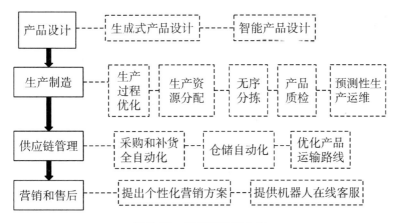

图 5-25　智能制造产业链

从我国制造业人工智能应用占比情况看，从高到低依次为，生产流程优化环节占比 42.66%，产品质量管理与分析环节占比 35.54%，产品设计与开发环节占比 34.42%，生产计划与排程环节占比 33.82%（见图 5-26）。

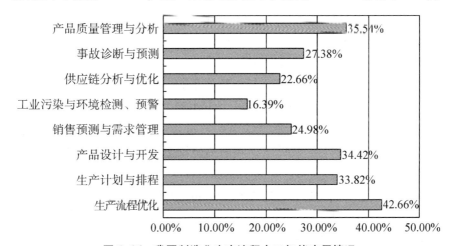

图 5-26　我国制造业生产流程人工智能应用情况

资料来源：国家信息安全发展研究中心，制造企业智能化评价调查。

在人口红利弱化、劳动力成本攀升等因素的影响下，工业企业持续发力智能制造和工业互联网，智能制造进一步提速。2022 年我国制造业数字化市场规模将达到 81 722 亿元，数字化渗透率将达到 1%（见图 5-27）。

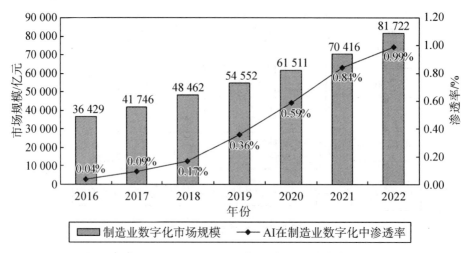

图 5-27　制造业数字化规模和 AI 渗透率

资料来源：艾瑞咨询. 2019 年中国人工智能产业研究报告［R/OL］.（2019-06-27）［2019-07-04］. https://www.iresearch.com.cn/Detail/report？id＝3396&isfree＝0.

3. 人工智能对制造业就业的替代效应：总体分析

（1）统计性描述。

在工业 4.0 时代，随着数字化、网络化和智能化的发展，信息系统和智能机器人将创造大量的智能工厂、智能车间，工业生产的人机关系和组织机构将发生巨大变化，重复性的体力工作和可预测的程序性认知任务将由智能技术来完成，从而大幅度降低生产过程中人工成本的消耗。因此，在"人工智能+制造"的条件下，我国传统制造业领域的就业必将受到巨大的冲击。

长期以来，我国制造业处于全球价值链的中低端位置，主要从事的是制造和组装等程序性工作，对从业者技能要求不高。因此，在普遍"机器换人"的大背景下，劳动者被机器替代的可能性更大。

从城镇单位年末就业人员变化看，2013 年我国制造业从业人员为5 257.9 万人，2018 年减少到 4 178.3 万人，下降幅度为-20.53%（见图 5-28）。

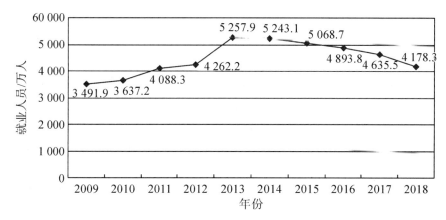

图 5-28 按行业总类分制造业年末城镇单位就业人员变化

资料来源：国家统计局人口和就业统计司，人力资源和社会保障部规划财务司. 中国劳动统计年鉴（2019）[M]. 北京：中国统计出版社，2020.

根据全国经济普查数据，2013 年我国制造业法人单位从业人员为 12 436.74 万人，2018 年下降到 10 471.30 万人，下降幅度为 -15.80%（见图 5-29）。

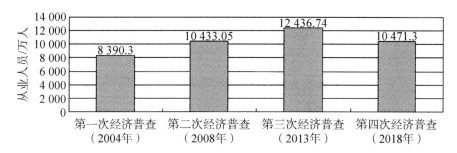

图 5-29 全国制造业法人单位从业人员经济普查数据

资料来源：全国经济普查数据。

（2）实证分析。

影响制造业就业的因素有工业机器人安装量、人口老龄化、经济周期、产业结构升级等。由于因变量与自变量之间存在倒 U 形关系，所以本书运用非线性回归法进行分析。

①变量定义及数据来源（见表 5-9）。

被解释变量：制造业年末城镇单位就业人数。这一数据来源于《中国劳动统计年鉴》和《中国人口和就业统计年鉴》。

解释变量：

工业机器人安装量：指我国工业机器人年使用量的存量。这一数据来自国际机器人联合会（IFR）和中国电子学会数据库。

人口老龄化程度：65 岁及以上人口在总人口中所占比重。这一数据来源于《中国人口和就业统计年鉴》和国家统计局数据库。

制造业年平均工资：制造业城镇单位就业人员工资总额除以城镇单位就业人数。这一数据来源于《中国劳动统计年鉴》和国家统计局数据库。

表 5-9　变量说明及数据来源

变量	名称	符号	单位	来源
被解释变量	制造业年末城镇单位就业人数	Employment	万人	中国劳动统计年鉴
解释变量	工业机器人安装量	robot	台	国际机器人联合会和国家统计局数据库
	人口老龄化程度	elder	%	中国人口和就业统计年鉴和国家统计局数据库
	制造业年平均工资	wage	元	中国劳动统计年鉴和中国统计年鉴

②模型构建。

本书建构一个明瑟就业方程来研究机器人的使用对工业就业人数的影响。

$$Employment = \beta_1 robot + \beta_2 robot2 + \beta_3 wage + \beta_4 wage2 + \beta_5 elder + \beta_6 elder2 + \varepsilon \tag{5.4}$$

其中，Employment 为制造业年末城镇单位就业人数；robot 为工业机器人安装量；robot2 为工业机器人安装量二次方；wage 为制造业年平均工资；wage2 为制造业年平均工资二次方；elder 为人口老龄化程度；elder2 为人口老龄化程度二次方；ε 为常数项。转换变量回归分析是解决变量间非线性关系重要方法之一，其基本思想是对一个或多个变量进行恰当的非线性转换，然后将转换好的变量纳入线性回归分析模型中进行分析。由于自变量工业机器人安装量、制造业年平均工资、人口老龄化程度与因变量制造业之间存在非线性"U"形关系，所以我们需要引入二次项进行转换变量然后进行线性回归分析。

（3）回归结果。

以制造业年末城镇单位就业人数为被解释变量，以工业机器人安装量、制造业年平均工资、人口老龄化程度为解释变量，进行二次转换线性回归分析（见表5-10）。

表5-10 对数据进行二次变换前后线性回归分析结果

自变量	因变量：employment	
	二次变换前回归系数	二次变换后回归系数
robot2	—	$-1.77\text{e}-0.7^{***}$ $(-4.25\text{e}-0.8)$
robot	$-0.005\,142\,8$ $(0.005\,232\,4)$	$0.039\,956\,1^{***}$ $(0.016\,971)$
wage2	—	$-1.24\text{e}-0.6^{**}$ $(4.62\text{e}-0.7)$
wage	$0.231\,049\,1^{***}$ $(0.057\,020\,1)$	$0.257\,292\,6^{***}$ $(0.047\,058\,2)$
elder2	—	$109.359\,4^{***}$ $(21.261\,21)$
elder	$-2\,554.412^{***}$ $(829.205\,3)$	$-4\,358.863^{***}$ $(855.015\,3)$
cons	$19\,206.15^{***}$ $(5\,501.828)$	$26\,366.63^{***}$ $(4\,733.944)$
N	18	18
R^2	0.902 6	0.964 4

注：表中括号内为标准误。*、**、***分别表示在10%、5%、1%的水平上显著。

从二次变换后回归系数可以看出，2013年前工业机器人安装量对制造业年末城镇单位就业人数的影响系数为正值，且在1%水平上显著。2013年以后工业机器人安装量对制造业年末城镇单位就业人数的影响系数为负值，且在1%水平上显著。同样，制造业年末城镇单位就业人数与制造业年平均工资、人口老龄化程度之间也存在倒U形的关系，即智能化水平低于特定门槛时，不会对制造业就业总量形成强烈冲击；智能化发展水平突破特定门槛时，对制造业就业产生显著挤出效应。因为2013年后我国沿海和内地制造企业大规模地采用机器人改善工艺流程，资本有机构成提高的速度超过了总资本扩张速度，就业替代效应大于补偿效应，净就业效应为负。工业机器人安装量与制造业就业人数关系散点图见图5-30。

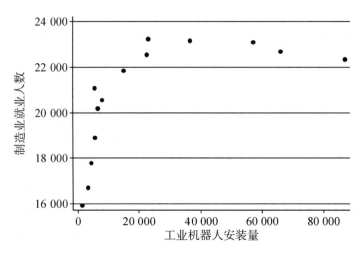

图 5-30　工业机器人安装量与制造业就业人数关系散点图

（4）智能制造就业毁灭效应传导机制检验：中介效应模型。

解释变量内生性形式之一就是联立方程。当一个或多个解释变量与因变量被联合确定时，联合问题就会出现，尤其是通过一种平衡机制来确定因变量的情况。工业机器人安装量影响制造业劳动生产率，劳动生产率提高降低单位资本对就业吸纳能力。因此，在这里就以劳动生产率（productivity）为中介变量进行人工智能就业毁灭效应传导机制检验（见表 5-11）。

构建结构方程：

$$employment = \beta_0 + \beta_1 robot + \beta_2 wage + \beta_3 elder + \beta_4 productivity + \varepsilon_1 \tag{5.5}$$

$$productivity = \beta_5 + \beta_6 robot + \beta_7 wage + \beta_8 elder + \varepsilon_2 \tag{5.6}$$

表 5-11　智能制造就业毁灭效应传导机制检验结果

standardized	Coef.	Std. err.	z	$P>\|z\|$	[95% Conf. Interval]	
structural						
employment<-						
robot	−0.015 7	0.004 31	−3.66	0.004	−0.025 37	−0.006 16
wage	0.131 80	0.054 98	2.40	0.038	0.009 280	0.254 320
elder	−2 429.5	814.44	−2.98	0.031	−4 523.10	−335.900
productivity<-	−0.032 0	0.000 17	−186.9	0.003	−0.034 18	−0.029 83

表5-11(续)

standardized	Coef.	Std. err.	z	$P>\mid z\mid$	[95% Conf. Interval]	
productivity<-						
robot	0.163 80	0.076 86	2.13	0.054	−0.003 68	0.331 28
wage	1.660 52	0.342 22	4.85	0.000	0.914 883	2.406 10
elder	−891.29	4 132.45	−0.22	0.833	−9 895.13	8 112.50
$N=18$ loglihood$=-15.684\ 438$						
LR test ofmodelvs. saturated：chi2（0）= 0.03 Prob>chi2=0.000						

从对智能制造就业毁灭效应传导机制检验的结果可以看出，工业机器人安装量能够显著提高制造业劳动生产率，劳动生产率提高能够显著降低单位资本劳动力需求弹性。

（5）稳健性检验。

引入工业机器人安装量与制造业年平均工资、制造业年平均工资与人口老龄化程度、人口老龄化程度与工业机器人安装量的交叉项作为解释变量进行稳健性检验（见表5-12）。

表 5-12   稳健性检验结果

自变量	因变量：employment					
	Coef.	Std. Err.	t	$P>\mid t\mid$	[95% Conf. Interval]	
robot	−0.013 546 4	0.005 548 6	−2.44	0.037	−0.026 098 3	−0.000 994 5
wage	0.065 678 9	0.060 697 3	1.08	0.307	−0.071 627 9	0.202 985 7
elder	−519.024 1	1 167.45	−0.44	0.667	−3 159.98	2 121.932
robotxwage	−4.00e−09	1.42e−09	−2.82	0.020	−7.21e 09	−7.93e−10
robotxelder	−0.000 123 2	0.000 104 8	−1.18	0.270	−0.000 360 3	0.000 113 8
elderxwage	−0.000 549 9	0.002 931 9	−0.19	0.855	−0.007 182 3	0.006 082 5
cons	4 840.035	7 294.836	0.66	0.524	−11 662.03	21 342.1
N = 18 R-squared = 0.897 7						

通过稳健性检验可以看出，工业机器人安装量、工业机器人安装量与制造业年平均工资交叉项对制造业就业的挤出效应仍然稳健。

4. 人工智能对制造业就业的替代效应：行业面板数据分析

制造业各细分行业工业机器人安装量增加，必然对劳动力使用产生替代效应。20世纪80年代后期，人工智能的出现使得包括机械加工、焊接等在内的部分劳动密集型制造业实现了自动化，这部分行业中的劳动力逐渐被人工智能取代（Acemoglu&Restrepo，2017；Graetz&Michaels，2018）。

（1）统计性描述。

根据波士顿咨询公司对工业机器人在各行业分布的预测，未来十年工业机器人的装机量依旧集中分布在汽车、计算机和电子产品、电气设备与零部件、机械设备四个行业。从中国工业机器人应用行业看，汽车制造业是国产机器人的主要市场，随后是3C、金属制造、塑料及化学产品、食品烟草饮料（见图5-30）。

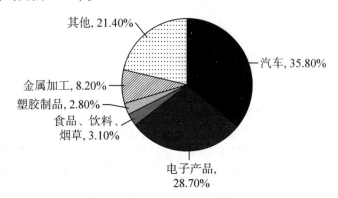

图5-31　我国制造业细分行业工业机器人安装量占比

资料来源：国际机器人联合会（IFR）。

汽车制造业就业人数从2006—2017年一直处于上升态势，从2006年的185.5万人上升到2017年的341.6万人。然而，从2018年开始，就业人数出现下降现象，减少到了32.22万人。计算机、通信和其他电子设备制造业就业人数变动趋势与汽车制造业大体相同，从2006年的266.1万人上升到2017年的719.84万人，2018年下降到680.80万人。从黑色和有色金属冶炼和压延加工业看，2015年前就业人数一直增加，2014年就业人数最高达386.97万人，然而从2015年开始持续下降，2018年降至251.42万人。橡胶和塑料制品业和食品、酒、饮料、烟草制造业与黑色和有色金属冶炼和压延加工业有相同变动态势（见图5-32）。

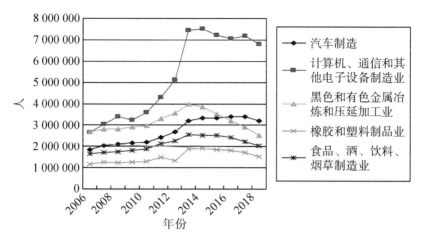

图 5-32　制造业细分行业城镇单位年末就业人数

资料来源：根据 2007—2019 年中国劳动统计年鉴数据整理。

（2）行业面板数据分析。

①变量定义（见表 5-13）。

被解释变量：

制造业细分行业就业人数：主要指受机器人使用影响大的制造业细分行业就业人数。

解释变量：

制造业细分行业工业机器人安装量：工业机器人安装量占比排前五名行业，包括汽车制造、电子产品制造、金属加工、塑胶制品、食品加工。

制造业细分行业平均工资；汽车制造、电子产品制造、金属加工、塑胶制品、食品加工业城镇单位就业人员年平均工资。

制造业细分行业固定资产投资；汽车制造、电子产品制造、金属加工、塑胶制品、食品加工业当年新增固定资产投资。

制造业细分行业销售产值：汽车制造、电子产品制造、金属加工、塑胶制品、食品加工业当年总收益。

表 5-13　变量说明及数据来源

变量	名称	定义	符号	单位	来源
被解释变量	制造业细分行业就业人数	主要指汽车制造、电子产品制造、金属加工、塑胶制品、食品加工五个细分行业就业人数	employment	人	中国劳动统计年鉴

表5-13(续)

变量	名称	定义	符号	单位	来源
解释变量	制造业细分行业机器人安装量	制造业细分行业工业智能机器人累计安装量除以就业人数	robot	台	国际机器人联合会
	制造业细分行业平均工资	五个制造业细分行业工资总额除以就业人数	wage	元	中国劳动统计年鉴
	制造业细分行业固定资产投资	五个制造业细分行业当年新增固定资产投资	investment	亿元	中国固定资产投资统计年鉴
	制造业细分行业销售产值	五个制造业细分行业销售产值	revenue	亿元	中国工业统计年鉴

②模型构建。

为了研究制造业细分行业机器人的使用对就业的影响，我们借鉴杨昌浩[①]等人的研究，将模型设定如下：

$$\ln employment_{it} = \beta_0 + \beta_1 \ln robot_{it} + \beta_2 \ln wage_{it} + \beta_3 \ln revenue_{it} +$$
$$\beta \ln investment_{it} + I_i + T_i + \varepsilon_{it} \qquad (5.7)$$

其中，i 表示行业，t 表示时间，被解释变量 $\ln employment_{it}$ 为制造业细分行业就业人数对数；解释变量中，$\ln_1 robot$ 为制造业细分行业当年机器人的安装量的对数；$\ln wage_{it}$ 为制造业细分行业就业人员年平均工资的对数；$\ln investment_{it}$ 为制造业细分行业固定资产投资的对数；$\ln revenue_{it}$ 为制造业细分行业销售产值的对数值；I_i 和 T_i 分别代表行业和时间虚拟变量，ε_{it} 为残差值。

③回归结果。

表5-14中第2列为一般最小二乘回归结果；第3列为固定效应分析结果；第4列为随机效应分析结果；第5列最大似然法分析结果。

从第2列、4列、5列一般最小二乘回归、随机效应和最大似然法结果可以看出，制造业细分行业就业人数与制造业细分行业机器人安装量反方向变动，且在5%水平上显著。伴随资本有机构成提高，单位增加值和投资增长对就业有一定挤出效应。

---

① 杨昌浩. 中国制造业就业的影响因素研究：基于省级面板数据的实证分析 [J]. 经济问题探索，2014（12）：55-61.

从第 3 列固定效应回归结果看，在其他条件不变条件下，制造业细分行业就业人数与制造业细分行业机器人安装量弱正相关，说明制造业细分行业机器人安装量对就业有一定拉动作用。同时，又可以看出，制造业细分行业就业人数与制造业细分行业销售产值、制造业细分行业固定资产投资弱负相关。因为人工智能技术优化了企业工艺流程，企业生产效率提高，资本有机构成提高，单位增加值和单位投资对劳动力吸纳能力在下降。

表 5-14　行业面板数据回归结果

自变量	因变量：employment			
	OLS	FE	RE	MLE
lnrobot	−0.409 132 2 ** (0.197 844 6)	0.005 719 4 (0.069 562 5)	−0.409 132 2 ** (0.197 844 6)	−0.409 132 2 * (0.264 357 6)
lnwage	0.778 281 (1.905 91)	1.181 214 (3.399 528)	0.778 281 (1.905 91)	0.778 281 (1.044 467)
lnadvalue	0.621 397 8 * (0.331 552 2)	−1.352 494 (2.290 884)	0.621 397 8 * (0.331 552 2)	0.621 397 8 ** (0.320 795 8)
lninvestment	0.571 595 9 (0.616 298 8)	−0.479 406 3 (1.628 555)	0.571 595 9 (0.616 298 8)	0.571 595 9 (0.937 084 4)
con	−1.573 735 (15.122 74)	20.926 33 (30.764 29)	−1.573 735 (15.122 74)	−1.573 735 (9.721 314)
N	20	20	20	20
R^2	0.922 4	0.925 3	0.922 4	—

注：表中括号内为标准误。*、**、*** 分别表示在 10%、5%、1% 的水平上显著。

④稳健性检验。

本书借鉴 Blundell 和 Bond（1998）的方法，以被解释变量制造业细分行业就业人数滞后一期和滞后二期作为解释变量，将差分 GMM 与水平 GMM 结合起来构建动态面板数据，使用系统 GMM 进行稳健性检验。

$$\beta_2 \mathrm{lnwage}_{it} + \beta_3 \mathrm{lnrevenue}_{it} + \beta_4 \mathrm{lninvestment}_{it} + I_i + T_i + \varepsilon_{it} \quad (5.8)$$

从表 5-15 检验结果可以看出，被解释变量的一阶与二阶滞后值都在 1% 置信条件下显著，工业机器人安装量对就业影响系数在 5% 置信条件下显著且仍然稳健，其他解释变量不显著。

表 5-15　稳健性检验结果

自变量	因变量：lnemployment					
	Coef.	Std. Err	z	P>|z|	[95% Conf. Interval]	
Lnemployment L1.	0.611 752	0.037 36	12.38	0.000	0.538 550	0.689 441
Lnemployment L2.	0.239 058	0.318 53	8.31	0.000	0.187 965	0.342 127
lnrobot	−0.409 13	0.197 84	−2.07	0.039	−0.796 90	−0.021 36
lnwage	0.778 68	1.908 5	0.41	0.683	−2.957 23	4.513 796
Lnrevenue	0.621 45	0.331 65	1.87	0.161	−0.028 43	1.271 228
lninvestment	0.581 42	0.616 35	0.93	0.354	−0.636 32	1.779 519
cons	−1.576 8	15.121 9	−0.10	0.917	−31.213 7	28.066 3
N=20	Wald chi2 (4) = 69.61			Prob>chi2=0.000 0		

5. 人工智能对制造业就业的替代效应：区域面板数据分析

（1）变量说明及数据来源（见表 5-16）。

被解释变量：各省制造业就业人数。

解释变量：各省机器人安装密度；各省人口老龄化程度；制造业占该省 GDP 的比重；各省制造业城镇单位就业人员年平均工资；各省制造业新增固定资产投资。

各省机器人安装密度为各省机器人累计安装数量除以该省就业人口数。由于数据可获得性的约束，没有直接的分省机器人安装数据，而是用各省机器人企业数量作为智能化生产的代理变量。

表 5-16　变量说明

变量	名称	定义	符号	单位	来源
被解释变量	各省制造业就业人数	各省制造业城镇单位就业人数	employment	万人	中国劳动统计年鉴
解释变量	各省机器人安装密度	各省工业智能机器人累计安装量除以该省就业人口总数。	robot	台/万人	中国工业机器人网
	各省人口老龄化程度	65 岁及以上人口占比	elder	%	中国人口和就业统计年鉴

表5-16(续)

变量	名称	定义	符号	单位	来源
解释变量	制造业占该省GDP的比重	该省制造业增加值除以该省地区生产总值	structure	%	中国省域经济统计年鉴
	各省制造业就业人员年平均工资	各省制造业城镇单位就业人员工资总额除以就业人数	wage	元	中国劳动统计年鉴
	各省制造业固定资产投资	各省制造业新增固定资产投资	investment	亿元	中国固定资产投资统计年鉴

（2）模型构建。

以各省制造业就业人数为被解释变量，各省制造业机器人安装密度、各省人口老龄化程度、制造业占该省 GDP 的比重、各省制造业就业人员年平均工资、制造业固定资产投资为解释变量，构建多元回归模型。

$$\text{lnemployment}_{it} = \beta_0 + + \beta_2 \text{elder} + \beta_3 \text{structure} + \beta_4 \text{lnwage} + \mu + \lambda + \varepsilon$$

$$(5.9)$$

式中，lnemployment_{it}表示 i 省 t 期的就业人数的对数值，lnrobot_{it}表示 i 省 t 期机器人安装量的对数值，elder_{it}表示 i 省 t 期人口老龄化程度，structure_{it}表示 i 省 t 期制造业占 GDP 比重，lnwage_{it}表示 i 省 t 期制造业就业人员年平均工资对数值，lninvestment_{it}表示 i 省 t 期制造业固定资产投资的对数值。为了排除各省不可观测的不随时间变化的宏观因素对回归结果可能造成的干扰，本书在回归方程中加入省域固定效应 μ，年份固定效应 λ。ε_{it} 为随机干扰项。

（3）回归结果。

在表 5-17 中，模型（1）是以"region"为聚类稳健标准差，进行最小二乘回归分析结果；模型（2）是以"region"为聚类稳健标准差，进行固定效应回归分析结果；模型（3）为随机效应分析结果；模型（4）最大似然法分析结果。模型（5）组间计量回归分析结果。

表 5-17　工业机器人使用对各地区制造业就业人数影响回归结果

自变量	模型（1）OLS	模型（2）FE	模型（3）RE	模型（4）MLS	模型（5）BE
lnrobot	0. 198 398 *** （0. 077 662）	− 0. 026 785 （0. 033 043）	0. 198 398 *** （0. 077 662 5）	0. 007 30 （0. 037 05）	0. 776 6 *** （0. 098 66）

表5-17(续)

自变量	模型（1）OLS	模型（2）FE	模型（3）RE	模型（4）MLS	模型（5）BE
lnwage	−1. 254 024 *** (0. 250 252 4)	−0. 695 838 1 *** (0. 151 571 7)	−1. 254 024 (0. 250 25)	−0. 782 655 *** (0. 150 565 2)	−0. 904 304 7 (0. 670 900 6)
elder	−0. 005 436 7 (0 102 358)	−0. 003 848 7 (0. 006 124 9)	−0. 005 436 7 (0. 010 235 8)	−0. 004 029 1 (0. 006 353 8)	−0. 010 324 4 (0. 029 782)
structure	0. 006 631 1 (0. 005 94)	0. 004 081 6 (0. 005 068)	0. 006 631 1 (0. 005 94)	0. 004 433 (0. 003 119 7)	0. 044 40 *** (0. 017 132 6)
cons	26. 393 54 *** (2. 412 277)	21. 296 6 *** (1. 617 56)	26. 393 54 *** (2. 412 277)	22. 072 92 *** (1. 600 121)	18. 832 03 ** (7. 580 267)
N	43	43	43	43	43
R^2	0. 833 7	0. 788 3	0. 835 8	—	0. 832 0

注：表中括号内为标准误。*、**、*** 分别表示在10%、5%、1%的水平上显著。

从固定效应回归结果可以看出，在其他条件不变情况下，各省制造业就业人数与各省机器人安装密度、各省老龄化程度呈负相关，但不显著，与各省制造业就业人员年平均工资水平也呈负相关且在1%条件下显著。各省制造业就业人数与制造业占该省 GDP 的比重呈同方向变动。

（4）稳健性检验：系统 GMM。

本书借鉴 Blundell 和 Bond（1998）方法，将差分 GMM 与水平 GMM 结合起来，以被解释变量各省制造业就业人数滞后一期和滞后二期为解释变量，构建动态面板数据，使用系统 GMM 进行稳健性检验（见表5-18）。

动态面板模型：

$$\mathrm{lnemployment}_{it} = \beta_0 + \rho_1 \mathrm{lnemployment}_{i,\,t-1} + \rho_2 \mathrm{lnemployment}_{i,\,t-2} +$$
$$\beta_1 \mathrm{lnrobot}_{it} + \beta_2 \mathrm{elder} + \beta_3 \mathrm{structure} + \beta_4 \mathrm{lnwage} + \mu +$$
$$\lambda + \varepsilon_{it} \qquad (5.10)$$

表 5-18 稳健性检验结果

自变量	因变量：lnemployment					
	Coef.	Std. Err	z	$P>\lvert z \rvert$	[95% Conf. Interval]	
Lnemployment L1.	0. 431 752	0. 032 535	10. 14	0. 000	0. 438 553	0. 569 214
Lnemployment L2.	0. 261 458	0. 325 136	7. 36	0. 000	0. 187 652	0. 324 172

表5-18(续)

自变量	因变量：lnemployment					
	Coef.	Std. Err	z	P>|z|	[95% Conf. Interval]	
lnrobot	-0.026 781	0.037 002	-0.72	0.072	-0.100 97	0.047 405
lnwage	-0.695 836	0.153 435	-4.54	0.000	-1.003 45	-0.388 222
elder	0.003 848	0.006 545	-0.59	0.559	-0.016 973	0.009 276 3
structure	0.004 086	0.003 209	1.27	0.209	-0.002 526	0.010 515
cons	20.269 3	1.616 385	13.18	0.000	18.055 95	24.537 25
N=89	Wald chi2 (4) = 67.96			Prob>chi2=0.000 0		

从表5-18中的检验结果可以看出，被解释变量的一阶与二阶滞后值和各省制造业就业人员年平均工资对各省制造业就业人数的正面影响都在1%置信条件下显著，各省机器人安装密度对各省制造业就业人数的负面影响在5%置信条件下显著，各省人口老龄化程度对各省制造业就业人数的负面影响和各省制造业占该省GDP的比重对各省制造业就业人数的正面影响并不显著。

（三）智能零售对销售岗位就业的冲击

智能零售是以人工智能和大数据技术驱动市场零售形成的新业态，能够优化从生产、流通到销售的全产业链资源配置，从而实现产业服务与效率的智能化升级。其商业化应用包括智能客服、智能支付、智能推荐、智能配送、无人零售等。无人零售商店具有低成本和省时间的优势，成为零售企业和互联网巨头青睐的新领域。

从目前看，全球智能零售行业参与者以电商行业巨头与创业公司为主。在落地场景上，其仍主要以销售端为主。比如在无人零售实体店方面，在美国有 Standard Cognition 无人便利店，以及亚马逊的 Amazon Go 等。在中国，有阿里巴巴的淘咖啡，以及京东 X 无人超市；同时也有深兰科技、F5 未来商店、缤果盒子等著名创业公司的相关产品。在客户服务机器人方面，中国的猎豹移动的豹小贩零售机器人、擎朗智能的花生引领机器人、新松的松果I号促销导购机器人等都已在各落地场景应用。在智能零售供应链场景，美国的 UPS 在佛罗里达州测试了无人机送货；沃尔玛的"自提塔"正在全美大范围铺设。在中国，美团点评推出无人配送开放平台；京东正在打造以无人配送站、无人仓"亚洲一号"以及大型货运无人机"京鸿"等为一体的全生态智能零售物流体系。随着智能化技术应用趋于成熟，我国无人零售店铺数量稳步增加。艾瑞咨询认为，2022年我国无人零售市场交易额有望突破1.8万亿元。

随着新零售兴起，传统零售领域的雇员需求明显下滑。从图5-33可以看出，2011—2016年我国自动售货机保有量从13 000台增加到190 000台，增长率为1 361.54%。同期，零售业从业人员增加了32.24%。但是，从2017年开始在新零售冲击下，我国零售业从业人数显著下降，2019年与2016年相比，零售业从业总人数下降幅度为-0.74%。

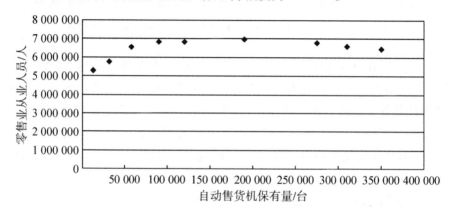

图5-33　2011—2019年自动售货机保有量与零售业年末从业人员关系散点图

资料来源：（1）根据中国统计年鉴数据整理。（2）前瞻产业研究院. 2020—2026年中国自动售货机市场分析预测及发展趋势研究报告［R］.中国产业信息网, https://www.chyxx.com/research/201801/608062.html.

自动售货机安装初期和扩张期能够增加零售业就业人数，但是当自动售货机安装接近饱和后，就会减少对零售业就业人数的需求。因为在自动售货机安装的初期和扩张期，企业能降低零售运营成本，增加利润，从而促使企业扩大再生产，增设商业网点，因而增加对劳动力的需求。在市场成熟期，资本扩张的速度就会慢于资本有机构成上升的速度，对劳动力的需求减少。

（四）智慧物流对仓储和物流业就业岗位的挤出

智慧物流是指基于人工智能技术（机器学习、深度学习、计算机视角和自动驾驶等）的软硬件产品和服务（无人机、无人卡车、搬运机器人、分拣机器人等）赋能物流个环节（运输、仓储、配送、客服等），提高物流系统分析、决策和执行的能力。智慧物流包括智能仓储、智能运输、智能客服等。京东的很多大型仓库已经实现了全程自动化的无人控制。整个仓库只需要少量人工进行运维、优化工作。

根据艾瑞咨询的研究报告，2019 年我国智慧物流市场规模为 15.9 亿元，2025 年将达到 97.3 亿元，增幅为 511.95%（见图 5-34）。

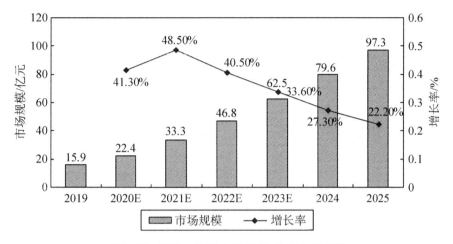

图 5-34　2019—2025 人工智能+物流市场规模

资料来源：艾瑞咨询. 2020 年中国人工智能+物流发展研究报告 ［R/OL］.（2020-07-13）［2022-10-25］. http://www.cbdio.com/BigData/2020-07/13/content_6158225.htm.

从物流业细分行业市场结构看，2019 年运输业市场规模占比 38.40%，仓储业占比最大为 42.80%，配送和客服分别占 11.90% 和 6.90%（见图 5-35）。

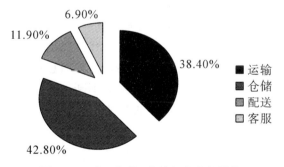

图 5-35　人工智能+物流细分市场结构

资料来源：艾瑞咨询. 2020 年中国人工智能+物流发展研究报告 ［R/OL］.（2020-07-13）［2022-10-25］. http://www.cbdio.com/BigData/2020-07/13/content_6158225.htm.

机器人在物流业使用，必然降低交通运输、仓储和邮政业就业人数。装卸搬运和运输代理业城镇单位就业人数、仓储业就业城镇单位就业人数分别从 2013 年和 2014 年开始逐年减少。装卸搬运和运输代理业就业人数由 2013 年的 442 510 人降到 2017 年 428 096 人。仓储业就业人数由 2014 年的 328 367 人下降到 2017 年的 303 235 人（见图 5-36）。

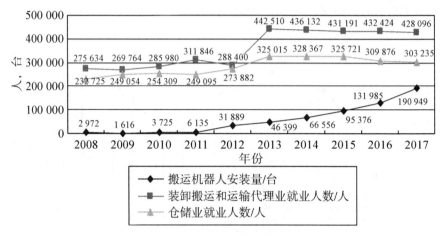

图 5-36　搬运机器人对装卸搬运和运输代理业、仓储业影响

资料来源：①《中国劳动统计年鉴》（2018）；②梁文莉. 中国工业机器人市场统计数据分析 [J]. 机器人技术与应用，2019（2）：42-48.

（五）智慧金融削减银行业传统就业岗位

1. 我国智慧金融发展

"人工智能+金融"以人工智能技术（机器学习、人脸识别、自然语言处理、计算机视角）作为主要驱动力，为金融行业的各市场主体、各业务环节赋能，突出人工智能对金融业产品创新、流程再造、服务升级的作用。金融行业是最依赖数据的行业之一。金融行业在长期发展中沉淀的海量数据，如客户身份数据、资产负债数据、交易信息数据，为人工智能在金融业的应用提供了原料。人工智能技术的不断发展，为银行及其他金融机构海量数据的分析提供技术支撑。近年来，人工智能技术逐渐渗透到金融产品和服务之中，国内外金融机构纷纷发力金融科技。人工智能技术赋能金融领域，主要包括智能投顾、智能风控、智能保险、智能客服、智能支付等（见表 5-19）。"智能柜员机"终端等同于一名业务人员，省去了传统办理业务模式的纸质填单环节，通过影像识别、证件读取、电子签名等完成业务处理，并在产品领取机上联动领取到银行卡片等。在智能终端上，人们可办理银行卡、卡片启用、挂失、密码重置、电子银行等 90%以上的非现金业务。

表 5-19　人工智能在金融领域应用场景

智能风控	贷款申请：人脸识别；机器学习	贷款审核：微表情识别；语音识别；知识图谱；机器学习	贷后监控：知识图谱；机器学习；贷后逾期催款：语音交互	
智能支付	人脸识别支付	指纹识别支付	虹膜识别支付	声纹识别支付
智能理赔	智能审核：人脸识别；声纹识别	智能定损：机器学习；深度学习	智能支付：人脸识别；指纹识别	
智能投研	分析文本报告	智能资产管理	智能风险预警	智能搜索推荐
智能投顾	投后服务	资产管理	流程引导	资产配置

2. 智慧金融削减银行业传统的就业岗位

人工智能技术的应用会消减金融业的就业岗位。波士顿咨询公司（2018）基于对金融业中银行、资本、保险三大市场的价值链分析，研究了人工智能技术应用对三大行业职能活动的潜在影响。根据模型的测算，到 2027 年中国金融业从业人数将达到 993 万，其中 23% 的工作将受到人工智能技术的冲击，银行、保险、资本三大市场工作岗位被消减比例分别为 22%、25%、16%。保险业受影响程度最大，银行次之，资本市场最小。资本市场业务需要大量且多元的行业数据和资料，有些数据机器和算法无法获得，这一特性决定了人工智能不会在短期内替代像银行、保险业同样数量的资本市场就业岗位。从价值链的角度来看，人工智能主要消减了银行业前中台价值链上营销、风控和客服的岗位。

从图 5-37 可以看出，从 2015 年开始，由于人工智能技术在金融领域各环节的渗透，传统金融机构如大型商业银行和农村信用社就业人数显著下降。大型商业银行就业人数由 2014 年的 1 764 617 人降到 2018 年的 1 607 957 人，下降幅度为-8.88%。

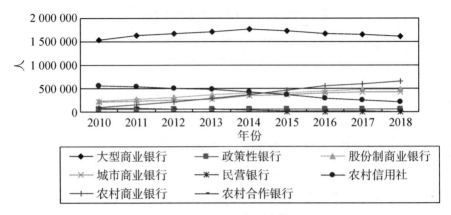

图 5-37　按法人机构划分的银行业就业人数

资料来源：根据《中国金融统计年鉴》数据整理。

从细分金融机构看，各大型金融机构就业人数受金融科技冲击较大。中国农业银行（农行）从业人数由 2014 年最多时的 510 396 人下降到 2018 年的 473 691 人，下降幅度为-7.19%。中国工商银行（工行）从业人数由 2015 年最高时的 466 346 人下降到 2018 年 426 949 人，下降幅度为 -8.45%。中国建设银行（建行）由 2015 年就业人数 369 183 人下降到 2018 年 345 971 人，下降幅度为-6.29%。中国邮政储蓄银行（邮政储蓄）就业人数从 2013 年最多时的 186 002 人，减少到 2018 年的 170 809 人，下降幅度为-8.17%（见图 5-38）。

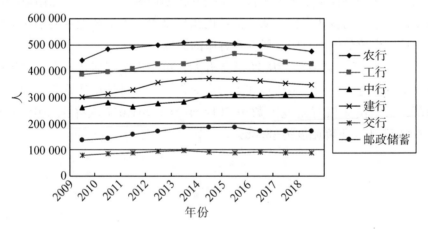

图 5-38　我国细分大型金融机构从业人数

资料来源：根据中国金融年鉴数据整理。

3. 智慧金融就业毁灭效应实证分析

（1）变量定义及数据来源（见表5-20）。

被解释变量：银行就业人数。该数据来源于中国金融统计年鉴。

解释变量：银行 ATM 一体机。该数据来源于中国人民银行公布的 2001—2020 年各季度支付体系运行总体情况。

表 5-20　变量定义

变量	名称	符号	单位	数据来源
被解释变量	银行就业人数	employment	人	中国金融统计年鉴
解释变量	银行ATM一体机	ATM	万台	2001—2020 年中国人民银行公布的各季度支付体系运行总体情况数据

（2）模型构建。

以银行就业人数为被解释变量，以银行 ATM 一体机及其二次项为解释变量构建非线性回归模型。

$$\text{employment} = \beta_0 + \beta_1 \text{ATM} + \beta_2 \text{ATM2} + \mu \qquad (5.11)$$

式中，"employment" 表示银行就业人数，"ATM" 表示银行 ATM 一体机的安装量，"ATM2" 表示银行 ATM 一体机的安装量二次方。由于因变量 employment 与自变量银行 ATM 一体机之间存在非线性倒 "U" 形关系，所以需要以银行城镇单位就业人数为因变量，以银行 ATM 一体机的安装量及二次方为自变量，进行非线性回归分析。

（3）回归结果。

从表 5-21 的回归结果可以看出，农行、工行、建行、中国交通银行（交行）的就业人数在 ATM 机安装量达到 92.42 万台门槛前是递增的，然后是递减的，且在 1% 水平上显著。归根结底，还是马克思在《资本论》第一卷里讲的最基本的经济学原理：当资本扩张速度超过资本有机构成上升速度时，对劳动力的需求相对量减少，绝对量增加；而在资本有机构成上升速度超过资本扩张速度时，资本对劳动力的需求是绝对地减少。[1]

---

① 马克思. 资本论（第一卷）[M]. 北京：人民出版社，2004：717-720.

表 5-21 ATM 机安装量对大型商业银行就业影响回归结果

变量	农行 ABC	工行 ICBC	中行 BOC	建行 CCB	交行 CTB	邮政储蓄 PSBC
ATM2	−25.587*** (4.654)	−21.794*** (4.931)	−6.199* (3.748)	−26.80*** (2.977)	−5.921*** (1.617 5)	−17.74*** (3.273)
ATM	3 487.723*** (613.561)	3 410.733*** (650.203)	1 377.2** (494.17)	3 943.4*** (392.57)	806.38*** (213.24)	2 622.7*** (431.57)
Con	395 395.3*** (16 850.45)	320 310.5*** (17 856.76)	235 450*** (13 571)	230 372*** (10 781)	67 340*** (5 856.5)	89 769*** (11 852)
N	12	12	12	12	12	12
R^2	0.823 9	0.873 4	0.880 4	0.949 2	0.674 0	0.874 7

注：表中括号内为标准误。*、**、***分别表示在 10%、5%、1%的水平上显著。

根据《快公司》查尔斯·菲什曼（Charles Fisnman，2004）报道，1985 年，在部署 ATM 机的相对早期，全美有 6 万台 ATM 机和 48.5 万名银行柜员，到 2002 年，这一数字增加到了 35.2 万台和 52.7 万名。2011 年，《经济学人》引用了"2008 年全美拥有 60.05 万名银行柜员"这一数字，并指出，2008 年全美增加了 15.29 万名计算机、自动化柜员及办公室机器修理工。[①] 但是，用 ATM 机案例来反驳自动化排挤工人的观点也有其局限性。最初，美国 ATM 机数量增长，银行柜员人数也在增长。但 2009 年以来，这一现象有所改变。ATM 机的数量继续增加，但银行分支数与柜员就业率却在下降。[②] 具体见表 5-22。

表 5-22 美国 ATM 机使用与就业

复合增长率	2004—2009 年复合增长率	2010—2017 年复合增长率
ATM 机	2.1%	1.7%
商业银行分支机构	3.6%	−0.8%
银行柜员就业	0.8%	−2.0%

资料来源：国际货币基金组织、自动柜员机行业协会、美国劳工部统计局

---

① 约翰·马尔科夫. 人工智能简史 [M]. 郭雪，译. 杭州：浙江人民出版社，2017：81.

② 浦发硅谷银行. 机器人行业未来 2020 [R/OL]. (2020-07-09) [2020-12-08]. http://finance.sina.com.cn/stock/relnews/us/2020-07-09/doc-iirczymm1434069.shtml.

（六）智慧教育对教师岗位的冲击

随着人工智能技术的迅猛发展，智能教育正在改变现有教学方式，引发教育生态深刻变革。当前全球主要发达国家均加速推进教育教学创新，积极探索教育新模式，开发教育新产品。人工智能技术拓展了传统学习方式的物理边界，既有助于确保教育的公平性和包容性，又有利于促进个性化学习。

1. 智慧教育

人工智能改变现有教学方式主要表现在：一是老师大量的脑力劳动是批改作业。教师借助图像识别与语义分析技术，自动批改学生作业，可以很大程度上降低教师的教学负担。二是对教学成果智能测评，检验教学质量。学校利用人工智能技术对教师教学与学生学习情况进行测试、分析，帮助师生快速而精准地找到存在的问题，实现有针对性的教与学，提高教学效果。三是构建具有个性化的学习系统，调动学生学习的主观能动性。教育部门要根据每一个学生的学习特点建立知识画像，推送具有针对性的教学内容，进一步激发学生自主学习的积极性。四是拓展学生课后学习途径，分担教师教学压力。教育企业通过构建课后习题库并结合图像识别技术，实现对学生上传题目的快速识别，即时反馈答案与解题思路。具体见表5-23。

表5-23　人工智能在教育领域内的应用场景图

学习环节	应用场景	关键技术
教、学、认知、思考（最核心学习环节）	规划学习路径；推送学习内容；侦察能力缺陷；预测学习速度。	自适应课程
练习、作业（次核心学习环节）	作业布置	自适应题库
	作业批改	图像识别、自然语言处理
	虚拟场景展现	VR/AR
测评（次外围学习环节）	口语测评	语音识别
	组卷阅卷	图像识别、自然语言处理
获取学习资料、陪伴、沟通、教务、管理（最外围学习环节）	拍照搜索	图像识别
	陪伴机器人	语音交互
	分层排课	智能搜索
	判断学习态度	情绪识别

艾瑞咨询数据显示，2020年，中国在线教育用户规模已达3.09亿人，在线教育与人工智能技术相关的业务规模已超过120亿元，未来仍有增长空间，2022年这一规模将超过700亿元（见图5-39）。

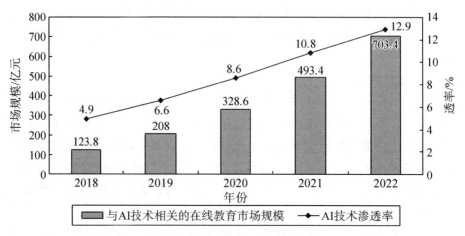

图5-39　与AI相关的在线教育市场规模和技术渗透率

资料来源：艾瑞咨询. 2019年中国人工智能产业研究报告［R/OL］.（2019-06-27）［2019-07-04］. https://www.iresearch.com.cn/Detail/report? id＝3396&isfree＝0.

2. 智慧教育对线下教学岗位的冲击分析

2020年，教育行业进行了一次大整合，多家教育机构像多米诺骨牌纷纷倒下，线下教育面临前所未有的挑战。线下教育资产过重、风险难控、成本过大、收费过高，与线上机构几百上千元就可以包年的套餐相比，缺乏竞争优势。尤其当前，很多人都选择了更为便宜和便捷的线上学习方式，线下教学岗位受到较大冲击。

（七）智慧医疗对医务人员工作岗位的冲击

1. 智慧医疗

人工智能技术赋能医疗健康各领域，使得医疗机构工作人员的诊疗效率显著提升，医疗成本大幅下降，并且可以利用智能设备对人们的疾病进行日常检测，使人们更好地管理自己的身体健康。医学不再是专业医生个人找出解决方案的实践，而是一种基于智能机器所提供的社会科学经验。从应用角度看，智能医疗主要包括药物开发、智能诊疗、家庭健康管理、病历管理、医疗机器人等方面（见表5-24）。

表 5-24　AI 在医疗领域的应用场景

应用场景	作用
语音医疗病历	高效记录医患沟通情况
医疗影像分析	病灶识别与标注；辅助医生误诊率；帮助医生发现罕见病状
综合诊疗	利用计算机视角、自然语言处理、知识图谱等 AI 技术，综合病人多维度信息进行推理和诊疗
身体健康管理	健康状态监测、疾病预测、全方位健康管理
医疗机器人	手术机器人、康复类机器人
药物开发	缩短开发新药物所需时长

　　中国互联网协会（CNNIC）发布的《第 47 次中国互联网络发展状况统计报告》显示，截止到 2020 年 12 月，中国在线医疗用户规模高达 2.17 亿人，占整体网民的 21.7%（见图 5-40）。

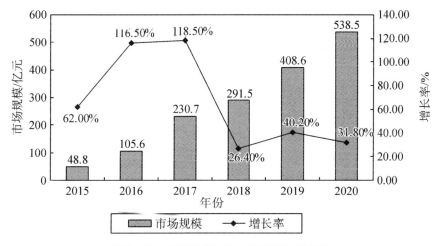

图 5-40　中国移动医疗市场规模和增长率

资料来源：根据 CNNIC 发布的中国互联网络发展状况统计报告数据整理。

　　人工智能促使医疗行业形成专业化、精细化的分工，可以有效地将医务工作者从大量诊断服务中解放出来，使医务工作者走上复杂度更高、服务更精细的岗位，从而改善优质医疗资源供不应求的问题，提升诊疗效率，从根本上提升医疗供给端的服务能力。人工智能医学影像的商业落地始于 2019 年，到 2022 年市场规模达 9.7 亿元（见图 5-41）。

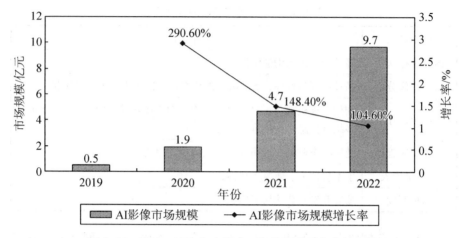

图 5-41　2019—2022 年中国人工智能医学影像市场规模

资料来源：艾瑞咨询. 2019 年中国人工智能产业研究报告，2019-07-04

2. 智慧医疗对医务人员工作岗位的冲击分析

医生 80%左右的日常工作都是重复性的。随着人工智能技术向医疗领域渗透，一般疾病的诊断、配药、给病人拍 X 光片、做常规手术等程序性任务会逐步被人工智能取代，从而对药剂师、放射科医生及其他类型的医生的工作岗位带来较大冲击。

（八）智慧司法对法务工作者的挑战

1. 智慧司法

人工智能已经能够独立完成一些律师的工作。人工智能技术在司法领域的应用主要包括法律文件自动生成、智能语言庭审、网上诉讼、自助服务、诉讼结果预判等。机器在分析和分类文档方面能够做得像人类一样好，甚至超越人类。新发明的"电子取证"软件，可以在很短的时间内同时完成百万余件文件的分析工作。人工智能技术中的机器学习、计算机视角、语音识别、电子证据举证质证，可以对电子数据原文和已存的数据进行比对，辅助验证电子证据的真实性。基于大数据的深度学习功能，可以对案件信息进行分析，实现类案推送和诉讼结果预判。法律网站正在逐步替代许多以往完成房地产租赁合同或婚前协议等日常工作的律师。人工智能技术的应用深刻地影响着法律服务业的未来走向。

我国各地法院积极采用各类智能化审判辅助系统，不同程度实现了法律条文及类案精准推送、文书生成、案件画像、案件甄别、庭审巡查、简单案件审理等方面的自动化和智能化，成为法官办案和群众诉讼的有力辅助。我国已出现了杭州互联网法院、北京互联网法院、广州互联网法院等智能化法院，开辟了智能时代司法发展的全新路径，标志着我国智慧司法探索正走向制度化、系统化。

2. 智慧司法对传统司法工作岗位的冲击分析

人工智能技术的使用不仅可以提高法律服务的效率和质量，还会重塑法律服务市场，改变司法人员的职业构成和工作方式。目前，"弱人工智能"能够高效而精确地搜集、归类、存储、检索法律信息。将来，"强人工智能"能够具备法律推理、案件论证、结论提取等高级智能功能。当程序性法律服务能够被人工智能所替代时，不具备从事非程序性认知性业务能力的律师、律师助理、律师秘书等从业群体将面临空前的挑战和冲击，从而引发律师行业的职业再造。

（九）智慧交通对驾驶员工作岗位的冲击

1. 智慧交通

人工智能技术应用到路线优化、拥堵分析、车辆调度、驾驶辅助、无人驾驶等场景，可以有效提高交通效率。人工智能技术在交通领域应用主要包括：①交通信号灯智能适配。结合地图 App、交警微博、视频监控等数据，智能分析并锁定拥堵原因，智能配时调控信号灯、诱导屏等，缓解道路拥堵。②航线网络优化。机组排班优化；客运、货运收益管理；不正常航班恢复等。③共享单车调度决策。智能锁收集定位信息，智能分析热力图，精准预测未来需求，优化调度决策，提升平台运营效率。④驾驶辅助。车道偏离预警，疲劳驾驶检测，前车避撞和行人检测预警，夜视辅助，智能车载等。⑤自动驾驶。限定场景自动驾驶、开放场景自动驾驶等。无人驾驶汽车从连接到汽车的传感器（包括摄像机和雷达系统）收集数据，并将其与地图和街景视图的数据联系起来（目标和交通标志以及灯光的数据）。如果这些自动车辆是成功的，那么自动出租车、公共汽车和卡车可能成为部署的候选。这带来的结果可能是无人驾驶冲击百万司机的就业岗位。目前，自动驾驶在全国全面落地。截至 2020 年 9 月，我国 20 座城市发放自动驾驶路测牌照超过 200 张，测试车辆总数超过 500 台。

2. 智慧交通对驾驶员工作岗位的冲击分析

从图 5-42 可以看出，2013—2018 年铁路运输业就业人数基本稳定，增长率为 2.11%。同期，航空运输业就业人数稳步上升，增长率为 30.76%。而管道运输业、道路运输业、水上运输业就业人数曲线都不同程度地从 2013 年我国推行"机器换人"后逐年下降。

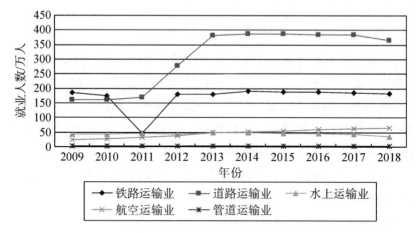

图 5-42 交通运输业细分行业城镇单位就业人数变化

资料来源：根据中国劳动统计年鉴数据整理。

（十）智能财务削减财会人员的工作岗位

财务工作的本质是信息收集和整理工作，多属于程式化、重复性内容。从结果上看，智能机器操作优势更明显，能确保"零失误"。随着财务管理软件的升级，原来需要人工录入的财务凭证及报表可以自动生成。随着电子税务局系统运行成熟，纳税申报也可以由系统自动完成，纸质发票最终会完全被电子发票取代。这就大幅降低了企业人力成本，传统财会人员很容易被人工智能技术的应用软件所取代。由上海国家会计学院会计信息调查中心完成的"2019 年影响中国会计从业人员的十大信息技术"（见图 5-43）调查结果显示，会计从业人员的工作岗位受到人工智能及相关技术的强烈冲击。

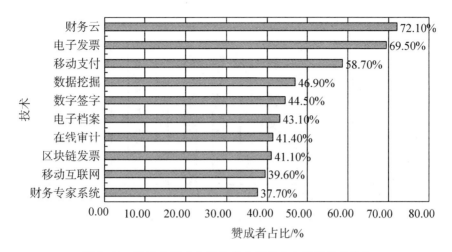

图 5-43　2019 年影响会计从业人员的十大信息技术排名

资料来源：https://www.360kuai.com/pc/9f1365e6f4edfd540? cota = 4&kuai_so = 1&tj_url = so_rec&sign = 360_57c3bbd1&refer_scene = so_1.

第四节　"机器换人"对不同就业群体的冲击

一、"机器换人"对农民工就业的冲击

1. 目前我国农民工就业呈现的新特征

（1）农民工增量正在减少且总量增速明显回落。国家统计局发布的《农民工监测调查报告》向我们全景展示了农民工劳动力供给的真实状况与趋势。数据显示，2010 年农民工总量同比增速为 5.4%，2019 年农民工同比增速下降到 0.8%，2020 年全国农民工总量增速下降到 -1.8%（见图 5-44）。这表明，我国的农民工数量已经告别了无限增长的时代，开始出现明显而急剧的下降回落。长此发展下去，农民工增量必将逐渐迎来负增长时代，从而造成劳动力数量的大量减少。

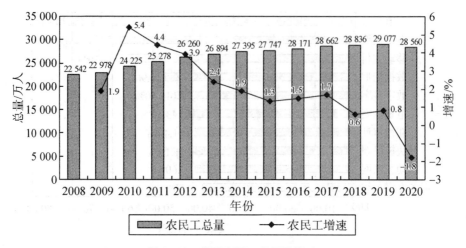

图 5-44　我国农民工总量及增速

资料来源：根据国家统计局中国农民工监测报告整理。

（2）中、高年龄段的农民工占比逐年提高。历年《中国农民工监测报告》的数据显示，不管是从年龄结构来看，还是从农民工就业地、外出农民工年龄等来看，平均年龄比重都在从 40 岁阶段向 50 岁以上转移。2010年 50 岁以上农民工占比 12.9%，到 2020 年占比激增到 26.4%，11 年间增加了 13.5%，平均每年增加 1.23%（见图 5-45）。

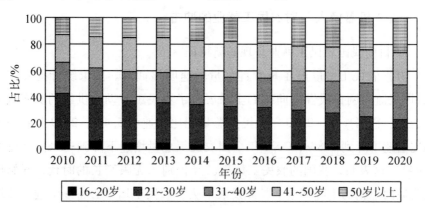

图 5-45　我国农民工的年龄构成

资料来源：根据国家统计局中国农民工监测报告整理。

图 5-45 表明，现阶段我国农民工的老龄化趋势已经愈发突出，第一代农民工逐渐老去，新生代农民工补充缓慢，出现了"民工荒"，机器换人会成为趋势。

（3）农民工文化程度不断提升。2012—2020 年，在全部农民工中，未上过学的占比下降 0.5%，小学文化程度比占比下降 0.4%，初中文化程度占比下降 0.6%，高中文化程度占比增加 3.4%，大专及以上占比上升 10.8%（见图 5-46）。劳动力受教育程度的提高，将带动工资、岗位选择等的一系列变化。目前，越来越多的农民工都选择了工作舒适、轻松且工资收入较高的服务行业就业。

图 5-46　农民工文化程度构成

资料来源：根据中国农民工监测报告整理。

（4）农民工就业行业分布。

近年来，随着产业结构升级和农民工年龄结构变化，农民工就业结构也发生了一定的变化，呈现第二产业占比下降、第三产业占比上升的态势。随着"机器换人"和"智能制造"的推进，制造业和建筑业领域许多工作被机器替代。从就业占比看，农民工在制造业的就业占比从 2010 年的 36.7% 降到 2019 年的 27.4%，农民工在建筑业的就业占比从 2014 年顶峰的 22.3% 降到 2019 年的 18.7%（见图 5-47）。未来的建筑施工现场不再需要工人一块一块地砌砖了，取而代之的是一个个机器人集群。机器人集群在人工智能技术控制下，能够快速精确地完成所有施工任务。人工智能机器人集群将帮助人类在各种恶劣环境中高效地完成建筑任务。

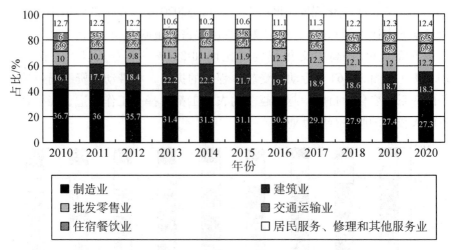

图 5-47　2010—2020 年农民工就业的行业分布变化

资料来源：中国农民工监测报告。

2. 农民工就业受冲击的实证分析

为了摆脱"民工荒"的困境，沿海用工大省开始最先开展"机器换人"行动。所以，人工智能对农民工在制造业就业的影响不全是"挤出式替代"，还有部分属于"补位式替代"。虽然我国是制造业大国且农民工在制造业占比较大，但不能过分夸大人工智能对农民工就业的毁灭效应。

人工智能对农民工的冲击较大的主要原因是农民工多从事的是程序性的、低技能的工作。农民工数量在制造业领域减少，既有机器人的挤出效应，又有进入刘易斯拐点后农民工供给量边际递减，还受新时代农民工就业意愿的影响。

（1）变量定义及数据来源（见表 5-25）。

被解释变量：农民工制造业就业人数。该数据来源于国家统计局历年全国农民工监测报告。

解释变量：

①工业机器人安装量。数据来源于国际机器人联合会、工业和信息化部、中国机器人产业联盟。

②农民工年龄。数据来源于国家统计局历年全国农民工监测报告。

③制造业增加值。数据来源于中国统计年鉴和中国工业统计年鉴。

④农民工月均工资。数据来源于国家统计局历年全国农民工监测报告。

表 5-25　变量定义及数据来源

变量类型	名称	符号	单位	数据来源
被解释变量	农民工制造业就业人数	employment	万人	全国农民工监测报告
解释变量	工业机器人安装量	robot	台	国际机器人联合会
	农民工年龄	elder	万人	全国农民工监测报告
	农民工年龄的二次方	elder2	万人	全国农民工监测报告
	制造业增加值	structure	亿元	中国统计年鉴
	农民工月均工资	wage	元	全国农民工监测报告

（2）模型构建。

$$employment = \beta_0 + \beta_1 robot + \beta_2 wage + \beta_3 elder + \beta_4 elder2 + \beta_5 structure + \mu$$

$$(5.12)$$

由于自变量 elder 与因变量 employment 之间存在非线性"U"形关系，所以我们需要以农民工制造业就业人数为因变量，以工业机器人安装量、制造业增加值、农民工月均工资、农民工年龄及农民工年龄二次方为自变量，进行非线性回归分析。

（3）回归结果。

在表 5-26 中 model（1）是一般最小二乘回归结果。model（2）是稳健标准差回归。model（3）是加权最小二乘回归结果。农民工制造业就业人数对机器人安装量的一般最小二乘回归系数为 -0.040 148 9，在 10% 条件下显著。为了消除异方差，本书采用了稳健标准差回归和加权最小二乘回归两种方法。农民工制造业就业人数对机器人安装量稳健标准差回归系数为 -0.031 334 1，在 5% 条件下显著。农民工制造业就业人数对机器人安装量加权最小二乘回归系数为 0.036 906 8，在 5% 条件下显著。

表 5-26　人工智能技术应用对制造行业农民工就业影响

自变量	因变量：employment		
	model（1）	model（2）	model（3）
robot	-0.040 148 9* (0.005 532)	-0.031 334 1** (0.005 543 4)	-0.036 906 8** (0.001 683 7)

表5-26(续)

自变量	因变量：employment		
	model（1）	model（2）	model（3）
wage	−3.626 893 （0.685 261 1）	−2.907 137** （0.558 402 1）	−3.191 246** （0.074 188）
elder	3.116 906* （0.351 458 6）	2.735 512*** （0.343 389 2）	2.936 365** （0.059 351）
elder2	−0.000 039 6 （0.000 128 4）	−0.000 039 6 （0.000 142 2）	−0.000 043 5 （0.000 117 7）
structure	0.830 168 7 （5 146 151）	−111.120 4 （193.042 3）	0.494 020 7* （0.078 154 9）
cons	5 009.54* （639.619 7）	9 328.378 （7 440.608）	5 148.588*** （171.210 8）
N	16	16	16
R^2	0.979 7	0.971 7	0.986 3

注：表中括号内为标准误。*、**、***分别表示在10%、5%、1%的水平上显著。

从回归结果可以看出，随着人口老龄化加剧，外出农民工增速放缓，农业剩余劳动力无限供给时代已结束，"民工荒"引起劳动力成本持续上升。追求利润最大化的传统劳动密集型企业，为了降低用工成本、提高产品质量、增加经济效益，考虑到使用工业机器人的比较成本优势，必然采取"机器换人"经营策略。而"机器换人"必然会消减对农民工需求。

二、人工智能时代大学生就业面临的挑战

1. 应届毕业生就业市场总体形势

随着高校连年扩招，应届大学毕业生人数连年攀升。2021届高校毕业生总规模909万人，与2020年同比增加35万人，创历史新高（见图5-48）。大学毕业生"就业难"问题更加突出。

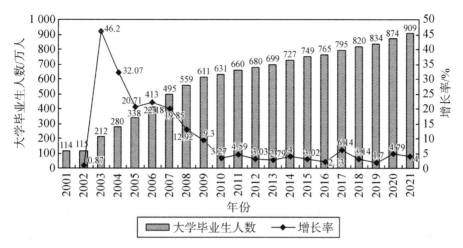

图 5-48 2001—2021 年我国全国高校毕业生人数及增长率

资料来源：中国教育部官网。

由于新型冠状病毒感染疫情的影响，2020 年 1~3 月，反映应届生就业供需情况的 CIER 指数出现连续下降。2020 年 6 月份随着疫情防控逐渐好转，CIER 指数上升到 1.07。由于教育部、人力资源和社会保障部、工业和信息化部等部门联手，亮出组合拳，协同推动高校毕业生就业，2020 年第四季度 CIER 指数恢复到 1.95（见图 5-49）。

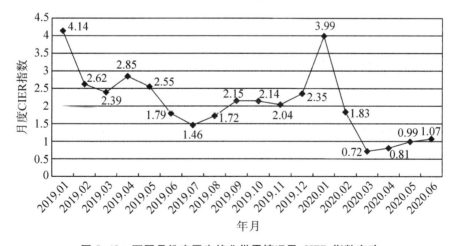

图 5-49 不同月份应届生就业供需情况及 CIER 指数变动

资料来源：http://www.cier.org.cn/UploadFile/news/file/20200422/20200422222038713888.pdf

2. 智能制造对大学毕业生就业吸纳能力下降

工科类本科毕业生就业的主要行业集中在媒体/信息及通信、建筑业、制造业三大行业。由麦可思研究院发布的大学本科毕业生就业报告显示，工科类本科毕业生就业的行业构成发生了较大变化：媒体/信息及通信先降后升；建筑业先升后降；制造业的就业占比明显下降。2014—2020年，大学毕业生在电子设备制造业就业占比下降幅度为1.4%，在交通运输设备制造业就业占比下降2.1%，在机械设备制造业下降了1.8%（见图5-50）。

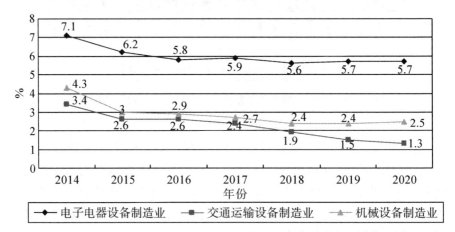

图 5-50 2014—2020 届本科毕业生下降最多的前三位行业类就业比例

资料来源：麦可思研究院. 2021 年中国本科生就业报告 [M]. 北京：社会科学文献出版社，2021：31-32.

3. 大学毕业生常规性白领就业岗位减少

从学科门类看，商科类学生容易进入就业替代率较高的行业，理工类和人文社科类学生更容易进入就业替代率较低的行业，而由于人力资本专用性，农学和医学专业的学生职位比较稳定。主要有以下原因：①人工智能技术能够替代程序性的工作任务，但对非程序性认知活动如沟通能力、创造力、批判性思维等难以替代，而这些都是人文社科毕业生的优势。②理工科大学毕业生具有良好的数学基础、深厚的计算机功底，更能胜任人工智能、云计算、大数据和区块链等技术类岗位。③大多数商科学生毕业后从事会计和金融工作。随着计算能力的提升，记账和算账这类程序性的工作将被人工智能代替。目前，人工智能技术赋能金融业各领域，正在促进传统金融机构的转型升级，许多旧有的银行工作岗位减少了对商科毕业生的需求。

目前大学毕业生就业量最大的前十位职业中会计、银行柜员、出纳员、行政秘书和行政助理等工作都属于程序性的、认知性的工作，容易被智能化设备替代。

2020届本科生毕业半年后就业占比较大的职业是中小学教育、财务/审计/税务/统计、行政/后勤等。2015—2020年劳动力市场对财务/审计/税务/统计、行政/后勤、金融（银行/基金/证券/期货/理财）等常规白领职业的人才需求持续下降。2015—2020年应届大学本科毕业生在财务/审计/税务/统计职业就业占比下降幅度为1.1%，行政/后勤职位就业占比下降了0.4%，金融（银行/基金/证券/期货/理财）就业占比也下降了0.5%，销售职位下降了1.5%（见图5-51）。

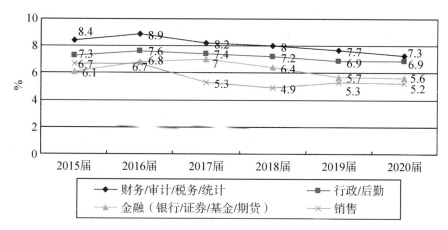

图 5-51　2015—2020届商科类本科毕业生部分职业占比变动态势

资料来源：麦可思研究院. 2021 年中国本科生就业报告［M］. 北京：社会科学文献出版社，2021：38-39.

4. 高校如何应对人工智能对劳动力市场的就业冲击

人工智能在给大学毕业生的就业带来机遇的同时，也对其学习提出了更高的要求。为了应对人工智能对高等教育挑战，首先，高校应该适应劳动力市场的需求变化，实现学科和专业设置的动态调整，减少就业替代率较高的专业招生名额。其次，高校要提高教育教学质量。高校不仅要向学生传授专业知识和技能，还要培养学生良好的性格和高尚情操，从而提高大学毕业生对市场的适应能力。最后，高校需要不断完善就业服务体系，搭建就业服务平台，充分对接政府、中介、高校、企业等，提高人才与市场的匹配度；充分利用云计算、大数据、和人工智能等先进技术，促进线上招聘智慧化，实现就业信息精准推送、人岗精准匹配。

三、人工智能时代就业面临的挑战

1. 人工智能时代女性就业面临的挑战

世界经济论坛创始人施瓦布（2018）认为，未来认知性和创造性的工作会增加，重复性和常规性的工作岗位会大幅减少，而女性正好处于就业的"重灾区"。

目前女性占优势的岗位多属于重复性和常规性的工作，容易被智能化设备所替代，如零售业和行政秘书岗位，都面临被自动化替代的危险。

2. 人工智能时代就业性别差异成因分析

（1）对 STEM 技能的缺乏不利于女性就业。

STEM 代表科学（science）、技术（technology）、工程（engineer）、数学（mathematics）。STEM 教育是集科学、技术、工程、数学多领域融合的综合教育。由于男性长期在数学、工程和计算机科学等领域占主导，所以市场对专业技能水平需求的提高会进一步拉大性别差距。在就业增长的工作领域，如工程、信息和通信技术等领域，目前女性的代表性不足。斯坦福大学发布的《AI 指数 2018 年度报告》显示，80%的美国高校人工智能专业领域的教授都是男性。在美国 AI 求职者中，71%求职者是男性。机器学习领域男性求职者占比最多。除了机器学习，深度学习和机器人技术相对于其他类别而言，性别差异更大（见表 5-27）。

表 5-27　2018 年 AI 职位申请的性别差异　　　　　单位：人

职位	男性	女性
语言认知	1 320	480
NLP	9 440	3 560
计算机视角	4 475	1 725
机器学习	30 550	12 450
机器人	6 105	2 495
深度学习	9 040	3 960

资料来源：哈佛，MIT，斯坦福、OpenAI，AI 产业联盟. AI 指数 2018 年度报告 [R/OL].（2017-12-15）[2018-12-15]. http://www.199it.com/archives/808244.html.

在性别参与方面，清华大学《人工智能发展报告》（2019）指出，每个细分领域的性别参与比例也各不相同。在机器学习领域中，男性学者占比 89.8%，女性学者占比 10.2%。在人机交互领域，女性学者比例仅达到 15.4%（见图 5-52）。

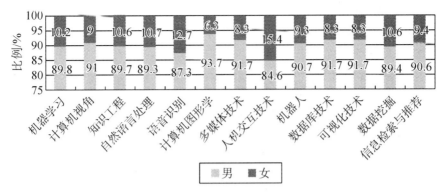

图5-52 全球人工智能各细分领域人才性别差异

资料来源：根据清华大学《人工智能发展报告》（2019）数据整理。

就世界范围内女性在 AI 领域的占比看，最高比例不超过 30%。就不同国家看，新加坡女性在 AI 领域占比最高，为 28%；巴西女性在 AI 领域就业占比最低，为 14%（见图 5-53）。

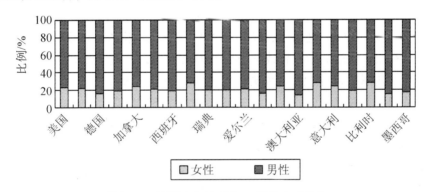

图 5-53 按国家和性别分 AI 技能人才分布

资料来源：WEF. Global Gender Gap Report 2020［EB/OL］.（2019-12-17）［2020-03-08］. http://www3.Weforum.org/docs/WEF_GGGR_2020.pdf.

与前三次工业革命相比，以人工智能技术为主导的第四次工业革命将进一步偏向于对技术型人才的需求。这种岗位上的性别分布差异，早在学生时期就埋下了伏笔，高等教育专业领域出现了"男性专业"与"女性专业"，"男性专业"主要是自然科学，"女性专业"主要是人文社会科学，国内外学者将这种现象称为"专业性别隔离"。虽然未来具有人类特质的职业仍然主要由女性来做，不会被机器所替代，但男性主导工作的格局很难改变。

我国女性在信息传输、软件和信息技术服务业就业占比稳步提高，基本保持在 30%~40%。2003 年占比 36%，2012 年占比 40.7%，2018 年占比 39.2%（见图 5-54）。

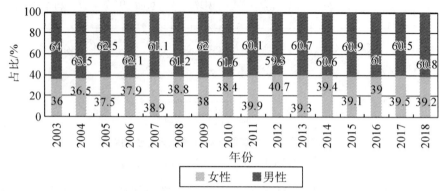

图 5-54　我国信息传输、软件和信息技术服务业就业的性别差异

资料来源：根据中国劳动统计年鉴 2004—2019 年数据整理。

（2）人工智能对女性常规性工作的冲击。

40 岁及以上的女性，以及从事文职、服务和销售工作的女性，风险尤其高。在仅接受过高中教育或学历更低的女性中，接近 50% 的女性从事的工作很可能被自动化取代，而男性的比例为 40%。拥有学士学位或更高学历的女性的风险为 1%。在技术领域，特别是 STEM 领域，女性成为管理和专业人员的可能性比男性低 15%；同时，19% 的女性更有可能从事文职和服务工作，承担更多的常规性工作，这导致女性因技术失去工作的风险较高。女性比以往任何时候都需要打破"玻璃天花板"。我们的分析表明，工作的常规程度差异加剧了劳动报酬的性别不平等。即使将技能、经验和职业选择差异等因素考虑在内，男女工资差距的近 5% 也是由女性从事常规程度较高的工作所致。在美国，这意味着在女性的职业生涯中，其收入会减少 26 000 美元。[1]

智联招聘发布的《2018 年中国女性职场现状调查报告》显示，从目前从事的工作岗位看，女性主要从事与客户和财务有关的业务，其中行政/后勤/文秘、销售、财务/会计/审计、人力资源是女性"四大岗位"。男性优势岗位是技术、生产加工，尤其在"技术岗位"，男性占比最高（见图 5-55）。

---

① ERA DABLA-NORRIS, KALPANA KOCHHAR. 女性、技术和未来的工作 [EB/OL]. (2018-11-16) [2022-11-02]. https://www.imf.org/external/chinese/np/blog/2018/111618c.pdf.

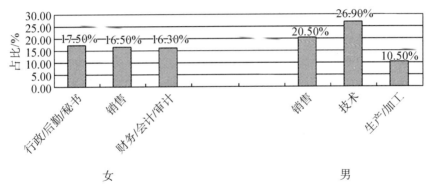

图 5-55　按性别分优势岗位占比

资料来源：智联招聘. 2018 年中国女性职场现状调查报告［R］. 2018-03-08.

中国人力资源市场信息监测中心发布的全国十大城市岗位需求和求职排行榜显示，2011—2020 年劳动力市场对推销展销人员、部门经理、餐厅服务员、厨工、简单体力劳动人员等职业的用人需求较大，财会人员、行政办公人员、秘书、打字员、营业人员、收银员等职业的用人需求相对较小。而在财会人员、秘书、营业员等岗位女性就业占比大，因此这些常规的白领女性就业岗位受人工智能冲击也就较大。2011—2021 年四大城市求人倍率小于 1 的部分工作岗位见表 5-28。

表 5-28　2011—2021 年四大城市求人倍率小于 1 的部分工作岗位

城市	2011Q4	2013Q4	2015Q4	2017Q4	2018Q4	2020Q4	2021Q3
上海	收银员 1：6 仓储人员 1：5	收银员 1：6	行政业务 1：2 收银员 1：7	财会 1：3	财会 1：3	财会 1：2 打字员 1：6	财会 1：2 图书资料专业人员 1：2
福州	收银员 1：2 秘书、1：2	收银 1：2 秘书 1：2	……	收银员 1：2 秘书 1：3	收银员 1：2 秘书 1：3	会计专业人员 1：2 行政办事员 1：3	行政办事员 1：2 秘书 1：2
成都	收银员 1：2 秘书 1：2 行政业务 1：2	收银 1：2 行政业务 1：2 财会 1：3	秘书、打字员 1：2	行政业务 1：11 财会 1：3	……	……	……
郑州	……	财会 1：5	财会 1：2 收银员 1：2	财会 1：2 行政业务 1：2	财会 1：3 行政业务 1：3	医药代表 1：4 采购员 1：3	医药代表 1：4 办公设备维修工 1：2

资料来源：根据中国人力资源市场信息监测中心《部分城市公共就业服务机构市场供求状况分析》数据整理。

注：表中"……"是由于人力资源和社会保障部信息中心在不同季度选择的十大城市有别带来的内容空缺。2019 年第 4 季度的求人倍率没有公布。

（3）算法驱动的决策对女性存在的偏见。

算法本身是一种数学逻辑，比较客观，不像人类那样容易产生偏见，很少受外部因素的干扰。任何人工智能系统的设计均始于训练数据的选择。算法的好坏取决于使用的数据的好坏。庞大的数据在许多方面也是不完善的，使得一些算法继承了人类决策者的某种偏见。对数据挖掘可能意外发现一些有用的规律，但这些规律其实是关于排斥和不平等的现有模式。关键是人类将来怎样改变这种不好的模式。如果不深思熟虑地使用算法，搞拿来主义，则可能得出错误的结论并排斥弱势群体参与社会事务。人类可以有意识地提倡男女平等，改变歧视女性的陈旧观念，但基于算法的人工智能并不能有意识地去抵制所学到的歧视数据，隐性的偏见实际上很容易被算法捕获，导致这些有害偏见永久存续。

（4）家务劳动繁重影响女性劳动参与率。

虽然由于人口老龄化加剧，女性与男性的劳动参与率都在下降，但是由于女性承担了大多数家务劳动，其劳动参与率始终低于男性十个百分点左右（见图 5-56）。

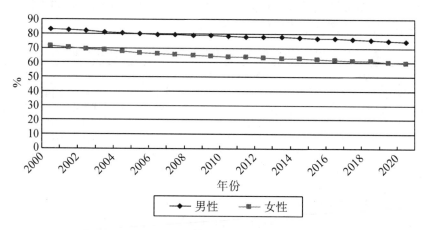

图 5-56　按性别分的劳动参与率

资料来源：https://data.worldbank.org.cn/indicator/SL.TLF.CACT.MA.ZS？view＝chart.

3. 应对之策

政府要利用经济转型的机遇，重新设计我们的就业政策和商业实践，确保女性能充分发挥他们的才能。

（1）提升女性接受正规教育的质量。

麦可思研究院发布《2020 年中国本科生就业报告》专业预警显示，

2019 年本科就业红牌专业包括：绘画、美术学、音乐表演、化学、法学、历史学。红牌专业属于那些失业率较高，就业率、薪资和就业满意度较低的高失业风险专业，这些红牌专业的出现，既可能是由于毕业生供大于求，也可能是由于培养质量不合格。而女性在绘画、美术学、音乐表演、法学、历史学、广播电视编导这些红牌专业中占比较大。因此，女大学毕业生面临的就业压力较男生更大。

因此，高校要优化专业设置，根据未来产业发展需要，加快设置和发展相关人工智能专业，为适应人工智能发展提早做好女性人才储备，使女性人才培养与产业发展相匹配，避免结构性失业风险；增强办学灵活性，落实和扩大专业和学科设置自主权，重视人工智能及相关产业女性对人才素质和技能的需求，开设相关专业，培养相关人才，以未来适应新业态发展的需要。

（2）加大对女性职业技能培训的力度。

政府要为妇女提供适当的技能。政府要注重推动企业建立女职工全员培训制度，全面提升在岗职工技能水平，通过企业自身培养与院校合作培养，缓解企业技工短缺问题。女大学生是新的产业大军的重要来源和未来的骨干力量。政府应在她们具有专业知识的基础上，通过培训机构追加培训、到企业实习见习等多种措施，加强对大学毕业生的职前职后培训，使其成为具有研发和操作能力的智力型员工；鼓励学校根据市场和社会需求，及时更新教学内容、调整学科和专业设置；大力推进校企合作、工学结合的培养模式，建立企业接受职业院校学生实习制度。每所高校都应选择符合产业发展方向的企业与之建立长期合作关系，按企业需求，实行订单式、定向式培养人才，或请企业管理技术人员参与教学，或将大学生送到企业实习，或由企业定向招录人员，等等，从而开通大学生直接到企业就业的通道。这样不仅可以满足企业自身对人才的需求，也有利于解决女大学生就业难问题。①在 STEM 领域，对女性进行早期投资，如美国的"女孩编程"计划以及"同侪指导"可以帮助人们打破性别定势观念，提高女性在科学领域中的参与度。②对培训现有劳动力（如荷兰）和可携带个人学习账户（如法国）提供税收减免，可以帮助消除终身学习的障碍。③提供负担得起的托儿服务并用个人税取代家庭税（如加拿大和意大利），可以在促进女性职业发展方面发挥重要作用。④各国可以为有关组织制定相关的招聘和留存目标，以及像挪威一样制定提升配额，实施指导和培训计划，促进妇女担任管理职位。⑤弥合数字性别鸿沟。通过对资本基础设施进行公共投资，政府可以确保人们平等地获得融资和关联性，如芬兰。⑥帮助工人实现过渡。各国可以通过培训和与个人而非工作相关的福利计划（如法国和新加坡的个人培训账户）帮助劳动者因自动化而更换工作，从而为其提供支持。⑦社会保护制度须适应新的工作形式。为了解决与快速技术变革相关的日益恶化的收入保障问题，一些国家可能会考虑扩大非缴费型养老金，且可能需要采用 基本收入保障。

（3）落实女性就业保护政策。

落实国家针对女性的产假、职业培训、失业救济、工作兜底等政策，保护妇女合法的劳动权益，减少人工智能对妇女就业的冲击。要解决这个问题，政府不仅要进一步完善生育保险制度，而且要进一步加强对生育妇女的职位保护，增加一些对儿童抚育的福利政策，出台按家庭总收入（而不是按每一个的收入）计征个人所得税的制度；要制定和落实好全面实施三孩政策的配套政策，依法保障妇女的就业、休假的权利，帮助女职工做好职业规划，支持女职工生育以后重新上岗。

（4）确保人工智能系统的公平性。

首先，人工智能系统的设计者应反映我们所生活的世界的多样性。具有相关知识的人员和各利益相关者都应参与人工智能的设计过程和决策部署。其次，人工智能系统被用于作出与人相关的决定时，最终决定必须由人主导作出。最后，开发分析技术，以监测和解决潜在不公平问题。业界应对人工智能系统训练数据进行系统性评估，以确保这些数据的代表性，并书面记录与数据来源和特征相关的信息。各高校和人工智能培训机构需要重视对算法设计师和开发师意识形态的引导，避免潜意识的歧视态度，确保算法本身公平合理。

第五节　人工智能就业替代效应不宜夸大

即使技术上具有可行性，大多数国家也不必担心人工智能会引起工作岗位大幅度降低。即使在美国那些容易受到人工智能影响的本地市场，也没有出现就业数量净减少。牛津大学的弗雷和奥斯本只是估计了未来几十年有多少岗位有可能被自动化，并不能直接造成47%的失业率。究其原因是人工智能替代人类劳动是有条件的。人工智能技术具有替代人类劳动的作用。但是，在现实经济生活中，人工智能对人类劳动的替代，会受到技术、经济、人口、社会四方面的条件约束。

一、技术条件的约束

由于某些工作任务遵循一定的规则，因此其可以完全由人工智能系统来做，并且人工智能完成这些任务的效率也比人类要高得多。不过，虽然人工智能可以做很多事情，但是有些工作任务其无法完成，有的完成效果没有人类好，因此智能设备还不具备完全替代人类劳动的条件。对于许多工作任务来说，机械和数字技术并不是完美的，甚至不能良好地替代人力，特别是那些需要适应力和创造力的工作。在物质世界中，人类做起来很自然和容易的事情，对机器人来说是很难完成的。正如机器人研究专家汉斯·莫拉维克（Has Moravec）所观察的，让计算机展示成人水平的智力测验或者玩跳棋是一件相对容易的事情，但当涉及知觉和行为能力时，即使让计算机完成一岁幼儿的某个技能也是非常困难或者不可能的。这就是被人们熟知的"莫拉维克悖论"。在发达国家的大型工厂，现已高度自动化了，但这些工厂里通用机器人不多，更多的是价格昂贵且装配和改装成本都不菲的专业化机器。银行自动柜员机的扩张与银行交易、银行网点和银行员工扩张同步进行。银行柜员仍然要做一些人工智能做不到的工作，如客户服务这类很重要的人际关系事务（Handel，2014）。"机器代人"是一项系统工程，既需要硬件的更新，也需要软件的个性化定制，还需要相应地提高员工素质，需要研发人员提供支撑，而这方面的人才还是紧缺的。

二、经济条件约束

马克思指出："如果只把机器看作使产品便宜的手段，那么使用机器的界限就在于：生产机器所费的劳动要少于使用机器所替代的劳动。"[①] 不是所有颠覆性技术都能被快速采用、都能立即产生效益。人工智能要真正投入使用，还必须具备经济上的比较优势，即一定要使人工智能产品的使用成本低于人类劳动力成本。机器人和人工智能虽然没有领取工资、没有

---

① 马克思. 资本论（中文版，第1-3卷）[M]. 北京：人民出版社，2004：451.

享受福利，但属于资本设备，创建、开发、维护都要花钱，融资也需要花钱。智能设备价格昂贵，投入金额庞大，资本回收期长，小微企业资金有限，无力购买和使用。尽管部分地方政府对购机企业进行补贴，却也不能很好地解决。补贴的形式多是通过退税或是给予部分资金资助，基本上是隔靴搔痒，治标不治本。一些企业的生产具有季节性，使得回收期更长。此外，人们还需要为它们安装合适的软件，也需要花钱。而对于软件，即使没有维护工作，也需要不断更新。为了相互交流，机器人需要跟上其他不断发展的机器人的步伐。随着机器人软件和关键设计特性的改进，老式机器人会出现无形损耗，甚至变得一文不值。

三、劳动力偏好和人口结构的约束

人工智能替代劳动力的工作任务后，也确实会导致就业岗位的减少。其主要表现有两个方面：有些岗位的工作任务具有规则性、程序性，劳动强度大、工作条件差、风险高，年轻职工不愿意从事此类工作，任务转由人工智能完成后，岗位本身不复存在；另一些岗位依然存在，但其中部分工作任务被人工智能替代，在岗位上的劳动者的工作量明显减少。

当人工智能替代了某些人类劳动时，我们不能简单理解为必然造成劳动者失业。工作岗位通常由许多细分工作任务构成，人工智能在很多情况下替代的只是某些工作任务而非某一工作岗位，其仅仅是改变了现有工作岗位的工作任务构成而已。再者，智能化替代之所以没有导致总就业的大幅减少，重要原因就是人口快速老龄化和大规模退休人员使制造业长期处于"用工荒"状态，而智能化首先替代的是这些缺工岗位，是"补位式替代"。

四、制度变迁的路径依赖

劳动力重组发生在经济衰退期而非繁荣期，不是所有颠覆性技术都会被快速采用，从纯技术角度来看，在未来数十年间，发展中国家所有工作岗位中有三分之二可能会受到自动化的影响，但是大多数发展中国家不应该担心自动化会引起工作岗位大幅度降低。在发展中国家，技术应用的障碍，低工资水平和手工的精巧程度所造成的人力优越性意味着自动化过程比较缓慢，且普及率不高。即使在美国那些容易受到智能化影响的本地市场（程序性或任务），也没有出现就业人数的净减少。

有些经济学家对自动化风险的估计值过高是因为流失工作岗位的预测值没有准确地将技术吸收率纳入其中，技术的吸收采纳往往非常缓慢，不仅在不同国家之间而且在国家内部的不同企业之间也存在差异。因此，技术吸纳对技术破坏就业的潜力具有影响。例如，移动电话应用的传播速度超过早期技术，但是在许多情况下，互联网的应用比较缓慢，在非正规部门的企业中尤其如此。农业机械化的发展也展现了类似的情景：持续存在的贸易壁垒、比农业机械成本相对较低的劳动力以及信息匮乏都是导致低收入国家和一些中等收入国家机械化率不高的原因。即使纺织业的珍妮纺纱机，相对较低的劳动力成本也使法国和印度延迟了引进。

将有些体力负荷大、重复率高、危险性强的工作任务交给智能机器完成，符合以人为本的科学发展观，也是人们乐于接受的。有些工作任务，虽然从技术、经济角度看是可以由人工智能系统来完成，但由于受社会文化传统等制度变迁路径依赖的影响，人工智能不易替代。

世界经济论坛《未来就业报告2020》指出，采用新技术的确存在许多阻碍因素，劳动力市场技术差距占被调查企业的 55.4%，不能找到职业技能人才占被调查企业的 46.7%，对机遇的非充分认识占被调查企业的 38.9%，投资资金不足占被调查企业的 32.3%。①

总之，由于受多种因素制约，人工智能对人类劳动的替代效应只是有限替代和补位替代而不是完全替代，其引发大规模全面性失业的可能性很小。

---

① World Economic Forum. The Future of Jobs Survey，2020.

第六章 人工智能产业的
就业创造效应

　　每一次技术革命在毁灭一些工作岗位的同时，都会创造出更多的就业岗位。第一次工业革命是机器革命，大批蒸汽机器替代了众多手工劳动者；第二次工业革命是电力革命，标准化的生产流水线显著提高了生产效率。但是，从总体上看，两次工业革命都没有减少总就业人数。虽然 18 世纪蒸汽机革命导致马车夫的失业和许多矿工失业，但同时以蒸汽机为动力的船、火车和汽车登上了历史舞台并占据了中心位置。从那以后，机械、修路、维修和分销商创造了大量需要不同技能的工作机会（Brynjofsson & McAfee，2014）。麻省理工学院的大卫·奥托尔（David Autor）甚至认为，"技术根本不会造成失业。因为这么长时间以来，我们总能找到适合人工从事的工作。更难的问题并不在此，而是在于技术的变迁并不总是能够带来更好的工作。"①

第一节　人工智能产业链与就业链协同生成机理

　　技术进步对就业的影响可分为短期影响和长期影响。从短期看就业可能受人工智能技术冲击大，从长期看通过学习和适应机制，这种失业影响就会被弱化。失业率与人工智能技术的应用不是线性关系，原因就在于技术的新工作创造机制和劳动者的学习机制。德勤公司就曾通过观察英国

---

　　① JOHN MARKOFF. Armies of Expensive Lawyer, Replaced by Cheaper Softer ［N/OL］. (2011-03-05) ［2018-10-16］. http://www.nytimes.com/2011/03/05/science/051egaL.html.

1871 年以来技术进步与就业的关系发现，技术进步是"创造就业的机器"。因为技术进步可以降低生产成本和商品价格，增加消费者的需求，从而拉动社会总需求增长，带动产业规模扩大，就业岗位的增多。

一、技术进步创造就业的代表性观点

1. 马克思主义经济学的就业创造理论

（1）资本有机构成提高会带来就业绝对量的增加。

马克思指出："积累的增进虽然使资本可变部分的相对量减少，但是绝不因此排斥它的绝对量的增加。"[1] "就业工人人数的相对减少和绝对增加是并行不悖的。"[2] 因此，只要资本积累增长的速度快于资本有机构成提高的速度，就业工人绝对量就会增加。

（2）资本有机构成提高、社会总资本扩大再生产带来就业总量的增长。

技术进步意味着全社会劳动生产率普遍提高。一方面，同一不变资本价值可以体现在更多的生产资料上，从而生产出更多的产品和价值。另一方面，技术进步使生活资料价格便宜，同一可变资本可以推动更多的劳动力就业，剩余价值增加。这样社会再生产的规模就会扩大，从而增加更多的雇佣工人。

（3）科学技术的普遍运用，会带动相关产业的发展，增加对劳动力的需求，主要表现在：

①关联产业增加就业。如果第 II 部类（生活资料生产部门）使用更先进的机器，劳动生产率就会提高，对原料和新设备的需求就会大幅增加，从而引起第 I 部类（生产资料生产部门）扩大生产规模，增加就业人数。

②非生产性劳动增加就业。马克思指出："大工业领域内生产力的极度提高，以及随之而来的所有其他部门对劳动力的剥削在内含和外延两方面的加强，使工人阶级越来越大的部分有可能被用于非生产性劳动。"[3] 非生产性劳动主要是指服务业。资本有机构成的提高，能促进服务业的发展，吸收更多的工人就业。

2. 克里斯坦森的 M-创新模式

市场创造型创新，即 M-创新模式。它是从根本上降低产品的价格或

---

① 马克思. 资本论（第一卷）[M]. 北京；人民出版社，2004：719.

② 马克思. 资本论（第一卷）[M]. 北京；人民出版社，2004：692.

③ 马克思. 资本论（第一卷）[M]. 北京；人民出版社，2004：513.

者革新现有产品和服务，从而创造新的消费者阶层或新市场（Mezue et al.，2015）。因为这类创新需要越来越多的人来制造、分销、销售这些产品，所以市场创造型创新能够增加新就业机会（Christensen et al.，2019b）。在这些新工作中，劳动力具有比较优势。这些新的工作任务不但有正的效率效应，而且有"增强效应"。它们推动劳动力进入更广阔的任务领域，并且有助于劳动力改变工作任务的内容。因而自动化的替代效应被技术进步创造的新工作岗位抵消。历史上，不缺乏新工作创造和"增强效应"的例子。在19世纪，当一些任务在实现自动化时，另外的技术在新的工作岗位上创造出新的就业机会。这些工作包括流水线上的工人、工程师、机械师、维修师、售票员、经理和财会人员。在美国农业机械化飞速发展的几十年中，在服务业和制造业中新行业、新职位和新工作创造在劳动力的需求中起主要作用（Goldin & Katz，2008；Michaels，2007）。尽管软件和计算机替代了一些白领工作，但是它们同时也创造出许多新的工作岗位。这些工作任务涉及程序设计和高科技设备的维护，如软件和APP的开发，数据库设计和分析，计算机系统风险防范，还有一些特殊任务岗位，如经理助理、分析师、医疗设备技师（Lin，2011）。美国的职业目录中大约50%的新就业岗位是在1980—2015年创造的（Acemoglu & Restrepo，2018a；Lin，2011）。

3. Daron Acemoglu 和 Pascual Restrepo 就业创造模型

达伦·阿塞莫格鲁（Daron Acemoglu）和帕斯夸尔·雷斯特雷波（Pascual Restrepo）在2018经济研究世界经济论坛会议上提出了抵消人工智能替代效应的四个原因：生产率效应、资本积累效应、自动化加深效应、新任务的创造。

Daron Acemoglu 和 Pascual Restrepo 建立了任务导向型理论框架。他们根据 Cobb-Douglas 生产函数，通过合并一系列任务总产出得出：

$$\ln Y = \int_{N-1}^{N} \ln y(x)\,\mathrm{d}x \qquad (6.1)$$

式中，Y 表示总产出，$y(x)$ 是任务 x 的产出，工作任务变动的范围处于 $N-1$ 和 N 之间。

每一任务的生产是使用劳动力 $e(x)$，还是使用机器 $m(x)$，依赖于它是否可能被自动化。当任务 $x \in [0, I]$ 时，任务可以被自动化，可以用劳动力或用机器来生产，反之不能被自动化，只能用劳动力生产。

$$y(x) = \begin{cases} \gamma_L(x)e(x) + \gamma_M(x), & \text{if } x \in [0, I] \\ \gamma_L(x)e(x), & \text{if } x \in [I, N] \end{cases} \qquad (6.2)$$

$\gamma_L(x)$ 是任务 x 的劳动生产率并假定是增长的，$\gamma_M(x)$ 是自动化任务中机器的生产率。我们假定 $r_L(x)/\gamma_M(x)$ 是增长的，所以在高度复杂任务中劳动力有比较优势。I 表示自动化的可能性，描述了用人工智能技术、工业机器人实现任务自动化的可能性边界。

（1）效率效应。

自动化的效率效应将提高对劳动力的需求和工资水平。效率效应有两种互补的工作形式：一类工作是在自动化设备应用领域增加对执行非自动化任务劳动力的需求；另一类工作是增加对其他非自动化领域劳动力的需求。消减对劳动力需求的 AI 和机器人技术并不是高效率的，这种一对一的替代并不比工艺流程改进更有效率。

为了进一步勾勒主旨观点和理解自动化技术效率内涵，他们运用劳动力、机器和要素价格的物质效率来表达效率效应。

$$\frac{d\ln(Y/L)}{di} = \ln\left[\frac{W}{\gamma_L(I)}\right] - \ln\left[\frac{R}{\gamma_M(I0)}\right] > 0 \qquad (6.3)$$

新的自动化技术被采用后对劳动力需求的影响可写为

$$\frac{d\ln W}{dI} = \underbrace{-\frac{1}{N-1}}_{\text{displacement effect}<0} + \underbrace{\ln\left[\frac{W}{\gamma_L(I)}\right] - \ln\left[\frac{R}{\gamma_M(I)}\right]}_{\text{productivity effect}>0} \qquad (6.4)$$

公式（6.4）中"displacement effect"表示替代效应，"productivity effect"表示效率效应。这个公式表示，当 $\gamma_M(I)/R \approx \gamma_M(I)/W$ 时，替代效应将超过效率效应，在边际上由新技术 AI 承担自动化任务要比人类占优势，因此会消减对劳动力的需求。相反，当 $\gamma_M(I)/R > \gamma_{(L)}(I)/W$ 时，自动化将通过提高效率增加对劳动力的需求。

（2）资本积累。

假定经济体有一个固定的购买新机器资本供给，则自动化将在规模上进一步扩张，增加对资本的需求，提高使用资本的价格 R。这是短期自动化的后果。在新自动化任务扩张过程中，资本的供给还有一个间接效应。因为机器与劳动力是互补关系，在就业水平不变的条件下，资本品的增加会增加实际工资并消减租金。要素价格的变化使生产效率更高，对工资的影响是正面的。在有限的时间内，如果资本积累建立在固定租金不变的水平上，则效率效应将超过替代效应。

（3）自动化的深化

自动化的深化（Deepening of Automation），也就是现存自动化技术的改进和生产效率的提高。当任务低于 I 时，实现自动化任务的机器效率的增加与函数是一致的。由于资本积累，自动化的深化对劳动力在国民收入中所占的份额没有影响，工资与劳动生产率同步增加。假定在所有自动化任务中 $\gamma_M(x) = \gamma_M$，考虑到当 $\gamma_M > 0$ 时，自动化机器效率增加，自动化在规模上没有变化。所以在均衡工资和生产率的状态下，机器生产效率的含义可以写成

$$\mathrm{d}\ln W = \mathrm{d}\ln Y/L = (I - N + 1)\mathrm{d}\ln \gamma_M > 0 \tag{6.5}$$

所以，自动化的深化会增加对劳动力的需求和提高工资水平，进一步抵消替代效应。

（4）新任务的创造与劳动力的比较优势。

比抵消效应更有力的是新工作的创造，劳动者在这些领域有比较优势。这些任务包括新的、复杂的感知性任务和创造性工作。根据我们的理论框架，它们与 N 的增长相对应。创造的新工作的增加提高了生产效率。

$$\frac{\mathrm{d}\ln Y/L}{\mathrm{d}N} = \ln\left(\frac{R}{\gamma_M(N-1)}\right) - \ln\left(\frac{W}{\gamma_L(N)}\right) > 0 \tag{6.6}$$

新工作的创造产生了抵消替代效应的强化效应（reinstatement effect），增加了对劳动力的需求和均衡工资。

$$\frac{\mathrm{d}\ln W}{\mathrm{d}N} = \underbrace{\ln\left(\frac{R}{\gamma_M(N-1)}\right)}_{\text{Productivity effect>0}} - \underbrace{\ln\left(\frac{W}{\gamma_L(N)}\right) + \frac{1}{N-I}}_{\text{Reinstatement effect>0}} \tag{6.7}$$

外延上的自动化（AI）确实创造了替代效应（displacement effect），消减了对劳动力的需求，但如果被效率效应（productivity effect）抵消，则会增加对劳动力的需求。

$$\frac{\mathrm{d}\ln W}{\mathrm{d}I} = \underbrace{\frac{\mathrm{d}\ln(N-1)}{\mathrm{d}I}}_{\text{Displacement effect<0}} + \underbrace{\frac{\mathrm{d}\ln(Y/L)}{\mathrm{d}I}}_{\text{Productivity effect>0}} \tag{6.8}$$

如果没有效率效应，自动化将直接代替原来由劳动力从事的任务。如果效率效应是有限的，自动化将消减对劳动力的需求和均衡工资。

二、人工智能产业链与就业链协同生成机理

作为通用技术，在人工智能科技产业的发展过程中，人类社会形成了

两个主要产业部门：核心产业部门和融合产业部门。核心产业部门是指包括人工智能技术产业化过程中创造的新兴产业部门。核心产业部门产出"数据和计算"。而融合产业部门则是人工智能与实体经济融合发展过程中创造的产业部门，例如，智能制造、智能交通、新零售、新媒体等。融合产业部门把"数据和计算"作为投入品，产出的是我们日常生活中所需要的智能化产品。所以，人工智能对就业的创造效应可分为智能产业化和产业智能化两个层面。

1. 智能产业化的就业创造效应

近十年来，以人工智能为代表的新技术正在重塑新一轮社会经济格局。新一代人工智能技术打开了新的产品市场和服务市场，进一步提升了生产效率和服务效率，能够创造出巨大的就业空间。新部门中的新就业岗位属于人工智能核心产业的直接就业效应。与人工智能产业化相关的就业需求主要包括两个部分：一是人工智能核心技术所衍生的新产业部门对劳动力的需求；二是建设与人工智能技术发展相配套的基础设施对劳动力的需求。

（1）发展人工智能核心产业对就业的需求。

人工智能改变产业结构的主要路径就是通过新技术创造新产品，带动市场新消费，从而直接创造一批新兴产业，拓展就业空间。根据人工智能的技术原理，AI 由三个要素构成：芯片、算法和数据。由于市场对芯片及其相关硬件的需求量巨大，芯片研发人员以及生产相关产品的工作岗位的就业需求将大幅增加。而要促进人工智能由专用性向通用性转型升级，需要算法方面的开拓性人才。获取、传输数据的关键部件在于传感器和移动设备，所以提高传感器和移动设备的质量也需要相关人才的支撑。

由于人工智能增加了数据收集和分析的工作任务，因此社会对数据科学家的需求将日益多。由于机器学习工程师与数据科学家的工作具有较强的关联性，所以数据科学家需求量的增长也会引起对机器学习工程师的需求的增加。与此同时，随着对数据保护的需求的增强，相关产业产生了对于数据库保护专家的需求。

目前，我国在控制系统、伺服电机和减速器研发和制造方面的人才比较紧缺。从智能机器人在生产中的使用看，目前国内缺乏既懂得机器人研制，又熟悉企业所在行业工艺特点的复合型人才。使用和维护智能机器人的人才也比较紧缺。为了促进和推动智能机器人的应用，市场上又派生出专业技能培训、智能机器人租赁、机器人解决方案、机器人融资等新的就业机会。

每一种智能化产品的实现，不仅要依靠芯片、传感器、物联网等相关技术的发展，而且也要依靠新材料、新能源。因此，人工智能技术发展及应用会引领创造出一批新的产品，带动一系列相关产业的发展，也会带动相关就业增长。智能产业生态的形成会带来新的服务型岗位和高端工作岗位，进而成为新的增长领域。从人工智能视角看，未来社会不仅需要更多的大数据、人工智能领域的高技能型人才，也需要更多科学、技术、工程和数学（STEM）基础理论领域的相关人才。人工智能产业创造了人工智能科学家、架构师、算法工程师、NLP 工程师、人工智能咨询专家等职业。大数据产业创造了数据科学家、业务专家、大数据架构师、大数据项目经理、大数据运营型专家、可视化专家等关键岗位。云计算产业需要计算咨询专家、云迁移专家、云运营服务专家。物联网的关键岗位需要 IoT 架构师、嵌入式工程师、工业交互工程师、IoT 方案项目经理等高端人才。机器人行业增长直接催生了机器人工程师、机器人技师、机控机械操作员、机械工程技师和机器设置员、操作员、保养员等职位。又如网络安全需要新的方法来检测欺诈交易和消息，这就需要网络安全工程师。

（2）与人工智能发展相配套的基础设施投资的就业乘数效应。

人工智能新基建是以算力、数据、算法等资源为基础支撑，以智算中心、公共数据集、开源框架、开放平台等为主要载体，赋能制造、医疗、交通、能源、金融等行业的基础设施体系，具有"新基建"的公共基础性和"人工智能"的技术赋能性。与 AI 的发展相配套的基础设施是 AI 发挥作用的基础，是不可或缺的因素，该方面的就业需求量较大。如无人驾驶汽车，要保证其安全性，不仅要提高其技术水平，还要修建不同于有人驾驶汽车的道路，这必然会对现有公路设施提出新的要求，对城市规划者和设计师的要求更高。人工智能新基建是为人工智能发展做好"硬性"保障，加快信息化基础设施建设，并对传统物理设施进行智能化升级。① 与人工智能的发展相关的工程基础设施，包括数据的采集、开发、利用方面的基础设施。人工智能作用的发挥离不开大数据，而移动设备、物联网、传感器和定位系统的覆盖面是数据采集和开发利用的基础设施，只有铺设

---

① 赛迪智库. 人工智能"新基建"发展白皮书［R］.（2020-07-21）［2022-11-18］. http://www.cbdio.com/BigData/2020-07/21/content_6158571.htm.

好这些基础设施才能获得高质量的大数据。2020年3月中共中央强调，要加快"新基建"进度，以信息科技为支撑推动经济社会的数字化转型。"新基建"主要涉及人工智能、大数据中心、5G基站、工业互联网等7个方面。与传统基础设施建设相比，新型基础设施建设具有更强的增长空间和更大的辐射带动效应。除了可以发挥投资带动效应，"新基建"具有更大的"乘数效应"，能激活大量的创新业态，创造更大的就业机会。有关统计数据显示，人工智能、工业互联网、5G等新一代信息技术对相关产业拉动的投资乘数效应高达6倍①。

2. 产业智能化的就业创造效应

产业人工智能化是指人工智能技术与其他传统产业应用相结合，在传统产业的基础上打造的新一代人工智能产业。产业智能化能推动传统产业升级改造，提升劳动生产率，提高产品质量，衍生新业态和新就业形态。在传统行业智能化的改造过程中，相关产业不仅需要大量的数据科学家、算法工程师等高端技术岗位，而且需要大量的一般数据处理人员。一般数据处理人员仍需要承担大量的人工操作任务，如数据标注、数据整合等。人工智能技术与其他行业的深度融合，模糊了产业边界，创造大量就业机会。一旦一项核心技术有所突破，其就会迅速被产业化，就会形成新的产业链，吸引大量外部人员就业创业。Acemoglu和Restrepo（2018）在题目为《人工智能，自动化与工作》的NBER工作报告中指出：自动化创造新工作是内生变量，至少有两个原因：一是，快速的自动化可以对引进新的劳动密集型企业产生内生激励。二是，一些自动化技术平台，尤其是AI，可以创造出一些新的工作任务。AI作为生产流程的一部分可以创造新类型工作。这些工作包括培训师（训练AI系统）、解说员（同客户交流并介绍AI系统的产品）、维护师（监测AI系统的运行，包括遵守常规的道德标准）。AI应用于教育、医疗和设计领域可以创造新的就业机会。比如教育，AI在教育领域应用使教育系统变得大众化，在这个过程中为监督、设计和实施私人教育计划的教育职业者创造了更多新职位。② 人工智能产业就业创造效应的形成机理见图6-1。

---

① 新基建究竟新在何处？应该从何处发力？ ［EB/OL］.（2020-06-08）［2022-11-18］. http://ai.people.com.cn/n1/2020/0608/c422228-31738372.html.

② DARON CEMOGLU，PASCUAL RESTREPO. Artificial Intelligence，Automation and Work［R/OL］.（2018-01-15）［2020-03-11］. http://www.nber.org/papers/w24196.

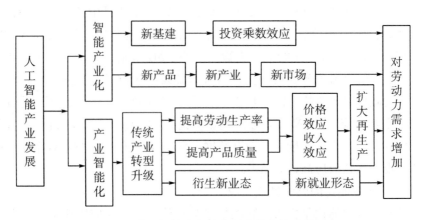

图 6-1　人工智能产业就业创造效应的形成机理

第二节　相关研究机构对人工智能就业创造效应的预测

1. 世界经济论坛

根据世界经济论坛发布的《2018 未来就业报告》，未来 5 年，尽管 7 500 万份工作将被机器取代，但 1.33 亿份新工作将同步产生，这意味着，净增的新工作岗位多达 5 800 万份。[①] 许多岗位实现自动化后变得多余，将会大规模消失。同时，新技术的应用和社会经济的发展，将促进新产品和服务的大规模增长，带来新工作机会。这些新岗位更适应新的劳动分工。到 2022 年，企业对数据分析师和科学家、软件和应用程序开发人员、电商和社交媒体专家的需求会与日俱增，这些岗位在很大程度上伴随新技术的使用而出现，并利用新技术来提高价值。自动化后还有望增加的岗位是掌握特殊"人类"技能的岗位，如客户服务、销售和营销专业人员，以及培训与发展领域、人类和文化领域的专家。此外，企业越来越需要大量新技术专业人员，如人工智能和机器学习专家、大数据专家、用户体验师和人机交互设计师、机器人工程师和区块链专家。2018 年与 2022 年传统、稳定和新兴就业岗位比例的变化见图 6-2。

---

① 世界经济论坛. 2018 未来就业报告 [R/OL]. (2018-09-17) [2019-06-20]. https://www3.weforum.org/docs/WEF_Future_of_Jobs_2018.pdf.

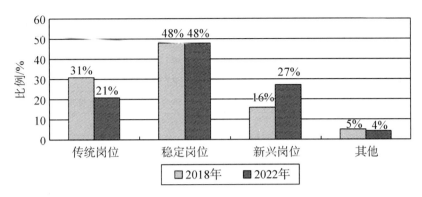

图 6-2　2018 年与 2022 年传统、稳定和新兴就业岗位比例的变化

资料来源：世界经济论坛. 2018 未来就业报告［R/OL］.（2018 - 09 - 17）［2019 - 06 - 20］. https://www3.weforum.org/docs/WEF_Future_of_Jobs_2018.pdf.

　　根据世界经济论坛《2020 未来就业报告》的预测，未来中国增长最快的职业包括数据分析师和科学家、人工智能和机器学习专家、大数据专家、信息安全分析师、数据营销和战略专家等（见表 6-1）。未来新增长的职业都与人工智能有关。

表 6-1　未来增长的职业和衰退的职业（世界）

	增长的职业		衰退的职业
1	数据分析师和科学家	1	数据输入人员
2	人工智能和机器学习专家	2	管理和行政秘书
3	大数据专家	3	计算、图书管理和收银员
4	数据营销和战略专家	4	会计和审计
5	流程自动化专家	5	生产线和车间工人
6	商业开拓人员	6	商业服务和事务性管理人员
7	数据转换专家	7	信息咨询和客服人员
8	信息安全分析师	8	总经理和运营经理
9	软件及应用开发人员	9	机器和机械维修人员
10	互联网事务专家	10	物品记录和股票交易员
11	工程管理人员	11	金融分析师
12	市场服务和管理人员	12	邮政服务人员
13	大数据和网络专家	13	销售代理
14	机器人工程师	14	客户关系管理

表6-1(续)

	增长的职业		衰退的职业
15	战略咨询师	15	银行顾问和相关工作人员
16	管理和组织分析师	16	上门促销人员
17	FinTec 工程师	17	电子通信安装和维修师
18	机械和机器维修师	18	人力资源专家
19	组织开发专家	19	培训和开发专家
20	风险管理专家	20	建筑劳动者

资料来源：世界经济论坛. 未来就业报告 2020 ［R/OL］. (2020 - 10 - 20)［2021 - 09 - 26］. https://www3.weforum.org/docs/WEF_Future_of_Jobs_2020.pdf.

2. 普华永道

在 2018 年夏季达沃斯经济论坛上，普华永道发布了《人工智能和相关技术对中国就业的净影响》。该报告预计人工智能及相关技术将推动中国经济增长，创造数百万个新的就业岗位，足以抵消现有就业岗位被取代的影响。报告认为，中国现有就业岗位被自动化技术取代的比率达到26%，但是新技术为中国创造新的就业提升达到38%。两项相减，就业净增加12%，相当于未来20年内增加约9 000 万个就业岗位。从行业来看，我国大部分新增岗位出现在服务业，预计净增加率为29%，新增岗位约9 700 万。建筑业工作岗位净增幅为23%，约1 400 万个净增岗位。人工智能应用对工业行业就业的影响比较小，工作岗位净增仅3%，新增就业人数仅400 万人。由于农业领域土地等生产要素供给缺乏弹性，人工智能应用对此行业就业人数净影响为负值（见表6-2）。

表 6-2　按行业预计由人工智能及相关技术取代/新增加的中国岗位（2017—2037）

行业	取代岗位		新增岗位		净影响	
	百分比/%	百万个	百分比/%	百万个	百分比/%	百万个
服务业	-21	-72	50	169	29	97
建筑业	-25	-15	48	29	23	14
工业	-36	-59	39	63	3	4
农业	-27	-57	16	35	-10	-22
总计	-26	-204	38	297	12	93

资料来源：普华永道. 人工智能和相关技术对中国就业的净影响 ［R/OL］. (2018 - 12 - 15)［2020 - 05 - 25］. https://www.sohu.com/a/317045514_524624.

3. 世界银行

2018 年 6 月，世界银行发布的《2019 年世界发展报告：工作性质的变革》报告指出，人工智能与自动化时代不会导致就业危机。[①] 近期来自欧洲国家的证据显示，尽管技术可能取代在某些岗位上就业的工人，但是从总体上来看，技术扩大了对劳动力的需求。虽然机器人正在取代工人，但是其同时在欧洲创造了 2 300 多万个工作岗位，或者说技术变革创造了同期新增就业量中几乎一半的工作岗位。作为一家在中国居于领先地位的金融科技平台，京东金融并没有聘用传统的信贷员，恰恰相反，京东金融创建了 3 000 多个与风险管理或者数据分析相关的工作岗位，用以完善数字化借贷的算法。技术进步会直接在技术部门中创造工作岗位。人们越来越多地使用智能手机、平板电脑和其他便携式电子设备开展工作、经营自己的财务资金、保障家庭安全、为家庭提供暖气并享受生活的乐趣。个人创建了实现这些新增需求的在线界面。消费者的兴趣瞬息万变，人们在移动应用程序开发和虚拟现实设计领域追求职业发展的机会增加了。技术也通过在线工作或者参与所谓的零工经济创造新的工作岗位。

4. 国际机器人联合会

根据国际机器人联合会（IFR）的研究，制造类机器人直接或间接地增加了人类就业岗位的总数。到 2020 年，机器人产业在全球范围内直接或间接创造的岗位总数将从 190 万个增长到 350 万个，每部署一个机器人，将创造出 3.6 个岗位。根据相关研究，20 年后将会出现一大批前所未见的新职业、新岗位，其比重将占所有岗位的 70%。

第三节　人工智能产业派生的新职业解析

一、智能产业化创造的新职业

莫滕森和皮萨里德斯（1994）界定了岗位毁灭和岗位创造的概念。岗位毁灭是指一个工作岗位被分离并退出市场。岗位创造不是开放一个新的

---

① WORLD BANK. World Development Report 2019: The Changing Nature of Work ［R/OL］. (2018-06-10) ［2018-07-28］. https://openknowledge.worldbank.org/handle/10986/30435.

空缺岗位，而是创造一个新的就业岗位。[①] 世界银行的 2019 年世界发展报告根据自动化的难易程度排序把就业岗位分为三类：传统领域失去的就业岗位、传统领域保留的就业岗位、新部门中的新生就业岗位（见图 6-3）。

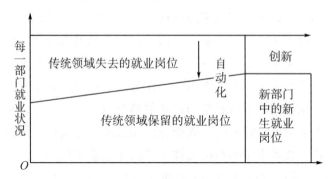

图 6-3　三类就业岗位（根据自动化的难易程度排序）

资料来源：世界银行集团. 2019 年世界发展报告：工作性质的变革（中文版）[R/OL]. (2019-04-18) [2019-06-10]. https://www.worldbank.org/content/dam/wdr/2019/WDR-2019-CHINESE.pdf.

本书第五章探讨的传统领域失去的就业岗位即毁灭效应，第六章探讨的新部门中的新生就业岗位即创造效应，第八章将分析传统领域保留的就业岗位的人机协同效应。

（一）人工智能产业链创造的就业岗位

1. 大数据的关键岗位

人类历史的不同阶段都有自己需要的"原材料"。在早期农业时代，土地就是万能原材料。人类发展到工业时代，钢铁就是不可缺少的原材料。而如今我们踏入信息时代，"数据"就变成了我们的原材料。随着人们对大数据提取知识的兴趣的增加，相关行业对具有这项技能的人才需求快速增长。数据创新能驱动创建新的业务和商业模式，为整个经济创造更多的就业机会。莱维和默恩（Levy & Murnane，2013）认为"使用新信息"，包括了解新数据，是预计未来对劳动力需求将工作的类型之一。数据专家技能是数据创新驱动的关键因素。证据表明，劳动力市场对数据专家技能的需求已经超过劳动力市场的供给。

大数据的关键岗位包括：

（1）数据科学家：懂得数据应用，理解数据逻辑，能搭建数据应用模型。

① MORTENSEN D T, PISSARIDES C A. Job Creation and Job Destruction in the Theory of Unemployment [J]. Review of Economics Studies, 2015 (61)：397-415.

（2）业务专家：懂得大数据应用逻辑，理解业务背后的实践知识，能帮助构建大数据业务应用模型。

（3）大数据架构师：基于客户需求搭建合适的大数据架构模型。

（4）大数据项目经理：负责具体行业应用咨询方案的设计，解决具体项目问题。

（5）大数据运营型专家：实现大数据运营服务的人才。

（6）可视化专家：解决大数据应用可视化问题的专家人才。

（7）信息安全工程师：解决以数据为中心的网络安全问题。

（8）隐私专家：提高隐私保护措施。

（9）首席数据供应链官：负责数据安全、监管和治理。

2. 云计算的关键岗位

（1）云计算咨询专家：为行业客户提供业务上云的咨询的专家。

（2）云迁移专家：协助数据、业务应用向云端迁移的专家。

（3）云运营服务专家：提供基于云平台的运营服务的专家。

3. 物联网的关键岗位

（1）IoT 架构师：物联网平台架构设计及端到端解决方案设计。

（2）嵌入式工程师：物联网应用方案开发，物联网平台接入，应用协议移植与开发等。

（3）工业交互工程师：提供工业交互、工业设计开发。

（4）IoT 方案项目经理：负责具体行业应用咨询方案的设计，解决具体项目问题。

4. 人工智能的关键岗位

人工智能的关键岗位包括：

（1）人工智能科学家：负责核心技术应用突破。

（2）架构师：负责人工智能行业应用搭建，售前方案技术支持。

（3）算法工程师：机器视觉系统、图像处理开发及算法优化和性能优化等工作。

（4）NLP 工程师：机器学习/深度学习/NLP 技术完成并优化文本分类，平台语料获取，包括互联网/日志等，并进行相应分析分类/聚类。

（5）人工智能咨询专家：拓展图像识别、语音处理、视频处理、数据智能、增强现实、智能客服等技术的对外合作，探索前沿技术与现有业务领域的融合，并能形成初步发展方向。

5. 智能机器人行业催生的新职业

尽管机器人的广泛使用会导致普通工种的工作减少，但同时也会创造出新的高度专业化的工作需求。工业机器人作为技术集成度高、应用环境复杂、操作维护较为专业的高端装备，有更多层次的人才需求。

下面是机器人行业未来每个分类就业的描述：①

智能机器人软件类岗位包括：

（1）机器人软件开发。

（2）机器人活动设计师。

（3）音频工程师。

（4）图形用户界面开发工程师。

（5）应用设计师。

智能机器人硬件类岗位包括：

（1）机械工程师。

（2）机器人维修师。

（3）电子工程师。

（4）固件工程师。

管理层岗位：

（1）首席人工智能官（CAIO）。

AI 技术的未来与企业为业务实践制定的战略息息相关，因此企业需要CAIO 在企业各部门间进行协调并授权实施。

（2）首席信息官（CIO）。

（3）首席技术官（CTO）。

（二）人工智能核心产业创造的就业岗位概览

人工智能展现出了巨大的潜力，成为当前经济发展的新引擎。国家也在大力实施人工智能战略，扶持人工智能产业。一个产业的发展离不开人才的供给。国务院在《新一代人工智能发展规划》总体部署中把加强人才队伍建设作为人工智能科技创新体系的四大支撑之一。2019 年 8 月，工业和信息化部人才交流中心发布了《人工智能产业人才岗位能力标准》，旨在提出符合当前人工智能发展需要的产业人才岗位能力标准，建立人才培养的市场规范，推动产业与教育的深度融合发展。该标准把人工智能人才

---

① 安德里亚·福尼. 机器人新时代：机器人社会的工作、生活和投资 [M]. 潘苏悦，译. 北京：机械工业出版社，2016：41-42.

细分为 57 个岗位类别，并根据企业需求制定了具体的岗位能力标准。借鉴发达国家职业分类标准，结合我国人工智能核心产业链构成情况，参照我国工业和信息化部人才交流中心标准，我国人工智能核心就业岗位大类包括机器学习、深度学习、计算机视角、自然语言处理等 11 个领域（见表 6-3）。

表 6-3　人工智能产业核心岗位

细分领域	关键岗位
知识图谱	知识图谱研发工程师；知识图谱工程师（问答系统方向）；知识图谱工程师（搜索/推荐方向）；知识图谱工程师（NLP 方向）；知识图谱数据标注工程师
智能机器人	机器人算法工程师；嵌入式系统开发工程师；智能应用开发工程师；机器人调试工程师；机器人维护工程师
智能语言	语音识别算法工程师；语音合成算法工程师；语音信号处理算法工程师；语音前端处理工程师；语音开发工程师；语音数据处理工程师
计算机视角	算法研发工程师；架构师；对话系统工程师；开发工程师；实施工程师；测试工程师；建模应用工程师；数据标注工程师
自然语言处理	算法研发工程师；平台研发工程师；架构师；开发工程师；实施工程师；测试工程师；建模应用工程师；数据处理工程师
机器学习	算法研发工程师；系统工程师；平台研发工程师；架构师；开发工程师；实施工程师；测试工程师；建模应用工程师；技术支持工程师
深度学习	算法研发工程师；系统工程师；平台研发工程师；建模应用工程师；技术支持工程师
物联网	物流网架构师；物联网算法工程师；智能终端开发工程师；IoT 平台软件应用开发工程师；物联网实施工程师；物联网运维工程师；工业交互工程师
智能芯片	架构设计工程师；逻辑设计工程师；物理设计工程师；软件系统开发工程师；芯片验证工程师
大数据	数据科学家；大数据架构师；大数据项目经理；大数据运营型专家；信息安全工程师；隐私专家
云计算	云计算咨询专家；云迁移专家；云运营服务专家

资料来源：工业和信息化部人才交流中心，《人工智能产业人才岗位能力标准》。

根据对人才需求的不同，我们可将人工智能企业岗位分为高端技术岗、算法研究岗、应用开发岗、实际技能岗等。其中，算法研究岗的主要任务是将人工智能前沿理论与实际算法模型的开发相结合，对人工智能算法技术进行创新和突破。应用开发岗的主要任务是将人工智能算法及各项技术与行业需求相结合，实现相关应用工程化落地。实用技术岗是指能够结合特定使用场景，保障人工智能相关应用快速、高效和稳定运行的岗位。

根据世界经济论坛《未来就业报告2020》对中国的预测，未来中国增长最快的职业包括数据分析师和科学家、人工智能和机器学习专家、大数据专家、信息安全分析师、数据营销和战略专家等（见表6-4）。未来新增长的职业都与人工智能有关。

表6-4　未来增长的职业和衰退的职业 TOP10（中国）

	增长的职业		衰退的职业
1	数据分析师和科学家	1	数据输入人员
2	人工智能和机器学习专家	2	计算、图书管理和收银员
3	大数据专家	3	管理和行政秘书
4	信息安全分析师	4	商业服务和事务性管理人员
5	数据转换专家	5	生产线和车间工人
6	互联网事务专家	6	会计和审计
7	数据营销和战略专家	7	总经理和运营经理
8	供应链管理专家	8	信息咨询和客服人员
9	FinTec 工程师	9	人力资源管理专员
10	生产线和车间工人	10	金融和投资顾问

资料来源：世界经济论坛. 未来就业报告 2020［R/OL］.（2020－10－20）［2021－09－26］. https://www3.weforum.org/docs/WEF_Future_of_Jobs_2020.pdf.

二、产业智能化创造的就业岗位

（一）智能制造派生新职业

智能制造将促进制造产业形态由生产型向服务型转变，产生大量的服务岗位。从产业链各环节看，随着"微笑曲线"两端的附加值进一步提高，"微笑曲线"制造组装环节的附加值将进一步受到挤压。智能制造主要在"微笑曲线"下端的生产制造环节发挥就业替代效应，而在"微笑曲线"两边上端的研发、设计、品牌、售后服务等环节产生就业创造效应。这些新增的专业性就业岗位，包括智能制造工程技术人员、工业互联网工程技术人员、工业机器人系统操作员、工业机器人系统运维员等。这些新增的就业岗位专业性和技术性极强。

（二）智慧零售与就业创造

以新零售为代表的中国零售业正在蓬勃发展，新业态和就业形态层出不穷。中国人民大学劳动人事学院课题组利用投入产出法等对大淘宝的就业带动进行测算。结果显示：2017年大淘宝总体为我国创造3 681万个就业岗位，其中包括交易型就业岗位1 405万个、带动型就业岗位2 276万个，带动型就业机会中支撑型就业岗位543万个，衍生型就业岗位1 733万个。在大淘宝的26个经营类目中，服装鞋帽针纺织品类就业岗位354万个、日用品类就业岗位229万个、家用电器和音像器材类就业岗位113万个。国内依托各类电子商务平台创造了大量的灵活就业，成为传统就业的重要补充，成为农民返乡创业就业的第三就业空间。

2018年8月29日阿里研究院发布《人工智能在电子商务行业中的应用和对就业影响研究报告》。报告发现，人工智能技术对就业的正向促进超过了负向冲击，在少数使用人工智能的商家中，绝大部分被替代人员获得了调岗或转岗的机会。数据显示，在使用客服机器人后，客服人员规模不变或增加的商家超过80%。根据阿里测算，阿里平台客服服务岗位有100万个，最终被智能化客服工具替代的人员只占6.9%，约5.2万个。阿里店面设计人员约40万人，智能店面设计工具使用后被替代的人员只占5.8%，约2.3万个。生意参谋等智能化工具使用后，数据分析人员规模保持不变或增加的达九成以上。因此，在商家业务量不断增长的情况下，智能化工具对180万个岗位产生影响，其中，有170万个岗位从智能工具使用中使效益得到提升，有9.6万个岗位存在替代可能。①

（三）智慧金融与就业创造

金融行业作为一个传统的、对数据有较大依赖的行业，目前传统金融业务正与人工智能技术相融合。金融科技是指通过金融与科技相互融合，创造新的业务模式、新的工作流程和新的产品。金融科技不断对传统银行、证券、基金、保险等行业赋能，推动了对金融科技行业ABC（人工智

---

① 阿里研究院. 人工智能在电子商务行业中的应用和对就业影响研究报告 [R/OL]. (2018-08-29) [2018-09-26]. http://www.doc88.com/p-4827809000178.html.

能、大数据和云计算的缩写）岗位和专业人才的需求。BOSS 直聘人才发展指数（Talent Development Index）反映了人才的就业现状，指数越高，表明人才就业水平越高，反之则说明就业市场相对低迷。人才发展指数（TDI）＝（招聘岗位数量/求职者数量）×薪酬系数。其中，薪酬系数＝（招聘薪资－算数平均值）/标准差。2016 年第四季度人工智能人才发展指数（TDI）为 23，2018 年第二季度上升到 49，增长率为 113%（见图 6-4）。

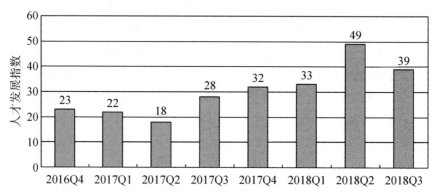

图 6-4　金融行业人工智能人才发展指数

资料来源：BOSS 直聘 TDI 指数（2016—2018）。

（四）智慧医疗派生的新职业

随着人口老龄化进程的加快、居民收入水平的提高和人民对美好生活的向往，人们对健康提出了更高要求，健康照护师的出现将为众多消费群体提供更加优质的服务。老年人、残疾人等功能障碍者需要康复医疗师提供无障碍的咨询、指导等专业服务。随着我国三胎生育政策的放开，新生儿的健康问题越来越重要，出生缺陷防控咨询师的培养势在必行。很多呼吸系统病患者在治疗过程中会出现呼吸困难甚至危及生命的情况，亟须专职呼吸治疗师的护理。

（五）人工智能应用平台衍生的新职业

当前，灵活就业者的主要特征是依托互联网平台独立工作。与传统个体经济相比，平台就业有更大的技术优势、市场优势和管理优势。在技术方面，借助互联网平台，他们不需要投入研发资本，就可以低门槛地享受数字技术红利；在市场方面，他们面对的是无限广阔的线上市场；在管理方面，他们借助互联网平台的赋能，实现管理运营"外包"。2020—2023年，大量劳动力资源通过"员工共享"方式转入生鲜配送、拣货等工作，实现多点就业。这种共享员工的新型员工方式，在一定程度上促进了企业降本增效、降低用工风险。另外，以微商、微博、微视频、微应用为代表的微经济，能让人们通过社交、自媒体等分享知识、兼职创业。所以，数字经济平台创造新就业，是最"就业友好型"的经济形态。

在新型冠状病毒感染疫情使得线下活动受限的情况下，直播短视频、知识分享等领域线上发展强劲增长，这些领域的用工需求也随之大幅提升。数据显示，在抖音平台上，2019 年 8 月至 2020 年 8 月，共有 2 097 万人通过从事电商、直播、创作等工作获得收入[1]。在生活服务领域，仅 2020 年上半年，通过美团平台获得收入的骑手人数就高达 295.2 万人，同比增长 16.4%[2]。

2021 年 2 月国家信息中心正式发布《中国共享经济发展报告（2021）》，数据显示，2020 年共享经济市场交易约为 33 773 亿元，同比增长约 2.9%。共享经济参与者约为 8.3 亿人，其中服务提供者约为 8 400 万人，同比增长约 7.7%；平台企业员工数约 631 万人，同比增长约 1.3%。在突发新型冠状病毒感染疫情的冲击下，以共享经济为代表的新业态表现出强大韧性和巨大发展潜力（见图 6-5）。[3]

图 6-5　我国共享经济参与人数

资料来源：根据国家信息中心分享经济研究中心《中国共享经济发展报告》数据整理。

注：不同年份报告中有关同一年份数据有差异时就用后期报告修正后的数据。

①　中国人民大学国家发展与战略研究院课题组. 抖音平台促进就业研究报告［R/OL］.（2020-09-09）［2021-05-20］. http://nads.ruc.edu.cn/docs/2020-09/e45e512c133f40aca56c0cf3d4573b9U.pdf.

②　美团研究院. 2020 年上半年骑手就业报告［R/OL］.（2020-07-20）［2022-11-30］. https://mp.weixin.qq.com/s/cMEfsTfLfvSxF88dLN8LIw.

③　国家信息中心. 中国共享经济发展报告（2021）［R/OL］.（2021-02-19）［2022-11-30］. http://www.sic.gov.cn/News/557/10779.htm.

三、近年来人力资源和社会保障部公布的新职业

随着社会经济的发展，新兴技术的应用，以及人们对高质量工作和生活方式的需求增加，新产业、新业态、新模式以及新就业形态不断涌现。为适应经济社会发展需要，及时反映职业变迁，我国建立了新职业发布制度。《中华人民共和国职业分类大典（2015 年版）》颁布以来发布了四批共 56 个新职业（见表 6-5）。

表 6-5　2019—2021 年我国发布的新职业目录

批次	时间	发布机构	数量/个	职业目录
第一批	2019.4.1	人力资源和社会保障部；市场监管总局；国家统计局	13	物联网工程技术人员、物联网安装调试员、人工智能工程技术人员、大数据工程技术人员、数字化管理师、云计算工程技术人员、工业机器人系统操作员、工业机器人系统运维员、建筑信息模型技术员、电子竞技运营师、电子竞技员、无人机驾驶员、农业经理人
第二批	2020.2.25	人力资源和社会保障部；市场监管总局；国家统计局	16	智能制造工程技术人员、人工智能训练师、工业互联网工程技术人员、虚拟现实工程技术人员、连锁经营管理师、供应链管理师、网约配送员、电气电子产品环保检测员、无人机装调检修工、铁路综合维修工和装配式建筑施工员、全媒体运营师、健康照护师、呼吸治疗师、出生缺陷防控咨询师、康复辅助技术咨询师
第三批	2020.7.6	人力资源和社会保障部；市场监管局；国家统计局	9	区块链工程技术人员、区块链应用操作员、增材制造设备操作员、互联网营销师、信息安全测试员、在线学习服务师、城市管理网格员、社群健康助理员、老年人能力评估师
第四批	2021.3.18	人力资源和社会保障部；市场监管总局；国家统计局	18	集成电路工程技术人员、企业合规师、公司金融顾问、易货师、二手车经纪人、汽车救援员、调饮师、食品安全管理师、服务机器人应用技术员、电子数据取证分析师、职业培训师、密码技术应用员、建筑幕墙设计师、碳排放管理员、管廊运维员、酒体设计师、智能硬件装调员、工业视觉系统运维员

资料来源：人力资源和社会保障部官网。

新职业的兴起主要受以下几个方面的因素的影响：一是智能产业化催生的高端专业技术类新职业，如人工智能工程技术人员、大数据工程技术人员和云计算工程技术人员。二是产业智能化引发传统产业升级创造的新职业，如工业机器人系统操作员和系统运维员。三是现代生活性服务业发展衍生的新职业，如呼吸治疗师、健康照护师、康复辅助技术咨询师等新职业。四是绿色发展涌现出的新职业，如碳排放管理员、食品安全管理师。五是企业实现高质量发展孕育出的新职业，如企业合规师、公司金融顾问和易货师。

根据人力资源和社会保障部中国劳动和社会保障科学研究院发布的《中国就业发展报告（2019）》数据，2018年新职业就业人数排前五位的岗位为大数据（160万人）、云计算工程技术人员（130万人）、数字化管理师（100万人）、人工智能工程技术人员（90万人），如图6-6所示。

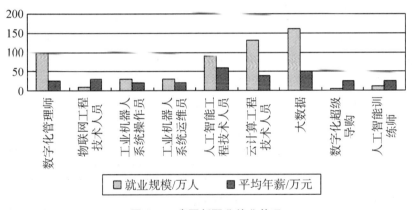

图6-6　我国新职业就业状况

资料来源．莫容．中国就业发展报告（2019）［M］．北京：社会科学文献出版社，2019：64-83．

第四节　人工智能产业人才需求的统计性描述

一、人工智能产业人才需求总量急剧增长

1. 中国人工智能人才需求强度大

2017年12月，UIPath网站正式发布的《AI工作》的分析报告显示，从全球来看，中国共有12 113个人工智能相关职位空缺，美国有7 465个

人工智能职位空缺，日本有 3 369 个人工智能相关职位空缺。除此之外，法国、德国、英国、加拿大也面临人工智能人才匮乏的困境（见图 6-7）。

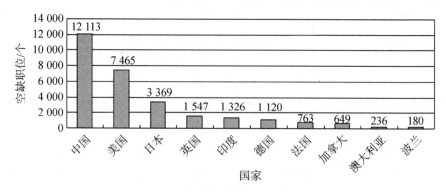

图 6-7　AI 职位空缺较多的国家

资料来源：http://www.sohu.com/a/292804255_179850.

全球人工智能相关职位空缺最多的城市排名前 15 位中，中国的城市占据了 6 席。其中苏州人工智能空缺职位高达 3 329 个，上海人工智能空缺职位 1 624 个，东京空缺职位数为 1 258 个。中山、宁波、北京和长沙紧随其后。除此之外，成都的人工智能空缺职位为 495 个，大连的人工智能空缺职位为 301 个（见图 6-8）。[①]

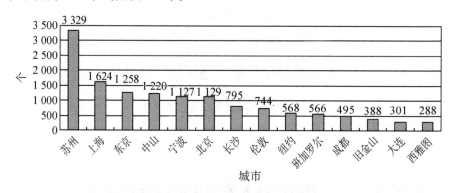

图 6-8　全球 AI 空缺职位较多的城市

资料来源：乌镇指数。

2019 年，全球最大职业社交网站 LinkedIn 发布了《全球人工智能领域人才报告》，报告显示人工智能领域的人才需求在过去 3 年间增长了 8 倍。

---

①　THU 数据派. 2019 年人工智能行业冷暖观 [EB/OL]. (2019-06-25) [2020-04-18]. http://www.cbdio.com/BigData/2019-06/25/content_6148712.htm.

而对于这一说法，来自哈佛、MIT、斯坦福等专家学者撰写的《AI指数2018年度报告》也证实了，从2015年到2018年，在就业市场上需要人工智能技能的职位空缺增加了35倍。

2. 中国最缺乏的是AI研究人员和智能专家等顶尖人才

人工智能技术门槛很高，可复制性差，可替代性差，人们掌握相关技术知识需要一个漫长的学习和培训过程，因此具备学术知识和实操经验的技术顶尖更是寥若晨星，所以必然出现高薪难求的状况。

从各个国家对人工智能相关领域人才的需求度来看，中国最缺乏的职位是AI研究人员和智能专家。

在对人工智能研究人员的需求全球占比中，中国需求占比为10.83%，以色列占比8.46%，日本需求占比6.95%（见图6-9）。

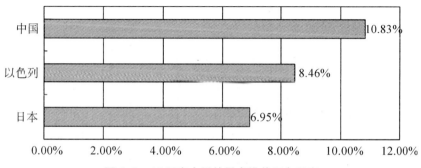

图6-9　AI研究人员的需求排前三名国家

此外，中国对智能专家的需求度也在所有国家中名列第一，占比15.46%（见图6-10）。

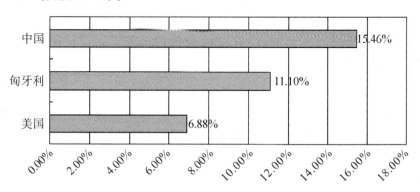

图6-10　对智能专家的需求度排前三名国家

资料来源：根据智联招聘全站大数据整理。

由此可见，中国在人工智能的研究方面尚有很大的人才需求，中国最稀缺的是经验丰富的人工智能技术高级专家资源。

二、人工智能产业人才构成

1. 职业构成

当前人工智能人才所从事的职业主要是软件工程师（占比22%）、高级软件工程师（占比19%）、互联网产品经理/主管（占比10%）、软件研发工程师（占比9%）等（见图6-11）。这些工作岗位中的一部分人已经开始从事人工智能相关的工作，另一部分虽具有人工智能技术，但尚未进入人工智能领域，属于人工智能人才后备军。

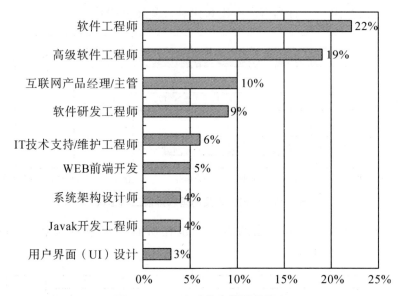

图6-11　AI人才从事的职业排名

资料来源：智联招聘全站大数据。

从人工智能各职能岗位人才供需情况看（见图6-12），实用技能岗、高端技术岗、应用开发岗和算法研究岗的人才供需比分别为0.98、0.45、0.17、0.13，这表明技术类岗位的人才缺口较大。相比之下，销售岗、产品经理岗和负责企业经营管理的管理岗的岗位人才供需比分别为7.14、4.52、3.44，人才供应较为充足。

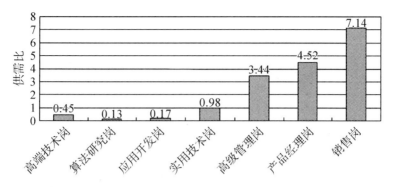

图6-12 人工智能各职位人才供需比

资料来源：清华大学，中国工程院知识智能联合研究中心. 智慧人才发展报告〔R/OL〕.（2021-02-07）〔2021-09-06〕. http://www.cbdio.com/BigData/2021-02/07/content_6162847.htm.

2. 技术构成

在人工智能职位招聘的细分技术领域中，数据分析占比为40%，数据挖掘占比为20%，图像处理占比为35%，机器学习占比为11%（见图6-13）。这更进一步说明了数据属于人工智能的基础设施和基础技能。数据分析在互联网时代已经成长为一个非常成熟的技能，作为人工智能的基础建设，从事数据分析的求职者是向人工智能领域转换门槛最低的群体，也是最容易跨界进入人工智能领域的群体。从需求端技能占比看，数据分析方面的人才供需结构较为合理。图像处理应用范围较广，生活中的美图软件、AR应用、无人机应用、地图软件中的道路识别、医疗设备及摄像头等产品和技术都属于图像处理的应用范畴。机器学习是人工智能的核心，需要大量的数据来"训练"机器，教机器通过各种算法从数据中学习如何完成任务。其应用遍及人工智能的各个领域，是使计算机具有智能的根本途径。

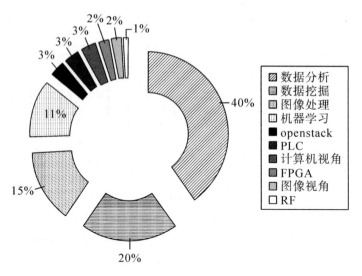

图 6-13　AI 热门技能招聘者占比

资料来源：领英. 全球 AI 领域人才报告［R/OL］.（2017-07-06）［2018-10-30］. https://www.iyiou.com/news/2017070649359.

　　根据清华大学发布的人工智能人才报告，我国人工智能各技术方向人才较短缺，智能语音人才供需比为 0.08，计算机视角供需比为 0.09，自然语言处理供需比 0.20，机器学习供需比 0.23，人工智能芯片供需比 0.37（见图 6-14）。

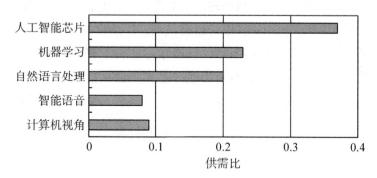

图 6-14　人工智能各技术方向岗位人才供需比

资料来源：清华大学，中国工程院知识智能联合研究中心. 智慧人才发展报告［R/OL］.（2021-02-07）［2021-09-06］. http://www.cbdio.com/BigData/2021/02/07/content_6162847.htm.

　　3. 企业构成

　　智联招聘大数据显示，人工智能的人才需求岗位主要分布在中小型企业中。其中，雇佣规模在500~999人的企业需求占比为11%，雇佣规模在20~99人的企业需求占比为29%，雇佣规模在100~499人的企业需求占比为35%（见图6-15）。由于人工智能领域多数为创业型公司（主要为中小微企业），因此中小微型企业对人才的需求量也较大。

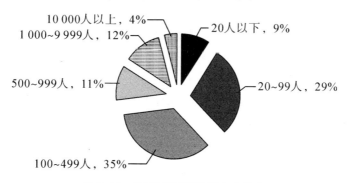

图6-15　AI需求不同规模企业分布

资料来源：智联招聘大数据。

4. 学历构成

在人工智能发展初期，存量人才十分紧缺，企业面临招聘压力，企业对人才的学历要求普遍不高，其中34%的企业招聘需求要求专科学历以上，61%的招聘需求要求本科学历以上（见图6-16）。

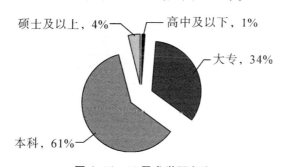

图6-16　AI需求学历占比

资料来源：智联招聘大数据。

人工智能是知识门槛、技术门槛双高的岗位，尽管高校尚未形成直接的人才供给，但通过自我成长跨界而来的人才也通常拥有较高的学历基础，这决定了他们的学习能力和知识结构。由于对人才的基础素质要求较高，这也让AI人才更难通过工作实践和自我学习来获取专业技能。AI存量人才主要是本科学历，占比为61%，硕士以上的人才占比为31%（见图6-17）。

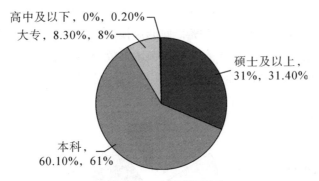

高中及以下，0%，0.20%
大专，8.30%，8%
硕士及以上，31%，31.40%
本科，60.10%，61%

图 6-17　AI 人才学历分布

资料来源：智联招聘全站大数据。

5．地区构成

由于人工智能人才相对稀缺，他们对薪资、培养平台、生活环境等都有较高的要求，目前国内人工智能岗位主要分布在人工智能产业相对发达的城市。BOSS 直聘数据显示，2018 年八成人工智能岗位集中在北京、上海、杭州、深圳和广州五大城市。北京以占比为 40.3%，上海占比为14.5%，杭州占比为 10.7%，深圳占比为 10.5%，大部分城市人工智能人才储量占比不足 0.5%（见图 6-18）。

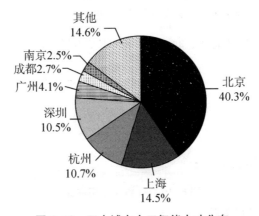

其他 14.6%
南京 2.5%
成都 2.7%
广州 4.1%
深圳 10.5%
杭州 10.7%
上海 14.5%
北京 40.3%

图 6-18　五大城市人工智能人才分布

资料来源：艾瑞咨询. 2019 年中国互联网就业洞察白皮书（企业篇）［R/OL］.（2019-02-18）［2020-05-16］. https://www.iresearch.com.cn/Detail/report？id＝3335&isfree＝0.

从从业人员的角度看，2019 年第三季度人工智能行业的从业人数较2018 年没有出现大幅度增长。增长最快的为广东省，从 2018 年的 33 147名到 2019 年第三季度的 41 852 名，增幅达 26.31%，华东 3 省市由于具备一定的产业基础，从业人员数量较为可观（见图6-19）。

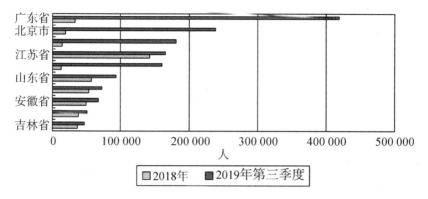

图 6-19　人工智能从业人员省域分布

资料来源：投中研究院，崇期资本. 2019 中国人工智能产业投融资白皮书 ［R/OL］. (2019-
12-13)〔2020-06-25〕. https://k.sina.com.cn/article_1424630243_54ea21e302000k743.html.

第五节　人工智能就业创造效应的实证分析

人工智能不仅仅是一种特定的、预设的应用性和功能性的技术，而且
是一个技术平台。它的有效利用重构了生产流程，提高了生产效率，为劳
动力创造了许多新的、高效率的工作方式，避免了严重的失业和工资下降
等社会性问题。

一、人工智能就业效应：投入产出分析

由美籍俄裔经济学家瓦西里·列昂节夫在 20 世纪 30 年代提出的投入
产出法，反映了国民经济体系中各产业、各部门产品的生产与分配、投入
与产出之间的技术经济联系。投入产出就业模型是从各个产业部门支付给
劳动者的报酬这一角度出发来研究国民经济各产业、各部门对劳动的消耗
和对社会就业所作的贡献程度。直接就业贡献表示某一部门万元投入付给
劳动者的报酬数，其大小反映了该产业部门直接为国民经济创造的就业机
会的多少。同时，每一个部门都是国民经济中的一环，各产业部门之间相
互联系、相互作用。间接就业贡献表示某一部门的投入间接带动其他产业
部门经济发展，从而为其他部门创造一定的就业机会。完全就业贡献包括

直接就业贡献与间接就业贡献。

1. 劳动报酬消耗系数

直接消耗系数，记为 a_{ij}，是指生产单位产品对某一产业产品的直接消耗量。

用 a_{ij} 表示第 j 产业产品对第 i 产业产品的直接消耗系数，即生产单位 j 产业产品所消耗的 i 产业产品的数量。直接消耗系数的计算公式为

$$a = X_{ij}/X_j \tag{6.9}$$

通过实物投入产出表可以计算出实物直接消耗系数，通过价值型投入产出表可以计算出价值直接消耗系数。为了计算方便，此处主要根据价值表计算劳动报酬消耗系数。劳动报酬消耗系数表明生产单位产品对劳动投入的直接消耗量。运用投入产出表中劳动投入直接消耗系数也可以揭示不同部门对劳动力的吸纳能力。

劳动报酬系数，可以间接地反映不同行业对劳动力的吸纳程度。劳动报酬系数大说明该行业是非程序性劳动密集型行业或知识密集型行业，对就业的带动作用相对较强。从表6-6和图6-20可以看出，以金属产品制造业、机械设备制造业、石油加工业为代表的资本密集型行业，多属于程序性工作，由于企业智能化改造，劳动消耗系数下降，因而其对劳动力的吸纳能力减小了。即使原来属于劳动密集型的食品、饮料制造及烟草制造业和纺织、服装及皮革产品制造业，由于其任务多属于程序性体力工作，机器人可以替代大部分劳动力，单位产出对劳动力消耗下降，因而其对劳动力的吸纳能力在减小。批发零售贸易、住宿和餐饮业多数工作属于非程序性体力工作，劳动消耗系数较大，对低端劳动力吸纳能力较强。信息传输、计算机软件和信息服务业、金融业、商务服务业多属于非程序性知识密集型工作，劳动投入系数不断上升且稳定在较高水平。

表6-6　人工智能行业劳动者报酬直接消耗系数比较

行业	2007 年	2010 年	2012 年	2015 年	2017 年	2018 年
农林牧渔业	0. 555 941 1	0. 055 63	0. 562 668	0. 593 246	0. 592 704	0. 592 704
采矿业	0. 166 655 2	0. 154 583	0. 194 755	0. 139 511	0. 183 622	0. 183 626
食品、饮料制造及烟草制造业	0. 073 958 3	0. 061 381	0. 072 967	0. 064 170	0. 082 220	0. 082 214
纺织、服装及皮革产品制造业	0. 086 461 9	0. 104 811	0. 102 398	0. 111 221	0. 110 598	0. 110 598

表6-6（续）

行业	2007 年	2010 年	2012 年	2015 年	2017 年	2018 年
炼焦、燃气及石油加工业	0.053 583 6	0.032 307	0.038 892	0.033 981	0.066 625	0.066 621
化学工业	0.060 980 2	0.068 935	0.065 942	0.060 969	0.066 625	0.066 621
非金属矿物制品业	0.096 277 7	0.077 588	0.100 378	0.073 684	0.006 494	0.006 431
金属产品制造业	0.055 475 1	0.067 46	0.063 287	0.058 573	0.084 213	0.106 490
机械设备制造业	0.068 637 9	0.077 565	0.088 724	0.086 087	0.088 365	0.084 207
电力、热力及水电生产和供应业	0.071 708 4	0.082 667	0.079 212	0.063 84	0.105 554	0.105 546
建筑业	0.118 066 3	0.148 368	0.162 047	0.144 011	0.149 536	0.149 533
信息传输、计算机服务和软件业	0.122 419 7	0.157 416	0.168 854	0.215 474	0.194 070	0.194 069
批发零售贸易、住宿和餐饮业	0.131 197 2	0.205 232	0.221 796	0.269 646	0.261 670	0.261 606
房地产业、租赁和商务服务业	0.100 022 2	0.127 643	0.123 242	0.132 054	0.192 022	0.102 022
金融业	0.179 085 8	0.206 308	0.186 803	0.197 544	0.192 022	0.192 018

资料来源：国家统计局数据库历年投入产出表计算。

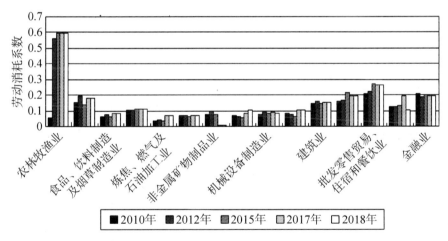

图6-20　人工智能行业劳动者报酬直接消耗系数变化比较

资料来源：根据中国历年投入产出表计算。

2. 影响力系数（后向关联系数）

影响力系数反映一个产业影响其他产业发展的程度，具体指国民经济某产业增加一单位最终产品时，对国民经济其他产业所引起的生产需求波及程度。影响力系数越大，表明该产业对其他产业的拉动作用越大。它是衡量后向关联广度和深度的指标。

感应度系数 F_j 计算公式表示为

$$F_j = \frac{\sum\limits_{j=1}^{n} \bar{b}_{ij}}{\frac{1}{n}\sum\limits_{i=1}^{n}\sum\limits_{j=1}^{n} \bar{b}_{ij}} \qquad (j = 1, 2, \cdots, n) \qquad (6.10)$$

其中，$\sum\limits_{j=1}^{n} \bar{b}_{ij}$ 为里昂惕夫逆矩阵的第 j 列之和，表示 j 部门增加一单位最终产品，对国民经济各个部门产品的完全需求量；$\frac{1}{n}\sum\limits_{i=1}^{n}\sum\limits_{j=1}^{n} \bar{b}_{ij}$ 为里昂惕夫逆矩阵的列和的平均值。

影响力系数大于 1，表明该产业对其他产业所产生的波及程度超过社会平均影响力水平；影响力系数等于 1 时，表明该产业生产对其他产业产生的波及程度等于社会平均水平；影响力系数小于 1，表明该产业对其他产业所产生的波及程度低于社会平均水平。影响力系数就越大，该产业对其他产业的拉动作用越大。影响力的系数大小因工业化发展阶段和产业结构不同又存在差异。

从表 6-7 和图 6-21 可以看出，通过 2012—2018 年投入产出表计算出影响力系数中，计算机制造业影响力系数最大，平均超过 1.33，2017 年为 1.531。这说明人工智能产业作为计算机产业的一个重要分支，其发展对其他产业波及度大，对社会总就业岗位的创造力强，从而对就业的间接效应和总效应大。

表 6-7　人工智能行业影响力系数

行业	影响力系数				
	2002 年	2007 年	2012 年	2017 年	2018 年
计算机制造业	1.39	1.368	1.333	1.432	1.531
文化、办公用机械	1.32	1.347	1.307	1.341	1.317
通信设备	1.27	1.338	1.299	1.382	1.426
电子元器件制造业	—	1.271	1.275	1.312	1.386
输配电及控制设备制造	—	1.275	1.267	1.253	1.273
家用器具制造业	1.22	—	1.281	1.287	1.215
电机	1.21	1.241	1.232	—	1.236

表6-7(续)

行业	影响力系数				
	2002 年	2007 年	2012 年	2017 年	2018 年
其他交通运输设备	1.21	1.238	1.278	1.251	1.267
家用视听设备制造业	1.31	1.299	1.301	1.388	1.392
塑料制品	1.20	1.247	1.233	—	1.214
其他电器机械和器材	1.21	1.240	1.253	1.290	1.311
汽车制造业	1.19	1.286	1.222	1.223	1.225
广播电视设备和雷达及配套设备	—	1.330	1.233	1.361	1.392

资料来源：根据国家统计局国民经济核算司历年投入产出表计算。

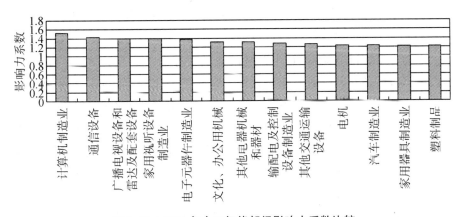

图 6-21　2018 年人工智能部门影响力系数比较

资料来源：国家统计局国民经济核算司. 2018 年投入产出表［M］. 北京：中国统计出版社，2020.

二、人工智能产业的就业创造效应：多元回归分析

（一）智能产业化的就业效应

人工智能产业作为信息传输、软件和信息技术服务业分支，既是人工智能技术开发者，又是人工智能产品的使用者。人工智能产业发展使整个信息传输、软件和信息技术服务业的就业人数增长。2013—2018 年信息传输、软件和信息技术服务业城镇单位就业人员总增长 29.7%。其中，互联网和相关服务就业人数增长率为 172.5%，软件和信息技术服务业就业人数增长率为 72.18%，只有电信、广播电视和卫星传道服务业就业人数小

幅下降（见图6-22）。

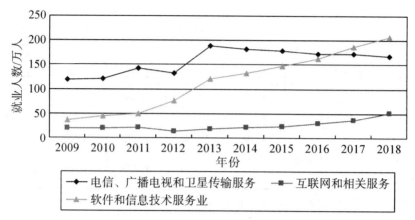

图 6-22 信息传输、计算机服务和软件业城镇单位就业人数变化

资料来源：中国劳动统计年鉴。

因为人工智能行业属于计算机产业的一个分支，所以本书以信息传输、计算机服务和软件业就业人数作为智能产业化行业就业人数的代理变量，以信息传输、计算机服务和软件业新增固定资产投资作为智能产业化规模的代理变量。然后，以信息传输、计算机服务和软件业城镇就业人数作为因变量，以该行业新增固定资产投资、增加值、FDI 实际使用额、离岸执行金额作为自变量，对智能产业化就业创造效应进行多元回归分析。

1. 变量定义及数据来源（见表6-8）

被解释变量：信息传输、计算机服务和软件业城镇单位就业人数。该数据来源于中国劳动统计年鉴和中国第三产业统计年鉴。

解释变量：

①信息传输、计算机服务和软件业新增固定资产投资。该数据来源于中国固定资产统计年鉴和中国投资统计年鉴。

②行业增加值。该数据来源于中国第三产业统计年鉴和中国统计年鉴。

③受教育程度。该数据来源于中国教育统计年鉴和中国社会统计年鉴。

④行业研发强度。该数据来源于中国科技统计年鉴。

⑤行业引进外资。该数据来源于中国对外贸易统计年鉴和中国统计年鉴。

表6-8 变量定义及说明

变量	名称	符号	单位	数据来源
被解释变量	信息传输、计算机服务和软件业城镇单位就业人数	employment	万人	中国劳动统计年鉴
解释变量	信息传输、计算机服务和软件业新增固定资产投资	Investment	亿元	中国固定资产统计年鉴
	行业增加值	value	亿元	中国第三产业统计年鉴
	受教育程度	education	年	中国教育统计年鉴
	行业研发强度	rd	%	中国科技统计年鉴
	行业引进外资	fdi	万美元	中国对外贸易统计年鉴

2. 模型构建

以信息传输、计算机服务和软件业城镇单位就业人数为被解释变量，以信息传输、计算机服务和软件业新增固定资产投资，行业增加值，受教育程度，行业研发强度，行业引进外资为解释变量，构建多元回归模型。

$$lnemployment = \beta_0 + \beta_1 lninvestment + \beta_2 lnvalue + \beta_3 education + \beta_4 rd + \beta_5 fdi + \varepsilon$$ 　　　　　　(6.11)

公式（6.11）中，employment 表示信息传输、软件和信息技术服务业城镇单位就业人数，investment 表示该行业新增固定资产投资，value 表示该行业增加值，education 表示就业者受教育程度，rd 表示该行业研发强度，fdi 表示该行业引进外资数量。

3. 回归结果（见表6-9）

表6-9 信息传输、计算机服务和软件业发展对就业的影响

自变量	因变量：lnemployment					
	model（1）	model（2）	model（3）	model（4）	Model（5）	Model（6）
Lninvestment	0.015 10 *** (0.016 37)	0.061 5 ** (0.025 61)	0.053 156 1 * (0.027 339)	0.017 345 (0.094 4)	0.019 874 4 (0.024 26)	-0.030 81 (0.036 8)
lnadvalue		0.051 *** (0.028 1)	0.040 251 8 *** (0.012 666)	0.042 *** (0.011 47)	0.010 500 9 (0.353 49)	0.076 1 (0.063 4)
lnedu			0.046 71 ** (0.091 3)	0.027 781 (0.020 9)	0.039 329 7 (0.034 59)	-0.028 51 (0.088 0)
lnrd					0.014 894 4 (0.014 6)	0.011 698 (0.019 2)

表6-9(续)

自变量	因变量：lnemployment					
	model（1）	model（2）	model（3）	model（4）	Model（5）	Model（6）
lnfdi						−0. 023 59 (0. 014 4)
N	18	18	18	18	18	18
R^2	0. 992 0	0. 999 7	0. 999 7	0. 999 8	0. 999 8	0. 999 9

注：表中括号内为标准误。*、**、***分别表示在10%、5%、1%的水平上显著。

4. 结论

从表6-9模型（1）可以看出，如果仅以信息传输、计算机服务和软件业新增固定资产投资作为解释变量，该行业就业人数作为被解释变量时，回归系数为0. 015 10，说明信息传输、计算机服务和软件业新增固定资产投资规模每增加1%，就业人数增加1. 51%，且在1%条件下显著。

模型（2）在引入行业增加值后，机器人对就业影响的回归系数为0. 061 595，机器人每增加1%，就业人数增加6. 15%，且在5%条件下显著。行业增加值对就业影响的回归系数为0. 051 643，且在1%条件下显著。

从模型（5）可以看出，研发强度对就业的回归系数为正值，但不显著。这主要是由于我国以人工智能为代表的计算机、软件和信息技术服务业原始创新能力不足，某些环节没有处于全球产业链上游，因此高端岗位对高技能人才的吸纳能力不强。

从模型（6）可以看出，引进外资对信息技术服务业就业的回归系数为−0. 023 590 21，说明我国计算机和信息技术基础仍有不足，AI算例、算法对外依存度高，消化吸收能力欠缺，高端就业岗位仍然被外企控制，从而挤出了国内同行业部分高端就业岗位。

（二）产业智能化的就业效应

在产业链和供应链中，人工智能赋能各行业，对各行业发展和就业拉动具有乘数效应。探讨人工智能对就业的间接创造效应需要对人工智能技术向高技术制造业和服务业渗透的就业影响差异性进行实证分析。

1. 智能制造对我国高技术制造业就业影响：省级面板数据分析

大多学者讨论了人工智能对制造业就业的不利影响，但也有学者认为其影响并不完全是负面的。尹等（Yin et al.，2017）认为人工智能技术的不断演进或将重塑制造业的发展格局，进而可能促进制造业部门的就业。Chiac-chio et al.（2018）研究发现，人工智能对制造业就业的影响并不显著，这可能是人工智能对行业内部从事不同职业劳动力的不同影响效应相互抵消的结果。高技术制造业是指国民经济行业中 R&D 投入相对较高的制造业行业。高技术制造业包括：医药制造，航空、航天器及设备制造，电子及通信设备制造，计算机及办公设备制造，医疗仪器设备及仪器仪表制造，信息化学品制造六大类。因化学品制造统计数据不够全面，所以本书进行面板数据分析的只包括前五大行业。

一方面，高技术制造业是技术密集与资本密集统一的产业，技术进步的过程中伴随资本深化，人均资本上升，必然对传统劳动力产生替代效应。另一方面，高技术制造业又是技术密集与知识密集统一的产业，通过工艺创新和产品创新可以创造新的高技能就业岗位，对高技能劳动力需求存在增强效应。智能制造的发展使劳动力需求从劳动密集型和资本密集型向技术密集型转变，优化了劳动力素质结构（蔡秀玲、高文群，2017；赖德胜等，2018）。

（1）变量定义及数据来源（见表6-10）。

被解释变量：高技术制造业就业人数。

解释变量：高技术制造业机器人安装量；研发费用支出；新产品开发费用支出；新产品销售额；技术改造费用；新增固定资产。

工业机器人安装量数据来源于国际机器人联盟数据库。其他变量数据来源于中国高技术产业统计年鉴。

表6-10　变量定义及说明

变量	变量符号	变量名称	单位	数据来源
被解释变量	manufacture	高技术制造业就业人数	万人	中国高技术产业统计年鉴
解释变量	robot	高技术制造业机器人安装量	台	国际机器人联合会（IFR）
	research	研发费用支出	万元	中国科技统计年鉴
	development	新产品开发费用支出	万元	中国科技统计年鉴
	sale	新产品销售额	万元	中国高技术产业统计年鉴
	technology	技术改造费用	万元	中国科技统计年鉴
	investment	新增固定资产	万元	中国高技术产业统计年鉴

（2）模型构建。

以高技术制造业的就业人数为被解释变量，以高技术制造业机器人安装量、研发费用支出、新产品开发费用支出、新产品销售额、技术改造费用、新增固定资产为解释变量，构建以下模型：

$$\text{employmen}_{ij} = \beta_0 + \beta_1 \text{robot} + \beta_2 \text{research}_{ij} + \beta_3 \text{development} + \beta_4 \text{sale}_{ij} +$$
$$\beta_5 \text{technology}_{ij} + \beta_6 \text{investment}_{ij} + \mu \qquad (6.12)$$

公式（6.12）中，i 为地区，j 为行业，employment 为被解释变量，指高技术制造业就业人数。robot、research、develpoment、sale、technology 和 investment 为解释变量，分别指高技术制造业机器人安装量、研发费用、开发新产品费用、新产品销售额、技术改造支出和新增固定资本。μ 为随机干扰项。

（3）回归结果。

表 6-11 中模型（1）~（5）的分析方法依次为普通最小二乘回归分析；以区域变量"region"为聚类变量的聚类稳健标准差，进行最小二乘回归分析；以区域变量"region"为聚类变量的固定效应分析；随机效应回归分析和最大似然进行估计。

表 6-11　人工智能技术应用对高技术制造业就业影响

自变量	因变量：employment				
	Model（1）	Model（2）	Model（3）	Model（4）	Model（5）
robot	0.046 3 *** （0.024 3）	0.033 2 *** （0.025 4）	0.026 3 *** （0.034 3）	0.034 0 ** （0.023 9）	0.032 0 ** （0.043 1）
research	0.826 63 （0.633 1）	0.826 6 *** （0.095 8）	−0.037 1 （0.033 5）	0.826 6 *** （0.095 8）	0.826 63 （0.561 1）
development	0.998 71 ** （0.407 5）	0.998 7 *** （0.158 4）	0.003 5 （0.033 2）	0.998 7 *** （0.158 4）	0.998 7 *** （0.361 2）
sale	0.048 1 ** （0.024 0）	0.048 1 * （0.018 4）	−0.004 8 （0.004 6）	0.048 1 *** （0.018 4）	0.048 1 * （0.021 3）
technology	1.550 1 * （0.806 1）	1.550 1 ** （0.514 9）	0.099 4 （0.124 2）	1.550 1 *** （0.514 9）	1.550 1 ** （0.714 47）
investment	−0.024 7 （0.024 2）	−0.024 72 0（0.025 3）	0.043 2 *** （0.003 8）	−0.024 7 （0.025 3）	−0.024 7 （0.021 5）
N	28	28	28	28	28
R^2	0.999 2	0.999 3	0.999 5	0.962 6	—

注：括号内为标准差，*** 、** 、* 分别表示在 1%、5% 和 10% 水平上显著。

全部回归结果显示：高技术制造业就业人数与高技术制造业机器人安装量、研发经费支出、新产品销售额和技术改造费用显著正相关。

从模型（1）、模型（2）和模型（4）、模型（5）的回归结果可以看出，高技术制造业就业人数与研发费用支出显著负相关，与新增固定资产弱负相关。这似乎有悖经济学原理，其实不然，因为新产品研发短期内对旧产品具有替代效应从而冲击劳动力市场，而新增固定资产使资本的有机构成提高从而对就业有一定挤出效应。

从模型（3）的固定效应分析结果看，高技术制造业就业人数与新产品研发强度显著弱正相关，与新增固定资产强正相关。这说明从长期看，新产品开发费用支出增加和固定资产有利于增加就业。

（4）智能制造新就业岗位创造机制检验：中介效应模型。

人工智能技术向高新技术企业渗透增加了新产品研发费用，新产品研发费用增长又增加了对研发人员和高技术人才的需求。解释变量内生性形式之一就是联立方程。当一个或多个解释变量与因变量被联合确定时，联合问题就会出现，尤其是通过一种平衡机制来确定因变量的情况。因此，本书以新产品开发费用支出 development 为中介变量，对智能制造对新就业岗位创造机制进行检验。构建结构方程：

$$\text{employment}_{ij} = \beta_0 + \beta_1 \text{robot}_{ij} + \beta_2 \text{research}_{ij} + \beta_3 \text{developmen}_t ij + \beta_4 \text{sale}_{ij} +$$
$$\beta_5 \text{technology}_{ij} + \beta_6 \text{investment}_{ij} + \mu_1 \quad\quad (6.13)$$

$$\text{development}_{ij} = \beta_7 + \beta_8 \text{robot}_{ij} + \beta_9 \text{research}_{ij} + \beta_{10} \text{sale}_{ij} + \beta_{11} \text{technology}_{ij} +$$
$$\beta_{12} \text{investment}_{ij} + \mu_2 \quad\quad (6.14)$$

通过就业创造机制检验结果可以看出，高技术制造业机器人安装量对新产品研发影响系数为正且在 5% 条件下显著，新产品开发费用支出对高新技术制造业就业影响系数为正且在 1% 条件下显著（见表 6-12）。

表 6-12　智能制造就业创造机制检验结果

standardized	Coef.	Std. Err.	z	$P>\lvert z \rvert$	[95% Conf. Interval]	
structural						
employment<-						
robot	2.30e-07	0.000 635 5	0.03	0.000	-0.002 022 3	0.002 022 8
research	0.826 63	0.095 800	2.49	0.026	-0.270 850 2	5.841 849
development	0.000 057 1	0.000 209 7	0.08	0.001	-0.000 610 3	0.000 724 5

表6-12(续)

standardized	Coef.	Std. Err.	z	P>|z|	[95% Conf. Interval]	
sale	−5.42e-06	0.000 011 9	−0.46	0.013	−0.000 043 2	0.000 032 3
technology	0.000 206 1	0.000 516 7	0.40	0.002	−0.001 438 1	0.001 850 4
investment	6.68e-06	0.000 026 5	0.25	0.003	−0.000 077 6	0.000 090 9
development<−						
robot	2.785 499	0.844 298 8	3.30	0.046	0.098 563 5	5.472 435
research	0.040 503 5	0.027 898 7	1.45	0.242	0.129 289 8	0.048 282 8
sale	1.777 254	1.206 545	1.47	0.237	5.617 019	2.062 511
technology	0.109 623 4	0.044 282 7	2.48	0.090	0.250 550 6	0.031 303 8
investment	−0.109 623 4	0.035 680 3	−3.07	0.012	−0.263 143 5	0.043 896 6

$N=28$ loglihood = 7.668 868 8   LR test of model vs. saturated: chi2（0）= 0.08
Prob>chi2 = 0.000

2. 人工智能技术应用对我国服务业就业影响

根据 2019 年国家统计局对生产性服务业和生活性服务业的分类，结合国民经济分类项对照，从我国实际情况出发，生产性服务业具体包括：金融业，信息传输、软件和信息技术服务业，科学研究、技术服务和地质勘探业，批发和零售业，交通运输、仓储和邮政业，租赁和商务服务业六大行业。生活性服务业包括个人服务业和社会服务业。个人服务业包括：租赁和商务服务业，居民服务、修理和其他服务业，文化、体育和娱乐业。社会服务业包括：水利、环境和公共设施服务业，教育，卫生和社会工作，公共管理和社会组织。

人工智能产业发展对农业和制造业就业挤出效应明显，而对服务业更多体现为创造效应。莫里卡瓦（Morikawa，2017）的研究也指出，人工智能对诸如儿童护理、教育等部分人力资本密集型服务业的替代作用更小。戈登（Gordon，2018）认为尽管自动化技术对所有行业都产生了一定的影响，但对教育和医疗保健业等服务业的影响程度仍较小。

根据美国劳工统计局（BLS）的一项研究，在 2024 年之前的十年中，劳动力市场上的大部分就业增长都出现在服务业领域（Trajtenberg，2018）。

贝里曼和霍克斯沃思（Berriman & Hawksworth，2017）认为人工智能的应用和发展会创造一些全新的工作岗位，提供更多就业机会，而这些新的岗位往往出现在服务业行业。

戴明（Deming，2017）认为，随着计算机技术的发展，服务业中认知类和创造类的工作越来越难被替代，就业增长更有可能出现在需要高水平认知技能、社会技能的工作中。他们进一步利用全国纵向调查数据研究发现，1980—2012年美国社交技能类工作数量增加约24%，同期服务类工作增加约23%。

彼得斯（Peters，2018）指出，人工智能在服务业行业的广泛应用不仅推动了传统服务业向智能化产业的转型升级，还通过优化服务质量、扩大服务范围、提升服务行业技术等方式，提高了服务业生产率，从而有助于解决"鲍莫尔病"，同时也为提高经济整体发展效率提供了重要保障。

（1）变量定义及数据来源（见表6-13）。

被解释变量：服务业就业人数；生产性服务业就业人数；生活性服务业就业人数。

核心解释变量：服务业机器人销售量。服务机器人一般可以分成专业服务机器人和个人/家庭服务机器人。专业服务机器人用于国防、农业、医疗、物流等领域，包括军用机器人、医疗机器人、物流机器人、农业机器人等；家庭用服务机器人主要包括以扫地机器人为代表的家庭清洁机器人等，个人用服务机器人主要包括以娱乐休闲为用途的家庭陪护机器人等。因为服务业分类与服务业机器人分类存在非一致性，所以基于数据可获得性，本书以专业服务机器人数量作为生产性服务业机器人销售量的代理变量，以个人和家庭服务机器人数量作为活性服务业机器人销售量的代理变量。

控制变量：人均GDP；受教育程度；第三产业增加值；离岸外包执行金额。

表6-13　变量定义及说明

变量	变量符号	变量名称	单位	数据来源
被解释变量	service	服务业就业人数	万人	中国第三产业统计年鉴
	ps	生产性服务业就业人数	万人	中国第三产业统计年鉴
	cs	生活性服务业就业人数	万人	中国第三产业统计年鉴

表6-13（续）

变量	变量符号	变量名称	单位	数据来源
核心解释变量	robot	服务机器人销售量	台	国际机器人联盟（IFR）
	robotp	生产性服务业机器人销售量	台	国际机器人联盟（IFR）
	roboth	生活性服务业机器人销售量	台	国际机器人联盟（IFR）
控制变量	AGDP	人均GDP	万元/人	中国统计年鉴
	education	受教育程度	年	中国教育统计年鉴
	Advalue	第三产业增加值	亿元	中国第三产业统计年鉴
	offshore	离岸外包执行金额	亿元	中国服务外包发展报告

（2）模型构建。

$$\text{lnservice} = \beta_0 + \beta_1 \text{lnrobot} + \beta_2 \text{education} + \beta_3 \text{lnvalue} + \beta_4 \text{lnAGDP} +$$
$$\beta_5 \text{lnoffshore} + \varepsilon \quad\quad (6.15)$$

其中，"service"表示服务业总体就业人数；"ps"表示生产性服务业就业人数；"cs"表示生活性服务业就业人数；"robot"表示服务机器人销售量；"robotp"表示生产性服务业机器人销售量；"roboth"表示生活性服务业机器人销售量；"education"表示受教育程度；"value"表示服务业增加值；"AGDP"表示人均GDP；"offshore"表示离岸外包执行金额；"ε"表示随机干扰项。

（3）回归结果及结论。

①人工智能技术应用对服务业总体就业影响。

从表6-14模型（1）列回归结果可以看出，服务机器人销售量增加1%，服务业就业人数增加8%，且在1%条件下显著。从表模型（2）～（5）列可以看出，即使引入受教育程度、第三产业增加值、人均GDP、离岸外包执行金额等解释变量，人工智能技术应用对服务业就业影响的系数仍然为正值，仍然在1%条件下显著。

表6-14　工智能技术应用对服务业就业创造效应

自变量	因变量：lnservice				
	模型（1）	模型（2）	模型（3）	模型（4）	模型（5）
lnrobot	0.081 138 7*** (0.008 655 8)	0.090 891*** (0.009 530 6)	0.071 802 2*** (0.007 54)	0.064 894 7*** (0.014 783 8)	0.121 545 1*** (0.002 977 8)

表6-14（续）

自变量	因变量：lnservice				
	模型（1）	模型（2）	模型（3）	模型（4）	模型（5）
education		0.005 748 *** (0.003 205 3)	−0.004 212 * (0.003 048)	−0.003 855 8 (0.002 782 9)	−0.006 583 6 (0.002 811 7)
lnvalue			0.940 042 7 *** (0.161 043 6)	0.925 871 5 *** (0.132 924 3)	0.909 723 4 * (0.131 195 9)
lnAGDP				0.016 107 1 (0.025 911 8)	−0.437 830 6 * (0.045 004 9)
lnoffshore					0.095 592 * (0.009 101 3)
cons	9.416 514 *** (0.080 966 7)	9.268 198 *** (0.061 277 2)	5.982 303 *** (0.563 714)	5.933 641 *** (0.558 295 9)	9.676 086 * (0.431 447 5)
N	16	16	16	16	16
R^2	0.903 9	0.971 7	0.995 2	0.995 4	0.999 9

注：括号内为标准差，***、**、*分别表示在1%、5%和10%水平上显著。

②人工智能技术应用对生活性服务业就业创造效应。

从表6-15模型（1）回归结果可以看出，在其他因素不变条件下，生活性服务业机器人销售量增加1%，生活性服务业就业人数增加6%，且在1%条件下显著。

表6-15　人工智能技术应用对生活性服务业就业影响

自变量	因变量：lncs				
	模型（1）	模型（2）	模型（3）	模型（4）	模型（5）
lnrobot	0.062 95 *** (0.007 649 5)	0.044 667 *** (0.007 111)	0.040 990 7 *** (0.006 621 1)	−0.004 401 3 (0.007 865 4)	0.049 444 1 ** (0.004 766 1)
education		0.012 056 *** (0.001 951)	0.010 138 4 ** (0.004 300)	0.012 479 2 *** (0.002 477 3)	−0.026 145 9 * (0.004 500 2)
lnvalue			0.181 041 6 (0.269 698 4)	0.087 917 2 (0.168 807 9)	0.636 872 7 (0.209 987)
lnAGDP				0.105 845 6 *** (0.019 075 3)	−0.490 134 4 * (0.072 033 1)
lnoffshore					0.236 840 3 ** (0.014 567 1)

表6-15(续)

自变量	因变量：lncs				
	模型（1）	模型（2）	模型（3）	模型（4）	模型（5）
cons	7.323 634 *** (0.051 815 2)	7.323 6 *** (0.090 81)	6.690 808 *** (0.966 065 8)	6.371 033 *** (0.511 71)	9.118 332 ** (0.690 557 8)
N	16	16	16	16	16
R^2	0.828 7	0.972 5	0.974 0	0.990 5	0.999 2

注：括号内为标准差，***、**、*分别表示在1%、5%和10%水平上显著。

从模型（2）~（4）可以看出，受教育程度对生活性服务业就业人数的影响的系数为正值，且至少在5%条件下显著。

从模型（4）可以看出，人均GDP对生活性服务业就业人数的影响系数为正值，且在1%条件下显著。因为人均国内生产总值提高，意味着居民可支配收入和生活水平提高。居民对高质量生活的需求，促进了养老、医疗、文化、娱乐等消费服务的发展，从而增加了就业。

从模型（3）~（5）可以看出，第三产业增加值对生活性服务业就业人数的影响系数为正值，但不显著。因为第三产业增加值变大，伴随着人工智能技术的应用和资本有机构成的提高，所以其对就业的净创造效应有限。

从模型（5）可知，离岸贸易对生活性服务业就业人数的影响系数为正值，且在5%条件下显著。因为离岸贸易在直接促进生产性服务业的发展和增加就业同时，也间接促进了促进国内生活性服务业发展和就业增长。

③人工智能技术应用对生产性服务业就业创造效应。

从表6-16模型（1）可以看出，生产性服务业机器人销售量对就业影响的系数为正值，且在1%条件下显著。说明服务机器人使用提高了生产性服务业生产效率，扩大了市场规模，增加了对劳动力需求。

从模型（2）可以看出，受教育水平程度对生产性服务业就业人数的影响系数为正值，且在1%条件下显著。因为生产性服务业属于知识和技术密集型行业，其发展需要高层次人力资本。劳动者受教育水平越高，工作与岗位匹配度就越高，生产性服务业效率越高，反过来对高技能劳动者的吸纳能力就越大。

从模型（3）的回归结果可以看出，第三产业增加值对生产性服务业人数的就业影响系数为正值，且在1%条件下显著。因为第三产业增加值越大，生产性服务业就越发达，吸纳劳动力的能力就越强。

从模型（4）的回归结果可以看出，人均 GDP 水平对生产性服务业就业人数的影响系数为正值。因为一国人均 GDP 水平越高，意味制造业服务化水平就越高，对研发、咨询、设计、金融、物流等服务水平的要求就越高，从而促进生产性服务业发展，拉动就业。

从模型（5）可以看出，离岸服务外包执行金额对我国生产性服务业就业人数的影响系数显著为正，且在10%条件下显著。因为国际服务外包使我国能够在全球产业链供应链中高效配置产业要素，能够吸纳高端就业人才，在大学生就业创业中发挥了重要作用。

表 6-16 人工智能技术应用对生产性服务业就业影响

自变量	因变量：lnps				
	模型（1）	模型（2）	模型（3）	模型（4）	模型（5）
lnrobot	0.130 438 1*** (0.026 339)	0.042 891 4** (0.019 754)	0.022 284 3* (0.012 383 6)	−0.001 253 1 (0.030 456 6)	0.429 246*** (0.032 699 2)
education		0.039 120 2*** (0.005 889 2)	0.028 367 5** (0.007 460 2)	0.029 581 3*** (0.009 349 7)	−0.223 344* (0.030 874 9)
lnvalue			0.028 367 5*** (0.007 460 2)	0.966 525 8* (0.560 928 3)	6.413 124* (1.440 668)
lnAGDP				0.054 884 8 (0.073 134 9)	−3.287 074* (0.494 200 8)
lnoffshore					1.002 159* (0.099 941)
cons	6.774 261*** (0.245 616 9)	7.191 198*** (0.132 496)	3.643 942*** (1.678 666)	3.478 127** (1.609 856)	11.024 2 (4.737 744)
N	16	16	16	16	16
R^2	0.807 7	0.961 2	0.971 5	0.972 5	0.995 4

注：括号内为标准差，***、**、*分别表示在1%、5%和10%水平上显著。

通过对机器人使用对生产性服务业和生活性服务业差异性影响分析的比较发现，随着人均国内生产总值的增加，人们生活水平提高，生活性服务业对就业拉动的比较优势上升。我们长期关注生产性服务业的就业，就是因为它是制造业产业链条的延伸，可以增加高端研发人才和销售人才的就业岗位。但是，生产性服务业只是制造业的主副分离，新增的就业岗位有限。要实现高质量充分就业，还主要依赖于增进民生福祉和就业潜能大的生活性服务业发展。

从实证检验结果来看，智能经济的发展对服务业的每个行业都有积极的就业促进效应，特别是生产性服务业。智能经济对生产性服务业就业的影响系数为 0.130 438 1，且在 1%水平下显著。随着产业结构的转型升级，我国加快了制造业服务业化的进程，行业的数字化程度不断提高，生产性服务业与制造业走向深度融合。

智能经济对生活性服务业的就业效应也非常显著，影响系数为0.065 923 6，在 1%水平上显著。一般认为生活性服务业属于低端的劳动密集型服务业，随着人工智能技术向服务业各行业高度渗透，现代服务业逐步演变为集技术密集型与劳动密集型于一体的行业，因此智能经济在促进生活性服务业生产效率提高的同时增加了就业人数。

综上所述，机器人的应用存在显著溢出效应，能够显著提高以人工智能为代表的信息传输、计算机技术和软件服务业的就业水平，而且在与各行业的融合渗透过程中间接提升高技术制造业、生产性服务业和生活性服务业的就业水平。因此，我们要加快人工智能技术向现代服务业的渗透；以服务制造业高质量发展为导向，推动生产性服务业向专业化和价值链高端延伸；加快发展健康、养老、托育、文化、旅游、体育、物业等服务业，推动生活性服务业向高质量和多样化方向升级。

第六节　人工智能产业为特殊就业群体带来机遇

一、人工智能产业发展为大学生就业带来的机遇

近年来我国应届毕业生人数连创新高，2021 届全国普通高校毕业生达909 万人，另有尚未找到工作的往届毕业生，就业压力不断加大，大学毕业生"就业难"问题更加突出。人工智能技术的应用为经济赋能，能够衍生出新业态和新就业形态，拓展大学毕业生就业空间，提升大学毕业生工资溢价。Brynjolfsson 和 McAfee 在《第二次机器革命》中讲道："拥有特殊技能的劳动者或者接受过符合社会发展需求教育的人，将会迎来一个绝佳的机遇期，因为这些人能利用手中所掌握的技术创造和获取更多的价值。

但对于那些只有'普通'技能和能力的人而言，这是最糟糕的时代，因为电脑、机器人和其他数字技术正快速地获取这些技能。"① 随着数字经济和"人工智能+"这些新技术的应用，有很多新的行业、新的就业机会产生，比如直播带货、线上教育、云办公行业等，这将会产生更多的就业需求。未来一定是人工智能的时代，年轻人可以获得与时代和社会共同发展的广阔前景。接受更多更长的学校教育，有助于劳动者提升自身人力资本，适应新技术的需求。随着受教育水平的提高，在自动化生产线上工作的劳动者占比越来越低。由此可见，受教育程度较高的劳动者能执行非常规认知性任务，受教育程度较低的劳动者更多的是执行常规认知任务和常规性操作任务。

（一）人工智能平台通过四个途径促进大学生就业

人工智能技术和应用平台衍生的新业态、新模式不断涌现并快速发展，为大学生提供了灵活就业的新路径，推动了零工经济等"非正规就业"的新兴就业形态的发展。

（1）降低工作的搜寻成本，提高技能与工作的匹配度。人工智能应用平台能使学生进入竞争导向型工作匹配系统，有助于他们发现以前未知实践技能尤其是正规渠道形成的技能。运用这个系统可以使没有正规工作经历的年轻人树立信心，敢于向雇主展示他们的潜在能力。处于竞争弱势的年轻人在传统职业中挣扎，他们或者没有证书，或者缺乏信息，或者有语言障碍，人工智能应用平台可以提升他们的竞争力。能帮助搜索信息，克服信息不对称，寻找匹配的工作。自然语言处理和语音交互可以克服不同语言的障碍。教育和培训机构通过人工智能应用平台可以了解劳动力市场信息，及时把握劳动力市场需求动向，并对课程进行改进，以适应雇主需求。②

（2）通过"乘数效应"，创造更多的就业岗位。尽管人工智能挤出部分行业的低技能从业者，但其高生产率必然刺激劳动总需求上升，扩大相关行业的规模，为青年提供"虚拟世界设计师""人工智能培育师"等涉及技术开发、机器训练、智能设备维护等极具潜力的就业机会。

---

① 埃里克·布莱恩约弗森，安德鲁·麦卡菲. 第二次机器革命：数字化技术将如何改变我们的经济与社会 [M]. 北京：中信出版社，2016：15.

② SUNAMIKA SINGH, NAMITA DATTA, DAVIDE STRUSANI. Three ways artificial intelligence can help boost youth employment [EB/OL]. (2020-10-15) [2021-06-28]. https://blogs.worldbank.org/en/jobs/three-ways-artificial-intelligence-can-help-boost-youth-employment.

（3）人工智能应用平台提升了大学毕业生就业的自由程度。人工智能技术应用衍生出平台化就业模式和弹性工作方式，使大学毕业生受就业地点和从业组织等时空的束缚大幅减少，从而涌现出越来越多从事灵活就业的大学生。

（4）人工智能应用平台创业是促进高校毕业生就业的重要途径。新创企业往往是新兴产业，对劳动者文化素质要求较高，与高校毕业生兴趣和知识天然匹配。

（二）大学毕业生在人工智能相关行业的就业情况

受教育程度与就业的行业结构之间存在密切的互动关系。行业结构的转型升级有利于吸纳高层次人才就业，反之高层次人才集聚又可以拉动产业结构的转型与优化。学历高的大学毕业生拥有较高的人力资本，一般能胜任高技能的工作岗位，在选择时更具优势。

随着人工智能赋能经济，大学毕业生的就业迎来更多的机遇和选择。作为人工智能发展的主要领域信息传输、软件和信息技术服务业对本科生的吸纳能力不断提升，就业比例从 2014 年的 6.8%上升到 2019 届的 8.9%（见图 6-23）。

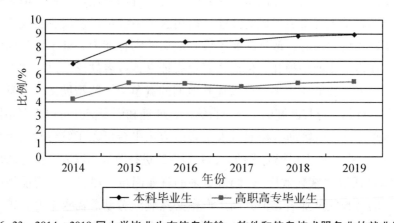

图 6-23　2014—2019 届大学毕业生在信息传输、软件和信息技术服务业的就业比例

资料来源：①麦可斯研究院. 2019 中国大学生就业报告：本科［M］. 北京：社会科学文献出版社，2019：60. ②麦可斯研究院. 2019 中国大学生就业报告：高职高专［M］. 北京：社会科学文献出版社，2019：56.

2019 届毕业生从事的行业中，互联网开发及应用类职业不仅月收入最高，工作满意度也排在首位，是比较理想的职业之一；从事医疗保健/紧急救助类职业的毕业生工作与专业相关度最高；幼儿与学前教育、中小学教育等相关职业需求的增长可能与全面放开二孩及现代家庭对优质教育的需求有关。随着人工智能和5G等先进技术的快速发展，以电子竞技、在线教育培训为代表的新职业也成为应届毕业生就业新的增长点。大学毕业生就业职位增长主要表现在以直播、短视频、新媒体策划等为代表的职位需求的增长。在2019届大学毕业生中，有3.8%的本科毕业生及2.1%的高职高专毕业生从事"媒体/出版"相关职业。

由麦可思研究院主编的就业蓝皮书显示，2019届本科就业绿牌专业包括：计算机科学与技术、软件工程、网络工程、信息安全、信息工程、数字媒体艺术、电气工程及自动化。以上专业部分与云计算、大数据、人工智能新兴产业有关，属于失业率较低，就业率、薪资水平和就业满意度综合较高的增长型专业。2019届高职高专就业绿牌专业包括：软件技术、信息安全技术、市场营销、电气化铁道技术、电力系统自动化技术、社会体育，如表6-17所示。其中，电力系统自动化技术和市场营销都是连续四年绿牌专业。①

表6-17 2015—2020届大学毕业生就业绿牌专业

本科绿牌专业	2015	2016	2017	2018	2019	2020	高职高专绿牌专业	2015	2016	2017	2018	2019	2020
信息安全		√	√	√	√	√	电气化铁道技术		√	√	√	√	√
软件工程	√	√	√				信息安全技术		√	√	√	√	√
通信工程	√	√	√				社会体育		√	√	√	√	√
网络工程	√	√	√				电力系统自动化	√	√	√	√	√	√
物联网工程			√	√			软件技术		√	√	√	√	√
数字媒体技术			√	√	√	√	发电厂及电力系统					√	√
电气工程		√				√	物联网应用					√	√

资料来源：①麦可思研究院.2021年中国高职高专生就业报告〔R〕.北京：科学文献出版社，2019：69.②麦可思研究院.2021年中国本科生就业报告〔R〕.北京：科学文献出版社，2019：46.

---

① 麦可思研究院.2019年中国本科生就业报告〔R〕.北京：科学文献出版社，2019：73.

（三）人工智能对大学毕业生就业创造效应的实证分析

1. 变量定义（见表6-18）

被解释变量：大学生在信息服务业就业人数。

解释变量：信息服务业固定资产投资；信息服务业增加值；信息服务业新产品研发投入；大专及以上受教育程度者占比；理工本科毕业生人数；信息技术外包（ITO）离岸执行金额。

表 6-18　变量定义及数据来源

变量	名称	符号	单位	数据来源
被解释变量	大学生在信息服务业就业人数	employment	万人	中国劳动统计年鉴
解释变量	信息服务业固定资产投资	investment	亿元	中国固定资产统计年鉴
	信息服务业增加值	value	亿元	中国第三产业统计年鉴
	信息服务业新产品研发投入	rd	万元	中国科技统计年鉴
	大专及以上受教育程度者占比	education	%	中国教育统计年鉴
	理工本科毕业生人数	engineer	万人	中国教育统计年鉴
	信息技术外包（ITO）离岸执行金额	ito	亿美元	中国对外贸易统计年鉴

2. 模型构建

以大学毕业生在信息传输、软件和信息技术服务业就业人数为因变量，以信息服务业固定资产投资、信息服务业增加值、信息服务业新产品研发投入、大专以上受教育程度者占比、理工本科毕业生人数、信息技术外包（ITO）离岸执行金额为自变量构建多元回归模型。

$$\text{lnemployment} = \beta_0 + \beta_1 \text{lninvestment} + \beta_2 \text{lnvalue} + \beta_3 \text{lnrd} +$$
$$\beta_4 \text{lneducation} + \beta_5 \text{lnligong} + \beta_6 \text{lnito} + \varepsilon \qquad (6.18)$$

3. 基准回归结果

从基准回归结果可以看出，大学毕业生在信息传输、软件和信息技术服务业就业人数与信息服务业固定资产投资、信息服务业增加值、信息服务业新产品研发投入、大专以上受教育程度者占比、理工本科毕业生人数、信息技术外包（ITO）离岸执行金额同方向变动。其中，信息服务业固定资产投资和理工本科毕业生人数对大学毕业生就业创造效应在5%条件下显著（见表6-19）。

3. 内生性处理

有效工具变量应满足两个条件：①相关性条件，即与内生变量相关；②满足外生性条件，即与随机扰动项不相关。Education 与理工本科毕业生人数有关，与其他因素不相关，所以为了消除内生性影响，在实验中，本节使用 education 作为内生解释变量 ligong 的工具变量是有效的。

从回归结果中可以发现，与原回归的结果相比，进行内生处理后的估计数值发生了较大变化，所以进行内生性处理是非常必要的（见表6-19）。

表6-19　人工智能产业发展对大学毕业生就业创造效应

自变量	因变量：lnemployment	
	OLS	2sls
investment	0. 033 720 5 ** （0. 007 841 4）	0. 022 542 7 ** （0. 009 692 3）
research	0. 000 041 7 （0. 000 241 1）	0. 000 219 7 （0. 000 207 3）
advalue	0. 001 428 4 （0. 002 132 9）	0. 000 887 1 （0. 002 324 5）
ligong	−3. 163 691 * （1. 120 673）	0. 124 293 4 ** （0. 394 910 5）
cons	200. 977 9 * （74. 660 19）	−30. 318 51 （35. 620 62）
N	20	20
R−sequared	0. 953 1	0. 981 4

注：括号内为标准差，*** 、** 、* 分别表示在1%、5%和10%水平上显著。

从二阶最小二乘回归分析结果可以看出，大学生就业与人工智能技术投资呈正相关，且在 5%条件下显著，信息服务业新产品研发投入、信息服务业增加值、理工本科毕业生人数对大学毕业生就业有正向影响，但不显著。

大学生受教育程度，尤其是理工本科毕业生人数对大学毕业生就业存在较大影响。大学生就业结构性矛盾突出源于大学毕业生就业市场供求不匹配，具体表现为文科毕业生就业困难、理工科人才短缺。读理工科能让毕业生具备良好的数学基础和扎实的计算机功底及专业技术知识，使毕业生能胜任多种技术类岗位。根据工业和信息化部人才交流中心发布的《人工智能产业人才发展报告（2019—2020 年版）》提供的数据，人工智能各典型专业要求中，大多数要求计算机相关专业的人才，其中 60％以上的算法研究岗、应用开发岗和实际技能岗要求计算机相关专业。除此之外，应用开发岗、算法研究岗对数学相关专业要求程度较高，37.9％的算法研究岗和 42.8％的应用开发岗要求具有数学相关专业背景。

大学生应意识到，尽管人工智能在许多特定领域会比人类做得更好，但从人工智能的本质来看，它始终是用来呈现人类智能的技术，无法真正拥有人类一般的思维。人类能力的广度、灵活度和强社交性是机器人无法超越的，因此，我们大可不必排斥或限制新技术，或应从自身目的和需要出发，与机器建立和谐的关系，使其更好地为自己服务，实现"人机协同"。

人工智能对教育部门也提出了新要求。一方面教育部门应从战略高度推进人工智能技术人才的培养。2019 年 10 月，关于检查教育法实施情况的报告就特别针对人工智能等战略性新兴产业专业人才培养不足、专业人才相对匮乏等问题提出建议。另一方面，就业服务机构应给予青年更前沿的就业指导，对青年的培训应更重视技能与劳动力市场需求匹配度，包括审美情趣、终身学习习惯、跨学科的综合技能、创造性思维等。

二、人工智能让女性拥有更多工作机会

各国积极倡导男女平等理念与政策，使女性就业创业环境日益改善。中国在妇女就业创业方面给予多项政策支持，不断完善相关法律法规，不断消除就业的性别歧视，保障妇女平等的就业权利。

（一）技术进步为女性创造更多就业机会

在过去一个世纪里，女性劳动参与率与男性劳动参与率的差距逐渐缩小。引起这种变化的原因是多方面的，既有经济方面的原因，也有政治、文化和社会方面的原因。然而，技术进步对女性参与劳动力市场产生的影响是主要原因。技术进步对女性就业影响的主要路径就是接受教育。技术进步往往会促使政府采取各种手段提升女性入学率，提高女性的受教育程度，而女性受教育程度的提高会增强女性的就业意愿和就业能力，从而提高女性劳动参与率。

格林伍德、瑟沙德里和约鲁科格鲁（Greenwood, Seshadri & Yorukoglu, 2005）[①] 指出，家庭部门的技术进步由新耐用品的使用来实现。新耐用品具有典型的节约劳动特征，能将女性从繁重的家务劳动中解放出来，使女性获得进入劳动力市场的机会。

布来克和斯皮茨-奥纳（Black & Spitz-Oener, 2010）[②] 在"技能偏向性技术进步"分析范式下研究了技术进步对女性就业和性别工资差异的影响。他们认为，与男性劳动力相比，女性劳动力执行了更多的非常规分析型和非常规交互型任务。机器人使用减少了对体力劳动的需求，相应提高了对女性劳动力的需求。因此，由技能偏向型技术进步引起的工作任务的相对变化会缩小性别之间工资差距。技术进步将女性从家务劳动中解放出来，这对女性参与劳动力市场的影响巨大。自动化造成失业有一个性别维度，女性在一些易受影响的行业中占据主导。但是，教育、社会工作、医疗保健以及更广泛意义上的护理行业则倾向于女性劳动者，该类工作被自动化替代的风险较低。[③]

戈尔丁（Goldin, 2014）提出了一个分析劳动力市场女性就业的新纬度。她认为，要真正实现劳动力市场上的性别平等，就必须提高工作的时间灵活性。标准化的生产流程与电脑系统的普及使用，即使一名从业者暂时中断工作，其他同行也能无缝接入该项工作，且不会导致生产率的明显下降。这使女性即使承担生育孩子的压力，也可以借助技术手段灵活安排自己的工作时间而继续留在劳动力市场上。

安格尔等（Anghel et al., 2014）发现，在高技能职业中，年轻女性从事管理、服务类职业的比例远高于年轻男性。在中等技能和低技能职业中，年轻男性主要集中于常规性任务，而年轻女性主要集中于非常规服务密集型工作。在经济衰退期，伴随着常规性职业对劳动需求的减少，男性受到的冲击最大。而女性主要从事非常规性的工作任务，就业并未受到过多影响，也不受技术进步的影响。

---

① GREENWOOD J, SESHADRI A, YORUKOGLU M. Engines of Liberation [J]. Review of Economic Studies, 2005, 72 (1): 109-133.

② BLACK S E, SPITZ-OENER A. Explaining Women's Success: Technological Change and the Skill Content of Women's work [J]. Review of Economics and Statistics, 2010, 92 (1): 187-194.

③ 联合国. 发展 4.0：自动化与人工智能给亚太地区可持续发展带来的机遇与挑战 [R]. 2018-10-11.

日本经济学家尾木藏人（2016）[①] 认为，工业4.0将成为女性就业的触发器。未来工厂中女性不擅长的体力劳动等，用机器人可以很好地完成。对于女职工而言，最重要的是能否熟练掌握驾驭机器人的数字技术。

克劳斯·施瓦布（2018）[②] 指出：新技术的间接影响大于直接影响。第二次工业革命普及了家庭用电，促使洗衣机、洗碗机、真空吸尘器和其他家电不断问世，大大减少了烹饪和清洁所需的时间。虽然女性在今天仍然承担着较多的家务劳动，但她们获得了更多的休闲时间。更重要的是，这类机器缩小了家政服务业的规模，改变了家庭结构，为家庭之外的生产活动创造了更多时间。

联合国（2018）[③] 发布的《发展4.0：自动化与人工智能给亚太地区可持续发展带来的机遇与挑战》报告认为，自动化与人工智能对亚太地区女性就业，既是机遇，又是挑战。机遇表现为：新的、更好的工作创造，女性在创意产业和电子商务领域就业表现突出。挑战表现为：在STEM中更大的性别薪酬失衡、业务流程外包和零售业更少的雇佣女性、算法驱动对女性存在偏见。

总之，人工智能技术在理论上不会受到有意识或无意识偏见的干扰，能够以公正的态度对待每一个人，有利于促进性别平等。

（二）人工智能技术为女性就业带来的机遇

以人工智能与大数据为基础的技术创新在工作分配、工作评价和计酬等方面发挥着基础性作用，可以帮助妇女跨越数字经济的性别鸿沟，突破工作障碍，打破就业性别壁垒，赋予女性新的就业机遇。弹性的就业方式也为女性平衡家庭与工作之间的矛盾提供了可能。因此，技术进步正成为新就业形态中机会均等和薪酬平等的重要驱动力。

1. 技术偏向型技术进步有利于女性就业

（1）女性受教育程度不断提高。

①在义务教育阶段基本消除了性别差距。随着我国义务教育事业的不断进步，女童享有平等受教育的权利进一步得到保障，我国在义务教育阶

---

① 尾木藏人. 工业4.0：第四次工业革命全景图 [M]. 王喜文，译. 北京：人民邮电出版社，2017：191.

② 克劳斯·施瓦布. 第四次工业革命行动路线图：打造创新型社会 [M]. 北京：中信出版社，2018：59.

③ 联合国. 发展4.0：自动化与人工智能给亚太地区可持续发展带来的机遇与挑战 [R/OL]. (2018-10-11) [2019-06-15]. https://www.sohu.com/a/259009979_468720.

段已基本消除性别不平等。2019 年,九年义务教育巩固率比 2010 年提高了 3.7 个百分点,基本达到《中国妇女发展纲要》的既定目标。

②女生平等接受高中阶段教育的规模和占比得到巩固提高。随着高中阶段教育普及的深入开展,女生平等地接受教育的计划进一步得到巩固和加强。2019 年,高中阶段教育在校生中女生为 1 882 万人,占全部在校生的 47.1%,全国高中阶段毛入学率达到 89.5%,比 2018 年提高 0.7%,进一步接近 90% 的达标要求。

③女性接受高等教育水平比例持续提高。近年来,中国高等教育快速发展,整体已进入世界中上等水平。在接受高等教育的学生中女生占比超过 50%。2019 年,高等教育在校生中女研究生占全部研究生的比重达到 50.6%;普通本专科、成人本专科在校生中女生占比分别为 51.7% 和 58.7%(见图 6-24)。

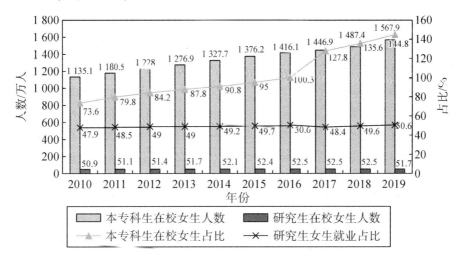

图 6-24　2010—2019 年普通高等教育学生在校女生人数及所占比重

资料来源:国家统计局. 2019 年《中国妇女发展纲要 (2011—2020 年)》统计监测报告 [EB/OL]. (2020-12-18)[2022-12-10]. http://www.stats.gov.cn/tjsj/zxfb/202012/t20201218_ 1810126.html.

(2)女性专业技术人员持续增加。

2017 年,公有制企事业单位中女性专业技术人员人数比 2010 年增加 260.3 万人,占比提高了 3.5%;其中女性高级专业技术人员比 2010 年增加 77.3 万人,占比提高 4%,已提前达标(见图 6-25)。

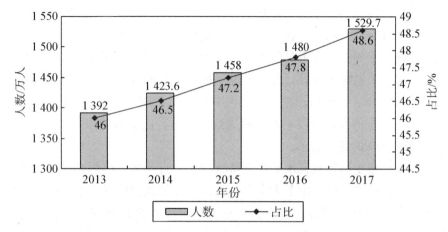

图 6-25 公有制企事业单位女性专业技术人员及占比

资料来源：历年中国科技统计年鉴。

（3）劳动强度降低提高了女性劳动参与率。

新技术抹平了就业环境的不平等状况，特别是那些受过较好教育的人们，他们在非体力劳动中得以利用自己的比较优势。未来工厂中女性不擅长的体力劳动及其他所不及的工作，可由机器人辅助进行，从而远离体力劳动。有工作要求的女性不需要进入传统的企业或组织，而可以根据自己的知识、技能、偏好和有效时间通过人工智能平台开展职业活动，重塑自己的职业发展路径。此外，技术与劳动结合提升了女性工作效率和安全系数。

2. 从事非程序性工作是女性的特长

不同性别的劳动者在技能属性上存在天然差异，男性和女性分别在运动能力和认知能力上存在比较优势。机器人被普遍用于生产环节，首先要替代的是那些体力要求高的程序性操作性任务，而对非程序性的认知性任务替代性相对较弱。在电气、热力、燃气及水生产和供应业、建筑业、制造业等对体力要求较高的行业，男性就业替代率比女性的高。在教育、卫生和社会工作、租赁和商务服务业等以人际交往为基础的非程序性行业，女性具有比较优势，就业替代率较低。人工智能技术抹平了就业环境的不平等状况，特别是那些受教育水平较高的女性，更适合向非程序性工作转移，在非体力劳动中发挥自己的比较优势。

未来，人们不仅需要掌握人工智能分析软件，还要找出销售之后如何获取高附加值服务的模式。从用户角度审视，女性眼光独到，比较敏感，女性将在这方面发挥重要作用。《2018 中国女性形象认知与家庭事业观调查》中关于成功职场女性的特质的排名中，排在前三名的分别是睿智（57.6%）、勤奋（52.3%）、情商高（51.2%）。教育、社会工作、医疗保健以及护理行业倾向于女性工作者，女性在新型创意产业和电子商务领域也表现突出。在德国和美国，数字技术的应用是过去几十年中女性劳动力参与率大幅提高的主要原因。

就不同行业就业占比看，城镇女性就业占比超过50%的行业包括批发和零售业、住宿和餐饮业、金融业、教育、卫生和社会工作，占比40%~50%行业是文化、体育和娱乐业。女性在信息传输、计算机技术和软件服务业就业占比38.9%。如图6-26、图6-27所示。

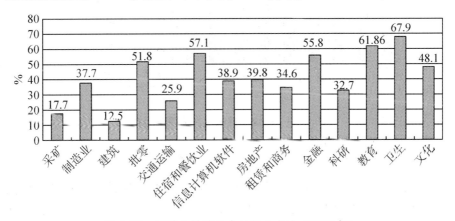

图6-26 城镇女性就业人员行业占比（2019年）

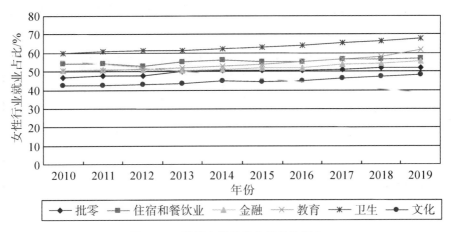

图6-27 城镇女性就业占优势的行业

注释：每行业男性就业人数占比+女性就业人数占比=100%。

资料来源：中国劳动统计年鉴。

从图 6-28 可以看出，按性别分组的就业人员的职业构成中，女性在商业和服务业非程序性工作职位就业占比最大且持续上升，从 2010 年的 34.0% 上升到 2018 年的 44.2%，而在办事员和有关人员、农林牧渔业、生产运输设备操作等程序性工作职位中就业占比大幅度下降。

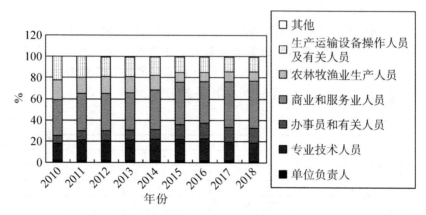

图 6-28 城镇女性就业人员职业构成

注释：女性在不同职业占比总和为 100%。

资料来源：根据 2011—2020 年中国劳动统计年鉴数据整理。

在数字平台化组织模式的影响下，中国女性从事网约车驾驶员工作优势日益显现。相比男性，女性司机在服务中更有细心、耐心和爱心，受到乘客好评。2021 年滴滴发展研究院发布的《滴滴数字平台与女性生态研究报告》显示，21.4% 的受访女性司机认为女性从事网约车工作的优势在于更细心、更耐心。如表 6-20 所示。

表 6-20 中国女性司机对女性从事 网约车工作优势的评价

工作优势	受访者评价占比/%
更细心、耐心	21.4
更容易获得女性乘客信任感	20.1
驾驶更平稳	19.5
更加有爱心	19.4
更加容易沟通	18.9
其他	0.8

资料来源：滴滴发展研究院. 2020 向上的力量：滴滴数字平台与女性生态研究报告 ［EB/OL］. (2021-03-16) ［2022-12-10］. http://www.199it.com/archievs/1216546.html.

3. 工作方式的弹性化有助于女性就业

从事人力资本研究的权威经济学家贝克尔（Becher，1965）指出，不应把休闲看作一个独立范畴。人们不是在工作与休闲之间进行选择，而是在不同消费活动之间做出最优选择。休闲者可以用市场商品、自身所支配的时间、技能、培训和其他人力资本以及其他投入，在休闲中生产出作为他们选择对象的商品或形成人力资本，从而使效用函数最大化。[①] 人工智能技术的应用通过提高工作安排的灵活性，使女性与工作接轨，以及创造新的网络、电子商务和共享经济就业技术，降低劳动参与率的性别差异。人工智能时代到来后，在家办公的群体也会增多。根据世界经济论坛（2020）的预测，未来将有44%的劳动力会选择远程工作方式。这种新的工作方式对于难以同时兼顾工作和家庭的女性群体而言是一个福音。

2019年中国民生发展报告显示，在有孩子但犹豫是否再要孩子的群体样本中，女性首先考虑的是家庭收入状况（占比62.5%），然后考虑能否在照顾孩子的同时兼顾工作，占比34.5%，高于男性8.85个百分点（见表6-21）。

表6-21　对于有孩子但犹豫是否再要孩子的群体，不同性别需满足条件的情况

单位:%

性别	家庭收入明显上升	能在照顾孩子的同时兼顾工作	住房条件明显改善	有可靠的人照料孩子	孩子上幼儿园前有方便且可靠的托儿所	孩子上学和看病更方便、更便宜	其他家庭成员很想要孩子	身体状况允许
男	67.4	25.7	27.8	22.4	9.0	19.3	6.5	11.7
女	62.5	34.5	28.5	25.1	12.2	16.5	7.3	16.5
总体	65.5	29.1	28.1	23.4	10.2	18.2	6.8	13.5

资料来源：国务院发展研究中心课题组. 中国民生发展报告2019［M］. 北京中国发展出版社，2019：384.

滴滴发展研究院的报告显示，劳动者与平台之间灵活的组织模式增强了女性工作的自主性。因为可以灵活支配时间而选择开网约车的女性司机占66.1%的，她们认为开网约车增加了陪伴家人的时间，如图6-29所示。

[①] 加里·贝克尔. 人类行为的经济分析［M］. 王业宇，陈琪，译. 上海：上海三联书店，2003：115-118.

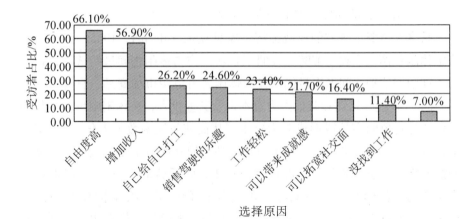

图 6-29 不同女性选择成为网约车司机的原因

资料来源：滴滴发展研究院. 2020 向上的力量：滴滴数字平台与女性生态研究报告〔R/OL〕.（2021-03-16）〔2021-09-26〕. http://www.199it.com/archievs/1216546.html.

4. 实证分析

（1）变量定义（见表 6-22）。

被解释变量：计算机、信息软件服务业女性就业人数。

解释变量：计算机、信息软件服务业新增固定资产投资；女性就业人员大专以上受教育程度占比；信息服务业增加值；二孩生育率；女性参与生育保险人数；信息服务业人均工资。

表 6-22 变量定义及数据来源

变量	名称	符号	单位	数据来源
被解释变量	计算机、信息软件服务业女性就业人数	employment	万人	中国劳动统计年鉴
解释变量	计算机、信息软件服务业新增固定资产投资	investment	亿元	中国固定资产投资年鉴
	女性就业人员大专以上受教育程度占比	education	%	中国人口和就业统计年鉴
	信息服务业增加值	value	亿元	中国第三产业统计年鉴
	二孩生育率	children	%	中国人口和就业统计年鉴
	女性参与生育保险人数	insecurity	万人	中国人口和就业统计年鉴
	信息服务业人均工资	wage	元	中国劳动统计年鉴

（2）模型构建。

以计算机、信息软件服务业女性就业人数为因变量，以计算机、信息软件服务业新增固定资产投资、信息服务业行业增加值、女性受教育程度、女性生育保险率为自变量构建多元回归模型。

$$lnemployment = \beta_0 + \beta_1 lninvestment + \beta_2 education + \beta_3 lnvalue +$$
$$\beta_4 children + \beta_5 lnsecurity + \beta_6 lnwage + \varepsilon \qquad (6.19)$$

（3）回归结果（见表6-23）。

表6-23 人工智能技术应用对女性就业影响

自变量	因变量：lnemployment	
	Model（1）	Model（2）
lninvestment	0.029 557 6 (0.049 062 0)	0.000 581 3* (0.049 061 9)
education	0.026 826 5*** (0.007 468 5)	0.026 826 5*** (0.007 468 5)
lnwage	0.631 679 9*** (0.076 216 1)	0.631 679 9*** (0.076 216 1)
chlidren	−0.003 702 3 (0.007 525 5)	−0.003 702 3 (0.007 525 5)
lnscurity	0.002 615 0* (0.001 209 3)	0.003 102** (0.001 209 51)
_cons	−3.150 861** (0.508 264 9)	−3.150 869*** (0.508 364 3)
N	16	16
R-squared	0.981 6	0.988 1

注：表中括号内为标准误。*、**、***分别表示在10%、5%、1%的水平上显著。

（4）结论。

从表6-23中Model（2）的稳健回归结果可以看出，计算机、信息软件服务业新增固定资产投资对女性就业影响系数为0.000 581 3，且在10%条件下显著。女性就业人员大专以上受教育程度占比对就业影响系数为0.026 826 5，且在1%条件下显著。工资水平对女性就业影响系数为0.631 679 9，且在1%条件下显著。女性参与生育保险人数对女性就业影响系数为0.003 102，且在5%条件下显著。因为生育保险关系到广大女职工的切身利益，所以生育保险水平提高有助于女性就业。参加生育保险的女性人数增加，有利于更大范围保障妇女生育后身心健康和劳动力再生产，保持妇女劳动参与率的平稳。

子女数量的变化影响妻子的劳动参与决策。女性就业人数与子抚养女数量反方向变动。二孩生育率对女性就业人数影响系数为 $-0.003\,702\,3$。从家庭生产理论看，子女数量的增加会影响家庭成员的时间分配。二孩出生，如果没有老人照顾，妻子会将更多的时间放在家庭生产上，用于照顾子女从而减少市场劳动时间，甚至不再参与市场劳动，降低妻子的劳动参与率。

需要指出的是，人工智能就业创造效应也会受到一系列条件限制，包括技术的开发与应用、产业转型、收入差距、人口老龄化等。

第一，受人工智能产业就业吸纳能力影响。人工智能关联产业中，有相当一部分属于资本密集型和知识密集型相统一的企业，难以形成较大规模的劳动力需求，直接创造的新就业岗位有限。

第二，就业创造渠道也不是完全畅通的。按照一般的就业创造逻辑，智能化技术广泛运用会促进社会生产率的普遍提高，带来商品与服务价格下降，由此间接引致消费和投资增长、生产规模扩大与劳动力需求的增加。然而，这一假定不一定成立。究其原因：①生产率提高、价格下降受到需求价格弹性的制约。如果市场是竞争性的，那么技术进步带来的成本节约可以导致产品成本的下降。但是如果市场结构是垄断的或寡头型的，那么有许多产品和服务是缺乏价格弹性的。即使技术进步可以引发成本降低，但价格也未必随之降低，产出与就业也未必增加。②根据"萨伊定律"的假设，技术进步节约的资金可以顺利地转化为投资。但"萨伊定律"经常失灵。即使技术进步节约了资金，这些资金也不一定能够成功转化为投资并创造就业。③公司无法凭空销售，需要购买人群，实现经济繁荣必须让消费者有能力购买生产的产品。如果大规模失业现象，或是人们陷入难以找到工作，不得不竞争上岗而导致工资越来越低的境地，人们的消费需求就会减少，这同时也意味着总需求的减少，会降低企业对未来市场的预期，反过来会减少雇员数量。

第三，受劳动者技能与岗位需求不匹配的影响。一方面，新产业、新业形态对劳动者的技能有了新要求；另一方面，新劳动者技能取得和原有劳动者技能转换存在一定程度的时滞。

第四，人工智能技术对就业的创造效应受到技术生命周期的影响。一方面，在人工智能技术应用的成熟阶段，新技术降低了自动化的成本，政府对人工智能企业的税收补贴降低了企业研发成本，不利于新任务的创造，导致企业对劳动力的需求萎靡不振；另一方面，工作任务在技术应用的后期也会逐渐标准化，企业工艺流程创新会超过产品创新，人工智能技术应用会提高低技能任务的工作效率，不同技能工作之间的不平等逐渐缩小。

第七章　人工智能产业的
就业极化效应

第一节　人工智能产业就业极化效应的形成机理

一、就业极化效应的内涵

美国麻省理工学院教授大卫·奥托尔认为，信息技术的崛起是导致中级技能人员减少的首要原因。绝大多数的职位增长出现在两个极端：需要极高技能的高薪行业以及不需要多少技能的低薪服务业，这种现象称为"工作机会两极化"。[①] 硅谷的作家兼软件创业者马丁·福特指出："经济有消灭中产阶级的倾向，要么是低工资的服务性工作，要么是专业的高技能工作取代他们，这一现象被称为'就业的两极分化'。"[②] 受过高等教育者在 ICT 密集职业中职位更高，升迁更快，所获得的回报率最高。原来掌握的专业技术被新技术所淘汰的一部分中等技能的劳动者结合自身专业优势，借助培训体系将掌握更多技能，提升自己的人力资本，转向薪水更优厚的就业岗位。另一部分劳动者不得不搜寻低技能、不容易被机器人替代的工作，如清洁服务、接待或个人护理岗位。社会对这些岗位的需求可能上升，但上升幅度可能不足以消除工资下降的压力。因为这些行业可用的劳动力数量也在增加。但是大量被替代的劳动者也面临激烈竞争，收入下

---

① AUTOR D H, F LEVY, R JMURNANE. The Skill Content of Rocent Technologic Change：An Emperical Exploration [J]. The Quarterly Jouenal of Economcs, 2003, 118 (4)：1279-1333.

② 马丁·福特. 机器人时代：技术、工作与经济的未来 [M]. 王吉美, 牛筱萌, 译. 北京：中信出版社, 2015：54.

降压力仍然存在。劳动市场的"空心化"趋势，不仅出现在发达国家，而且在一些发展中国家也初步显现。

二、就业极化效应形成的原因

关于技术进步对就业和工资的影响的探讨，在经济学界占据主流地位的是"技能偏向型技术进步"假说。该假说认为，技术进步对就业影响具有偏向型特征。技术进步会增加对受教育程度高、技能水平高的工人的需求，减少对受教育程度低、技能水平低的工人的需求，从而引起高技能工人的工资上涨，低技能工人的工资停滞或减少，形成工作岗位和工资的两极分化现象。

阿西莫格鲁和奥托尔（Acemoglu & Autor，2010）建立了一个基于工作任务分解的劳动力市场极化模型，该模型首先假设有三种不同技能等级的劳动：高技能劳动、中技能劳动及低技能劳动。技能偏向型技术进步减少了中等技能行业对中等技能劳动力的需求，增加了对高技能劳动力的需求。由于高技能工作所需的技能门槛更高，失去工作的中等技能劳动力则更多地流入低技能工作，因此导致劳动力市场两极分化。

迈克尔斯、纳特拉吉和范雷嫩（Michaels，Natraj & Van Reenen，2010）利用日本、美国及9个欧洲国家1980—2004年科技和经济数据进行研究，结果表明，技能偏向型技术进步是劳动力市场出现极化现象的主要影响因素，可以解释高技能劳动需求上升的25%，而国际贸易在控制了技能偏向型技术进步后对劳动力市场极化效应的影响不显著。

奥托尔和多恩（Autor & Dorn，2013）研究发现，计算机应用技术价格的下降导致从事程序性工作任务的工人人数和工资水平下降，而服务类工作大多属于非程序性工作，对灵活性、人际沟通能力要求较高，被自动化概率低，因而也就吸纳了更多的就业。[①]

经合组织（2014）也观察到了就业两极分化的趋势：高技能和低技能职业的就业增加，而在中等技能职业中就业率停滞甚至下降，按技能级别分配的实际工资也遵循类似的路径。数据创新进一步加速部分知识和劳动密集型工作的自动化。整个经济过程越来越多地使用ICT也推动了对新技能和工作的要求，尤其是与ICT职业相关的需求，对数据专家技能的需求

---

① AUTOR D H，DORN D. The Growth of Low-Skill Service Jobs and the Polarization of the US labor Market [J]. NBER Working Papers，2013，103（5）：1553-1598.

超过了其在劳动力市场上的需求。

相比国外研究，国内学界关于技能偏向型技术进步对劳动力市场极化影响的研究较晚一些。都阳等（2017）研究发现，2005—2016 年中国城市劳动力市场的非程序性工作任务在增加，程序性操作型工作任务的比例基本不变，而程序性认知型工作却减少了，因此难以断定中国劳动力市场是否已经出现了就业极化。

第二节　人工智能产业就业极化效应的表现

一、职业技能分类的四种方法

学者在就业极化的测度研究中，一般将职业划分为高技能、中等技能和低技能三类，再通过比较同一时期三类职业的就业人数占比变化来确定是否出现劳动力市场极化。目前职业技能分类的方法主要有四种：

第一种方法是根据各职业就业人员的平均受教育程度进行分类。迈克尔斯等（Michaels et al.，2010）把获得大学及以上学历的就业人员划归为高技能劳动力，将专科、职业教育院校毕业、高中毕业的从业人员确定为中等技能劳动力，将高中以下学历劳动者定为低技能劳动力。

第二种方法是根据各职业就业人员的平均工资或工资中位数进行分类。奥施和美尼斯（Oesch & Menés，2011）根据各职业平均工资的中位数将职业分为五类。该方法可以消除工资绝对值波动的影响，便于不同收入阶层之间的比较，但工资易受多种不确定因素的影响。

第三种方法是基于 Autor et al.（2003）提出了"常规性假设"，即根据工作任务中常规性工作任务密度来衡量职业技术等级。该方法将工作任务分为三类：常规型任务、非常规的抽象型任务、非常规的手工型任务。

第四种方法根据职业划分技能类型。根据《2019 世界发展报告：工作性质的变革》对职业技术等级的划分，高技能职业包括经理、专业人士、技术员及相关专业人士。中等技能职业包括文秘等辅助工作者，销售与服务工作者，技术性农业、林业和渔业工作者，手工业及相关行业的交易商，工厂和机器操作员及装配工。低技能职业：农林和渔业的劳动者，采矿业、运输业、制造业和交通运输业的劳动者，清洁工、帮工等初级职业，食品配送的帮工，街头及相关销售人员和服务业工作者。

二、世界范围内人工智能引起的就业极化现象

1. 国际范围内按技能划分的就业结构变动

高技能与低技能就业岗位的就业率有所提高，而中等技术岗位的就业率有所下降（见图7-1）。这种趋势不仅在发达国家出现，而且在发展中国家愈加明显。

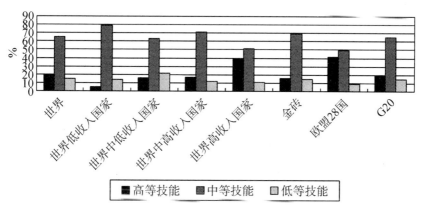

图7-1　不同国家按技能划分的就业结构

资料来源：国际劳工组织数据库。

2. 发达国家就业技能构成的变化

从图7-2可以看出，从1995年开始绝大多数经合组织（OECD）国家就业极化效应明显：高技能工作与低技能工作岗位的数量在增加，同时中等技能工作岗位数量在减少。社会对非程序性认知型工作技能的需求量正在增加。社会对从事不容易实现自动化的非程序性的体力劳动工作的工人的相对需求量也在增加。相反，由于自动化，社会对从事程序性操作性工作的工人的需求量正在持续降低。

从图7-3可知，经合组织国家不但在制造业各细分行业普遍存在极化趋势，而且服务业也存在极化趋势，如金融和保险、房地产、租赁和商务服务、交通运输、仓储邮政和通信业等。

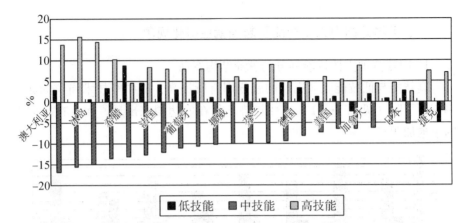

图 7-2　OECD 国家按国别分就业技能结构变化

资料来源：OECD 数据库。

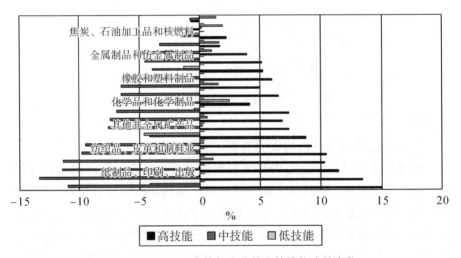

图 7-3　OECD 国家按行业分就业技能构成的变化

资料来源：OECD 数据库。

3. 发展中国家就业技能构成的变化

由于国情不一，各国劳动力市场结构变化具有特殊性。中等收入国家和低收入国家与发达国家相比并不完全一样。目前，许多发展中国家对高技能工人的需求量仍然在继续上升。在许多发展中国家，伴随着劳动力成本的进一步上升，劳动力要素与自动化要素的相对价格发生改变，不少中等技能劳动者通过参与技能培训，逐步向高技能就业岗位流动，促进了就业结构优化升级。但是各国对低技能和中等技能工人的需求量的变化却开始多样化。在非洲等地的低收入国家，中等技能岗位常常接近收入分配的顶端。有一些自然资源富国和大宗商品出口国，如中亚、拉美的一些国家，中等技能就业岗位在增加。[①] 发展中国家对低技能和中等技能工人需求量的变化符合技术发展和全球化进程的一般规律。全球化正在将发达国家的低技能工作和中等技能工作引向某些而不是所有发展中国家。中等技能就业岗位的增加还是降低取决于自动化和全球化的速度。在中国、巴西等国存在高低技能就业占比增加、中等技能就业占比减少的就业结构极化现象。在印度、俄罗斯不但中等技能就业占比减少，而且低技能就业占比也在减少。另外，在非洲和拉美一些国家如阿尔及利亚、秘鲁等就不存在极化效应，因为这些国家所处的经济发展阶段决定了中等技能就业岗位占比还在增加（见图7-4）。

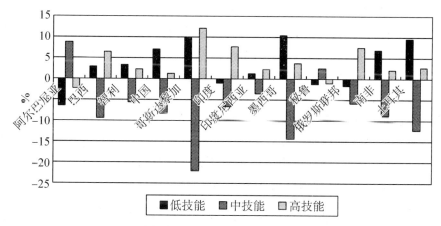

图7-4　发展中国家按技能划分的成年就业者所占百分比变化

资料来源：www.ilo.org/kilm.

三、我国人工智能产业发展对就业结构影响

智能技术的发展正在改变工作所需的技能，认知技能、专业技能、社会情感技能对顺利完成工作任务的重要性正在上升。数据表明，技术进展将增加对高技能职工的需求，减少对低技能职工需求。随着自动化工厂、自动化存货和文字处理、财务管理软件等技术应用于日常工作，工厂工人、从事程序性信息处理工作人员、办公室文员等很多工作岗位被智能设备代替了。相比较，如高速通信、人数据分析等被技术放大了的、非程序

① 世界银行集团. 2019年世界发展报告：工作性质的变革（中文版）［R/OL］.（2019-04-18）［2019-06-10］. https://www.worldbank.org/content/dam/wdr/2019/WDR-2019-CHINESE.pdf.

性的较抽象的分析与推理任务，则增加了对人工智能、云计算、大数据工程师的需求。这种技术的发展带来的实际就业效应就是，降低了对低技能劳动力的需求，增加了对高技能劳动力的需求。我国就业结构呈现出中高技能偏向型发展特征。

1. 按受教育程度划分

与人力资本水平较高的劳动力相比，低人力资本的劳动力更容易被机器所代替，从而遭到企业解雇。因此，低人力资本的劳动力在本地劳动力市场占比较高时，机器人导致的短期失业现象更严重。企业智能化的推进引起了劳动力市场的巨大变革。中国企业综合调查报告（CEGS）数据显示，在调查样本中，2015 年使用机器人的企业占比为 8.1%，2017 年这一比例上升到 13.4%。机器人的使用替代了全部企业 9.4% 的初中及以下学历员工，同时对大学本科及以上员工的需求数量增长了 3.6%。机器人使用对不同工作岗位的影响也有差异化。机器人替代了 3.3% 常规性操作型工作任务，而对常规性认知型任务的需求却增加了 2.7%。①

我们可根据《中国劳动统计年鉴》中"按行业分的全国就业人员受教育程度构成"和"按教育程度分的城镇就业人员行业构成"数据进行分析。通过数据分析发现，大学专科、本科及研究生学历在全部就业人员中占比在 2000 年以来不断上升，高中学历就业人员占比从 2016 年开始下降，高中以下学历就业人员占比在 2008 年国际金融危机后逐年下降（见图 7-5）。

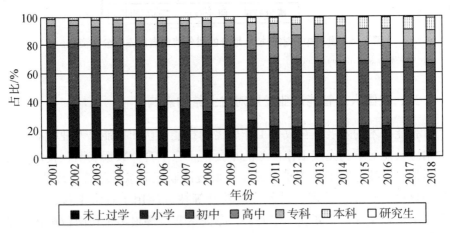

图 7-5　全国就业人员受教育程度构成

① 武汉大学质量方针战略研究院，武汉大学中国企业调查数据中心. 中国企业综合调查报告（2018）［M］. 北京：中国社会科学出版社，2019：2-3.

机器人的使用不可避免地会导致某些工作岗位的流失，教育形成的人力资本是抵御冲击的天然屏障。受过高技能教育的劳动者，较容易适应技术的变化，通过工作转换找到新的就业岗位。而高中以下低技能常规任务的劳动者失业后，由于"数字鸿沟"存在，技能和职位转换存在较大困难。

2. 按不同职业划分

科特斯等（Cortes et al., 2016）将劳动年龄人所从事的职业按照其被自动化的概率，分为常规型工作和非常规型工作两大类，然后在这两大类工作岗位内部进一步细分为操作型工作和认知型工作。我们通过人力资源和社会保障部公布的 2008—2019 年的统计数据发现，过去几十年中国职业变动的趋势与世界银行发布的工作性质与技能需求变化相似，即非常规工作任务呈现明显的增加趋势，而常规工作任务的下降却是非常明显的。这与新技术减少了可编程的常规工作任务需求的国际经验是一致的。

从图 7-6 中可以看出，办事人员和相关人员从事的程序性认知工作、生产运输设备操作人员和农林牧渔业生产人员从事的程序性操作工作比重下降明显，单位负责人和专业技术人员非程序性认知工作岗位稳步增加，商业服务人员从事的低技能、需要情景适应性和人际互动的非程序性操作工作任务持续上升。

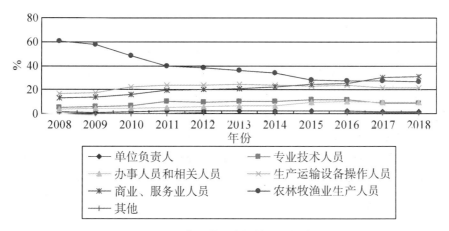

图 7-6　全国就业人员的职业构成

资料来源：根据《中国劳动统计年鉴》的数据整理。

3. 按不同行业划分

从行业看，非程序性认知任务集中的行业如信息传输、计算机服务和软件业，金融业，科学研究、技术服务和地质勘探业等行业城镇单位就业人数占比稳步上升，非程序性操作任务集中的批发和零售业、住宿和餐饮业城镇单位就业人员持续增加，程序性操作任务集中的制造业城镇单位就业人数占比显著下降（见图7-7）。

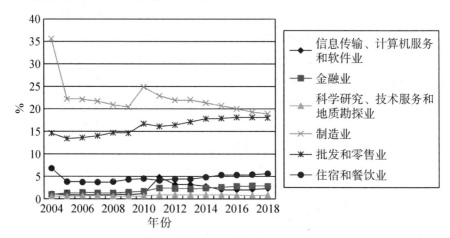

图7-7　部分行业城镇单位就业人数占比变化

资料来源：根据《2019中国劳动统计年鉴》数据整理。

4. 按技能等级划分

在我国，部分城市、部分行业、部分职业初步出现了分化现象。技术变革引发"高技岗难求""低技岗追求增加"和"中等技能劳动力缩减"的现象。自2007年以来，高级技师、技师和高级工程师的求人倍率持续走高，连续10年在2~3.5之间波动，劳动力需求大于供给。我国大城市出现了高技术劳动力需求先行、低技术劳动力延迟跟进的特征。

按照世界银行2016年和2019年报告判断，我国不同技能劳动者的就业状况，没有出现显著的两极分化问题，而是呈现中高技能偏向型发展特征（见图7-8）。

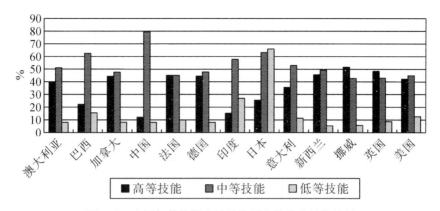

图 7-8　中国与其他国家按技能划分的就业结构比较

资料来源：国际劳工组织（ILO）数据库。

根据全国历年职业技能鉴定综合情况，由于前期效应和劳动年龄人口的下降，我国每年获取职业资格证书的人数呈倒 U 形变化趋势。每年获得初级和中级职业资格证书的人数下降趋势明显，获得高级职业资格证书的人数持续上升后，仅有小幅下降（见图 7-9）。

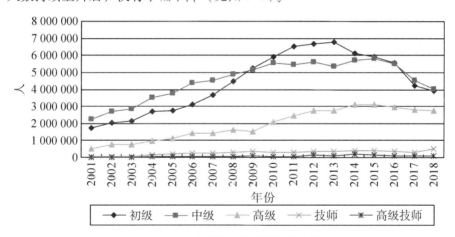

图 7-9　历年全国职业技能鉴定综合情况

资料来源：中国劳动统计年鉴。

四、就业结构变动引起的收入结构变化

大规模推行人工智能和机器人之后，高端就业岗位的收入将持续上涨，中端市场收入却持续减少。中端就业工人在无法找到合适的中端工作时，就开始寻找更低技能工作，造成低端就业人口过剩，低端就业岗位竞

争加剧，应聘方议价能力减弱，工资水平下降，从而加剧了收入不平等。[①]

我们可以借用保罗·萨缪尔森《经济学》中关于外科医生与快餐业工人的工资在市场上的差异来描述非程序性高技能劳动者与程序性低技能劳动者的工资差异。[②]

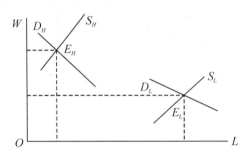

图7-10　高技能劳动者与低技能劳动者工资差异

资料来源：图像自制。

1. 从不同行业看

非程序性认知任务集中的信息传输、计算机服务和软件业，金融业、科学研究、技术服务和地质勘探业等行业工资水平持续走高，程序性操作任务集中的制造业工资上涨缓慢，非程序性操作任务集中的批发和零售业虽工资水平不高，但增速较快，每年最高与最低之比有扩大的趋势（见图7-11）。

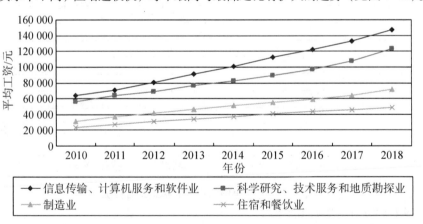

图7-11　按行业分城镇单位就业人员平均工资比较

资料来源：根据《2019中国劳动统计年鉴》数据制图。

---

① 保罗·萨缪尔森. 经济学［M］. 19版. 于健，译. 北京：人民邮电出版社，2013：240.

② 埃里克·布莱恩约弗森，安德鲁·麦卡菲. 第二次机器革命：数字化技术将如何改变我们的经济与社会［M］. 北京：中信出版社，2016：15.

2. 从不同职业看

2013—2020年，全国规模以上企业就业人员年平均工资增加了34 178元，增长了74.82%。其中，中层及以上管理人员年平均工资增加了57 605元，增长53.64%；专业技术人员年平均工资增加了49 502元，增长78.48%；办事人员和有关人员平均工资增加了28 764元，增长61.98%；社会生产服务和生活服务人员平均工资增加了22 616元，增长57.51%；生产制造及有关人员平均工资增加了22 166元，增长56.35%（见图7-12）。由此可以看出，随着智能偏向型技术进步，从事非程序性认知任务的专业技术人员工资增长速度最快，而从事程序性操作任务的生产制造及有关人员增长速度较慢。

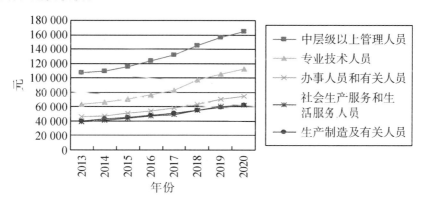

图7-12　2013—2020年各职业就业人员年平均工资

资料来源：根据国家统计局官网公布数据整理。

3. 从不同就业群体看

高技能群体大学生毕业三年后月收入与低技能群体农民工月收入差距有拉大的趋势。2010年大学生毕业三年后月收入与低技能群体农民工月收入差距为2 396元，2015年拉大到2 669元，2019年进一步扩大到3 168元。

2010年大学生毕业半年后和毕业三年后月收入分别比农民工多789元和2 678元，而到2019年这一差距分别拉大到905元和3 168元（见图7-13）。

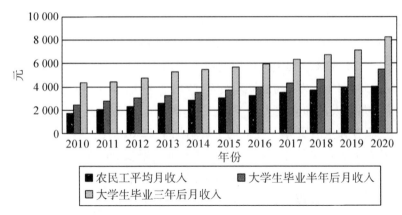

图 7-13　大学毕业生与农民工月收入比较

资料来源：根据历年中国大学生就业报告和农民工监测报告数据整理。

4. 从不同技能岗位看

根据人力资源和社会保障部劳动关系司发布的 2018 年和 2019 年企业薪酬调查信息数据比较看出，具有不同技能的企业从业人员中位数工资差距正在拉大。2018—2019 年，高技能与中等技能企业从业人员工资中位数之比由 1.16 扩大到 1.20，高技能与低等技能企业从业人员工资中位数之比由 1.37 扩大到 1.47（见图 7-14）。

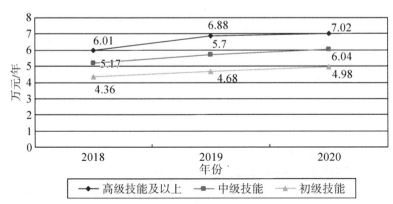

图 7-14　按技能等级分企业从业人员工资中位数变化

资料来源：人力资源和社会保障部劳动关系司. 2020 年企业薪酬调查信息〔EB/OL〕.（2021-11-19）〔2022-12-15〕. http://www.mohrss.gov.cn/SYrlzyhshbzb/laodongguanxi_/fwyd/202111/t20211119_428286.html.

总之，我国不同技能等级劳动者工作岗位占比和工资收入差距都有扩大的现象，但是由于政府充分就业政策托底和收入均等化政策实施，我国并没有出现明显的极化现象。

第三节　人工智能产业对我国中产阶层就业的冲击

一、我国中产阶层现状

1. 我国中产阶层的划分标准

中产阶层的概念，虽在经济学收入分配问题的讨论中被广泛使用，但目前国际上或国内没有一个公认的统一的定义。中产阶层的概念与中等收入群体是两个既有联系又有区别的概念。中等收入群体是指在社会收入中处于中等水平的那部分群体，一般以收入为单一标准进行群体划分。而中产阶层则是一个涉及范围较广的概念，除了收入标准外，还包括职业类别、受教育程度、生活水平、阶层认同等方面的要求。

我国专家或学者通常用收入、职业、教育、消费及生活方式四个标准来界定中国的中产阶层。苏海南（2015）根据改革开放以来我国当代中产阶层产生发展的历史及人员构成状况把我国中产阶层定义为：随着改革开放发展起来的家庭人均收入和财产处于社会平均水平与较高水平之间、生活水平达到全面小康与比较富裕之间的程度、从事职业和所受教育程度多数居于社会中等阶层及附近、价值观和行为与时代要求大体一致、能够对社会主流价值判断发挥正面引导作用的社会群体。这一定义涉及收入、财产、生活水平、职业、受教育程度、价值观和行为规范、社会作用七个维度。[①]

界定中国的中产阶层，首先是收入标准。中产阶层收入标准与中等收入的收入标准是一致的。国内学者对中等收入阶层进行研究时主要采用绝对标准法和相对标准法。绝对标准法是基于维持相应生活水平所需要的收入来确定中等收入群体的收入上下限。国家统计局把家庭收入作为测度标准，将 2015 年和 2017 年的测度标准分别界定为 9 万~45 万元、10 万~50 万元。相对收入法利用年收入的中位数来确定测度标准的上下限。吴鹏、常远（2018）利用中位数的 75%~125% 作为标准，测得 2011 年我国农村和城镇中等收入群体的占比分别为 21.5% 和 36.8%。李培林（2017）在测

---

① 苏海南，王宏，常风林. 当代中国中产阶层的兴起 [M]. 杭州：浙江大学出版社，2015：66.

度下限不变的情况下，将测度上限提升至人均可支配收入中位数以上200%，测得2015年中国中等收入群体占比38.3%。以中国典型的三口之家为例，年收入在10万~50万元，有购车、购房、闲暇旅游的能力，这就是我国的中等收入群体。2019年腾讯理财通联合21世纪经济研究院对新中产群体的收入、消费及投资情况进行了详尽调研。他们的调研报告指出，中国的"新中产家庭"，除家庭年收入20万元以上等财务标准以外，还满足其他特征：接受了高等教育；多从事管理或专业性岗位工作；有独立见解，不盲从；理性消费，注重品质和实用性；有持续和终身学习的打算。

在界定中等收入阶层时，职业标准是不能忽视的。中产阶层一般都从事脑力劳动的职业，或者从事以脑力劳动为主、兼具体力劳动的职业，一般都以较高的知识素质和较强的劳动能力为前提。随着经济的发展和收入水平的提高，在今后一段时间内，除了企事业单位负责人和专业技术人员之外，商业服务人员和一些自由职业者等也会进入中等收入群体中来，他们凭借着自己的聪明头脑和良好的教育背景，在收入及社会地位等方面都将慢慢地加入中等收入阶层行列。

2. 我国中产阶层规模

国家统计局发布的数据显示，近年来我国居民收入持续增长，中等收入群体规模扩大，由2015年的1亿多人增加到2020年的4亿多人（见图7-15）。

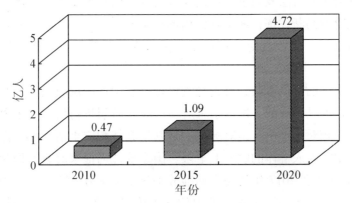

图7-15　2010—2020年我国中产阶级人数

资料来源：中国报告网. 2010—2020年我国中产阶级人数［EB/OL］.（2018-09-18）［2021-12-15］. http://data.chinabaogao.com/hgshj/2018/091SB91H018.html.

我国中产阶层标准和比重不高。从数量上看，我国中等收入群体人数虽然已经成为全球第一，但是水平不高。一方面，我国中产阶层人数仅占全国人口的35%，一些发达国家则超过了60%；另一方面，按照世界银行规定的标准，人均年收入在2.5万~25万元之间都属于中等收入，上下限之间相差9倍。由国务院发展研究中心课题组主持并完成的中国民生调查报告（2019）显示，当家庭年收入处于15万~24.99万元区间时，自我阶层定位为中产阶层占比最高，达60.13%（见图7-16）。

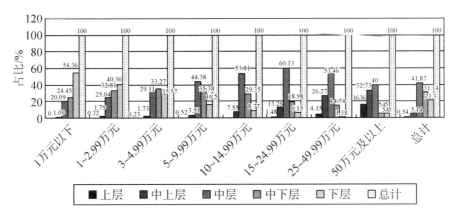

图7-16 不同收入区间家庭自我阶层定位百分比

资料来源：国务院发展研究中心课题组. 中国民生调查 2019 ［M］. 北京：中国发展出版社，2019：432.

3. 我国中产阶层的受教育程度

我国中产阶层人员多数受过高等教育，大专及以上受教育程度占总人数一半（见图7-17）。

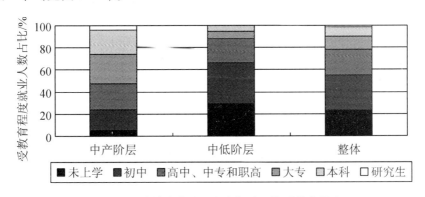

图7-17 城镇中产阶层和中低阶层的受教育程度

资料来源：李培林. 当代中国阶级阶层变动（1978—2018）［M］. 北京：社会科学文献出版社，2018：171.

4. 我国中产阶层的职业类型

目前我国中等收入群体主要集中在城镇，在大中城市已经达到 40%。其中，构成中等收入群体的经营管理人员、高技能人才和职业技术人员，占中等收入群体的 75% 以上；私营企业主、个体工商户是中产阶层的一个重要组成部分；新型农民将成为今后中产阶层的后备军（见图 7-18）。工资性收入是中等阶层最主要的收入来源，同时他们的财产性收入占比迅速上升。专业技术人员是指在企事业单位和各种社会经济组织中从事专业技术工作的人员，是一个以教师、医生、律师、工程师、科研人员、艺术家等为主的职业群体。这个群体具有高学历和脑力劳动的特征，在我国称之为"知识分子"，在西方称之为"新中产阶层"或"白领阶层"。

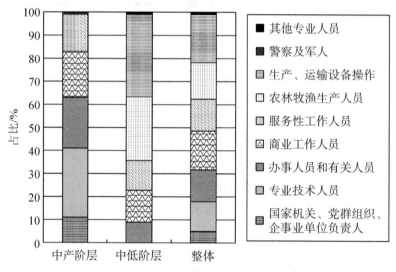

图 7-18 我国城镇中产阶层和中低阶层的职业类型

资料来源：李培林. 当代中国阶级阶层变动（1978—2018）［M］. 北京：社会科学文献出版社，2018：171.

5. 新兴中产阶层

（1）新兴中产阶层的界定。

根据福布斯发布的《2018 中国新兴中产阶层财富白皮书》的定义，新兴中产阶层是指以 30 岁到 40 岁的人为基础的一个庞大族群。物质的丰富让他们内心深处有较强的安全感，接受过良好的教育让他们在工作上保持强烈的进取心。

（2）新兴中产阶层所处行业的比例。

从行业分布来看，计算机/互联网/电子/电子商务、会计/法律/金融类以及贸易/消费/运营这三大行业的新兴中产阶层人群占比相对较高，分别为 20%、18%、14%；作为随着中国产业发展兴起并依然处于中国产业转型升级过程中的重点发展的行业，计算机互联网与会计金融类的确成就了不少财富新贵，身处其间的从业者能更多地获得发展与创富机会。而过去多年来一直处于高速发展的 TMT 行业在中产阶层中的占比则仅为 7%，这与福布斯中国之前针对中高端富裕人群的调研结果占比一致；由于通信行业经历了快速爆发，市场也逐渐趋近饱和，媒体行业尚处于新旧媒体交锋之中，商业模式也需更新，在这些现实情况下，TMT 行业难免呈现出创富能力下降的现象（见图 7-19）。

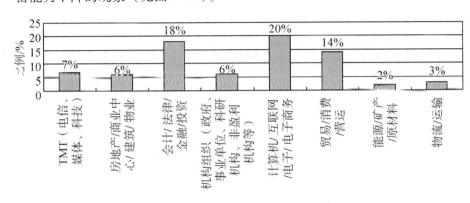

图 7-19　新兴中产阶层所处行业比例

资料来源：福布斯. 2018 中国新兴中产阶层财富白皮书［EB/OL］. (2018-09-09)［2021-12-16］. https://max.book118.com/html/2018/0909/6045145120001215.shtm.

（3）新兴中产阶层所处职业占比。

从职业类别看，由于新兴中产阶层 25~30 岁年龄段人群占多数，他们大多处于事业起步、技能积累阶段。因此，在职业类别方面，"企业一般职员"排首位，占比为 35%；有 20% 的中产阶层人群晋身企业管理层；在"大众创业万众创新"的时代背景下，新兴中产阶层也不拘泥于中规中矩的职业发展路径，希望通过创业来致富或改变阶层也大有人在，17% 的人群为企业主/私营业主（见图 7-20）。

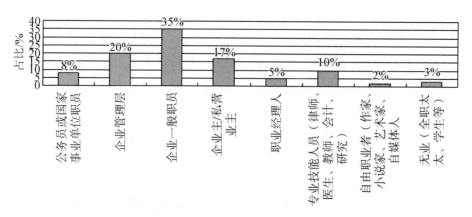

图 7-20　新兴中产阶层所处职业比例

资料来源：福布斯. 2018 中国新兴中产阶层财富白皮书 ［R/OL］. (2018-09-09) ［2021-12-16］. https://max.book118.com/html/2018/0909/6045145120001215.shtm.

从各年龄段看，自由职业者、企业主/私营业主、企业一般职员这些从业者中，大部分年龄都集中在 25～30 岁，占比分别为 57.14%、61.31%、60.28%；而职业经理人、企业管理层、公务员或国家事业单位人员这些从业者中，则以 31～35 岁人群居多，分别为 35.56%、39.22%、34.21%；这些都从侧面印证了中产阶层的年龄、职业经历同时也与其在职场、商场的资历职级相匹配。36～40 岁群体中，职业经理人占比最高，达到 22.22%。这一年龄阶段的新兴中产阶层，有一定的管理经验，在行业内有一定知名度。在 41～45 岁群体中，无业人员（全职太太、全职学生）占比最高，达到 33.3%。这一群体中，他们或其家庭已有一定的财富积累，以财富管理等多元化方式求取财富增值。

二、人工智能技术对我国中产阶层就业造成一定的冲击

历史上，技术性失业者多为技术水平低、不能适应现代技术需求的蓝领劳动力。但是，在第四次工业革命技术下，某些特定领域的重复性认知型工作将被智能设备大量替代。人工智能的影响将从体力劳动者向脑力劳动者逐步扩散。在整个机器取代人的过程中，由农业开始，然后是蓝领，最终会波及白领。人工智能企业的领军人物李开复指出："人工智能算法之于白领，就像是拖拉机之于农场工人。这一工具将快速提高工人的生产

力，同时缩减实际需要的工作人员。"①

三、人工智能技术对我国中产阶层就业冲击有限

中产阶级与中等收入阶层、中等技能从业人员有交叉、有联系，但又不等同。中产阶层至少在收入上达到中高等收入阶层，在职业技能等级上处于中高技能，除此之外还有家庭经济殷实、受过高等教育、追求自我价值实现等标准。因此，人工智能对中等技能从业人员冲击大，但对抗冲击能力较强的中产阶层冲击较小。

1. 我国中产阶层技能迭代升级能力较强

人工智能产业发展虽然对中产阶层的就业形成一定的冲击，但人工智能产业的发展同时也给中产阶层壮大提供了机遇。我国中产阶层大多数属于有抱负、有知识、有技术的高技能人才，对技术变革及新业态变化有较强的适应能力，能及时转换技能，使之与工作岗位相匹配。人口老龄化的加剧也会拉动对健康及相关领域工作岗位的需求。越来越多的中等技能人才通过积极学习，参与培训，向高技能就业岗位转移，带动就业结构优化升级。我国的中产阶级在创造工作岗位方面起到的作用比先进经济体的中产阶级更加强大。麦肯锡全球研究院预计，到 2030 年，中国的中等薪资和高薪资工作岗位数量将分别增加 29% 和 21%。

2. 我国中产阶层就业岗位不会被掏空

技术空心化在我国不是常态。只要制度变迁和技能转换能够跟上技术变迁速度并与之相匹配，我国也不会出现技术空心化现象。技术空心化只是暂时的，橄榄型技能结构是长期稳态趋势。与其说是"极化"，倒不如说是"升级"。根据职业发展通道的不同，我们可把人工智能工程技术人员分为初级工程技术人员、中级工程技术人员、高级工程技术人员。初级工程技术人员负责编码实现、疑难 BUG 分析诊断。中级工程技术人员在企业从事开发工作量评估、开发风险识别/报告/协调解决、代码审核、代码模板研发与推广等工作。高级工程技术人员在企业的职责是组建平台研发部，搭建公共技术平台，方便各条产品线开发、管理和协调。未来人工智能的发展除了部分核心高技术岗位外，随着智能化的普及，技术门槛越来

---

① 李开复. AI 未来 [M]. 杭州：浙江人民出版社，2018：192.

越低，对中低层数字化技能劳动者存在大量的需求。即使是同一层级职位也存在高中低三档。深度学习算法对于文本、图形、语音等数据分类、标记、注释等工作任务的需求大增，海量的原始样本数据需要有劳动者进行数据标注，从而催生出数据标注岗位。从岗位层次来看，已形成高、中、低技能劳动者相对应的岗位体系，能够满足劳动者职业发展的自我提升需要。全职招聘岗位多为数据标注主管、数据标注工程师等专业性较强的岗位或者医学标注、语料标注等培训难度较高的岗位等。大部分的兼职岗位没有学历限制，培训简单，对于专业技能和收入水平较低的劳动者来说是创收的较好方式。产业智能化升级最终会使工作岗位的技术结构从"哑铃型"动态向"橄榄型"稳态转变（见图 7-21）。

（a）智能化转型中的技能结构　　　（b）智能化稳态时技能结构

图 7-21　工作岗位的技术结构转变

3. 我国中产阶层收入会稳定增长

我国中产阶层群体中多数成员属于有知识、有技能、懂经营的高层次人才，他们除了工资收入外，主要靠经营性收入和财产性收入的增长，所以他们的收入不会随着人工智能产业的发展而长期陷入停滞。

从图 7-22 可以看出，我国中等收入户人均可支配收入的增长率在 2014—2018 年持续下降，但 2019 年后又大幅度上升。

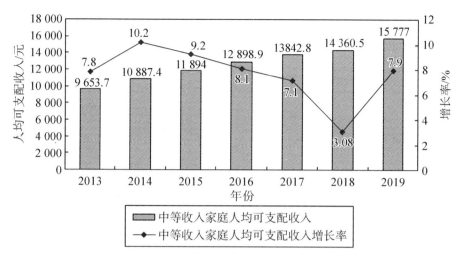

图 7-22　我国中等收入平均每户人均可支配收入增长率

从图 7-23 可以看出，我国中等收入与最高收入户人均可支配收入增长率曲线并没有拉大趋势，而是上下交叉，错峰波动。

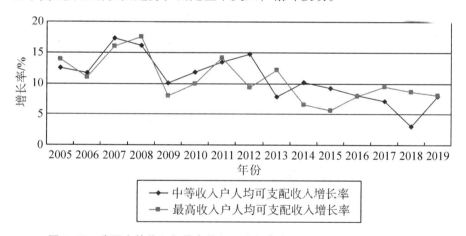

图 7-23　我国中等收入与最高收入平均每户人均可支配收入增长率比较

从图 7-24 可以看出，在精准扶贫政策作用下高收入户与低收入户之间收入差距在缩小，高收入户与中间收入户之间收入差距有扩大但没有持续的趋势。

图 7-24　全国高收入户与中间收入户人均可支配收入比例

资料来源：国家统计局住户调查办公室. 2020 中国住户调查年鉴［M］. 北京：中国统计出版社，2020：12.

因此，我国的就业结构和收入结构不存在明显的"空心化"趋势。技术空心化是技术对工作岗位创造性毁灭过程中的暂时现象，从长期来看，在新的均衡点上，职业技能的分布仍然是橄榄型的结构。中产阶层应对挑战的主要任务是学习新技能，实现知识和技能的升级迭代，以适应新工作的需求。

第四节　人工智能产业就业极化效应实证分析

一、变量定义和数据来源

1. 变量定义（见表 7-1）

（1）被解释变量：制造业高技能就业人数；制造业中等技能就业人数；制造业低技能就业人数。

（2）解释变量：工业机器人安装量；高技术制造业新产品开发经费；高技术产品出口占比；制造业外商直接投资。

2. 数据来源

制造业高技能就业人数、中等技能就业人数和低技能就业人数来源于《中国高技术产业统计年鉴》《中国劳动统计年鉴》《中国科技统计年鉴》和《全国经济普查数据》。工业机器人安装量来源于国际机器人联盟

（IFR）数据库。高技术制造业新产品开发经费和高技术产品出口占比数据来源于中国高技术产业统计年鉴。制造业外商直接投资数据来源于中国外贸统计年鉴。

表 7-1　变量定义及数据来源

变量类型	名称	符号	单位	来源
被解释变量	制造业高技能就业人数 制造业中等技能就业人数 制造业低技能就业人数	high middle low	万人 万人 万人	中国高技术产业统计年鉴 中国劳动统计年鉴 中国科技统计年鉴
解释变量	工业机器人安装量 高技术制造业新产品开发经费 高技术产品出口占比 制造业外商直接投资	robot development export fdi	台 亿元 % 万美元	国际机器人联合会（IFR） 中国高技术产业统计年鉴 中国高技术产业统计年鉴 中国贸易外经统计年鉴

二、模型构建

$$\ln high = \beta_0 + \beta_1 robot + \beta_2 developmenr + \beta_3 export + \beta_4 fdi + \varepsilon \quad (7.1)$$

$$\ln middle = \beta_0 + \beta_1 robot + \beta_2 developmenr + \beta_3 export + \beta_4 fdi + \varepsilon$$
$$(7.2)$$

$$\ln low = \beta_0 + \beta_1 robot + \beta_2 developmenr + \beta_3 export + \beta_4 fdi + \varepsilon \quad (7.3)$$

公式（7.1）、公式（7.2）和公式（7.3）中 high 表示制造业高技能劳动者，middle 表示制造业中等技能劳动者，low 表示制造业低技能劳动者，robot 表示工业机器人安装量，development 表示高技术制造业新产品开发经费，export 表示高技术产品出口占比，fdi 表示制造业外商直接投资。

二、基准回归结果

为了克服异方差和自相关问题，本书对数据分别进行以 lnhigh、lnmiddle 和 lnlow 为因变量、以 lnrobot、lndevelopment lnexport、lnfdi 为自变量的迭代式 CO 估计法广义最小二乘回归分析（见表 7-2）。

表 7-2　机器人对不同技能岗位的异质性影响

自变量	因变量		
	lnhigh	lnmiddle	lnlow
lnrobot	0.007 632 2*** (0.000 024 3)	0.003 517 2** (0.013 650)	-0.037 855 65** (0.002 889 771)

表7-2(续)

自变量	因变量		
	lnhigh	lnmiddle	lnlow
lndevelopment	0.063 175 1*** (9.50e-06)	0.032 153 6** (0.645 711)	-0.027 329 88* (0.008 663 167)
lnexport	0.014 742 7*** (0.000 057 6)	0.009 241 5* (0.572 756)	0.038 410 7 (0.013 853 41)
lnfdi	0.028 033 7*** (0.000 082 9)	0.020 551 7* (0.385 341)	-0.107 171 25** (0.755 408 9)
_cons	-40.040 91*** (0.001 616)	-19.073 25* (10.484 57)	23.222 61** (17.871 09)
N	20	20	20
R^2	0.997 4	0.994 6	0.998 1

注：表中括号内为标准误。*、**、***分别表示在10%、5%、1%的水平上显著。

由回归结果可以看出，工业机器人安装量对制造业高技能劳动力需求的影响系数为正值，且在1%的条件下显著，对制造业低技能劳动力的需求影响系数为负值，在5%条件下显著。

四、稳健性检验：按受教育程度划分技能

本研究按照根据经济合作与发展组织 Krueger（1993）的做法，以受教育年限作为技能水平的代理变量，把高中毕业就业人员看作中等技能劳动力，高中以上受教育程度人员视为高技能劳动力，高中以下学历人员为低技能劳动力。虽然受教育程度与技能水平不能等同，但正如陆铭等（2012）所指出的，这种度量误差造成的影响，只能使"技能"系数向零偏误。稳健性检验结果见表7-3。

表 7-3　稳健性检验结果

自变量	因变量		
	lnhigh	lnmiddle	lnlow
lnrobot	0.006 806 9*** (0.001 145)	0.005 431 1** (0.014 526)	-0.034 039 5*** (0.034 950)
lndevelopment	0.063 175 3*** (9.50e-05)	0.004 267 9* (0.190 272)	-0.027 329 8 (0.866 317)

表7-3(续)

自变量	因变量		
	lnhigh	lnmiddle	lnlow
lnexport	0. 014 742 7 *** （0. 000 576）	0. 019 641 0 * （0. 148 792）	0. 038 410 2 （01. 385 341）
lnfdi	0. 028 033 5 *** （0. 000 083 0）	0. 020 635 7 * （0. 142 875 6）	− 0. 107 171 2 ** （0. 075 540 9）
_cons	56. 098 753 *** （3. 448 251）	26. 961 758 ** （10. 645 392）	− 11. 900 77 *** （1. 129 736）
N	20	20	20
R^2	0. 998 6	0. 994 7	0. 999 1

从稳健性检验结果可以看出，即使更换了被解释变量，工业机器人安装量和使用对制造业低等技能劳动者就业效应为负，对制造业高技能劳动者就业效应为正且在1%条件下显著，对制造业中等能劳动者就业效应为正且在5%条件下显著。

四、结论及对策

1. 结论

回归结果表明，机器人使用对不同技能劳动者就业状况影响有显著差异。机器人安装和使用显著地提高了高技能劳动力的就业占比，降低了低技能劳动力的就业占比，中国的就业态势也呈现出技能偏向性的特点。

高技术产品出口占比显著地增加了对高技能劳动力的需求，而对低技能劳动力的需求影响则不显著。

高技术制造业新产品开发经费增加显著地提升了高技能劳动力中研发人员的就业比重，降低了低技能劳动力的就业比重。

制造业外商直接投资对不同技能劳动力就业影响存在差异。FDI 对低技能劳动力就业产生负向抑制作用，而对高技能劳动力就业产生正向促进作用。当国内整体技能水平较低、对国外的先进科技难以消化和吸收时，FDI 对高技能劳动力就业的带动作用也较小。当国内经济实力和研发能力不断提升时，该国可以较好地吸收国外先进技术并进行创新，对高技能研发和技术人员的需求增加。

2. 对策

扩大中产阶层比重关乎经济发展新格局构建。从社会结构的形态来看，中产阶层的发展壮大有助于推动我国的社会结构逐渐从"金字塔型"向"橄榄型"的转变，促进我国社会结构的诱致性变迁。我们憧憬着"中间大两头小"的"橄榄型"社会收入分配结构。因为中等收入群体是一个国家经济的中坚力量，是拉动消费和投资的主动力。是否能壮大中等收入群体关乎我国扩大内需、推动内循环、建设广阔的国内统一大市场是否成功，也关乎中国能否避免落入那些拉美国家的中等收入陷阱。当前我国正在加快形成以国内大循环为主体、国内国际双循环相互促进的新发展格局，而中等收入群体是我国经济的中坚力量，是拉动国内消费和投资的市场主体，扩大中产阶层的比重是构建新发展格局的迫切需要。这个转变过程需要国家政策的支持，也需要劳动力个人的努力。我们要使更多普通劳动者通过自身努力进入中产阶层。努力扩大中产阶层的规模，将成为今后我国经济社会发展的重要方向之一。

为了扩大我国中产阶层的比重，我国应采取以下措施：

首先，"十四五"期间，我国继续优化国民经济产业结构，促进高技术、高效率和高附加值产业集群发展，扩大中高端产品供给能力，实现经济高质量发展。

其次，我国应加快收入分配制度改革，释放内需潜力，以促进低收入者进入中产阶层为主战场，以提高人力资本水平和劳动生产率为主攻方向，向适应形势发展、更有能力的人群分配，争取用 15 年时间实现中等收入群体由现在的 4 亿人扩大到 8 亿人目标，为建设国内统一循环大市场创造条件。高校毕业生、技能型劳动者和农民工是"十四五"规划纲要重点强调的群体，让他们成为中产阶层，既有必要性，也有现实可能性。高校毕业生群体数量庞大，文化程度和技能水平比较高，具备了成为中产阶层的潜力。技能型劳动者是"十四五"期间实现经济高质量发展不可或缺的人才。我们要使这部分群体获得的报酬与技能水平和劳动贡献相匹配，从而顺利地进入中产阶层行列。人力资源和社会保障部的最新数据显示，中国技能劳动者已超过 2 亿人，占就业总量的比例为 26%，其中高技能人才超过 5 000 万人。广大农民工群体是中国产业大军的重要组成部分。他们中也有不少人具备较高的文化程度和工作技能，能够从事较复杂的脑力劳动和创新活动。让这一部分农民工中进入中产阶层，对于缩小城乡收入差距、提升劳动者整体技能素质、加快乡村振兴等，都具重大的现实意义。

最后，我国要健全社会保障制度，不断完善社会保障体系，扩大社会保障的覆盖面，提升社会保障水平，加大关系到国计民生的养老、医疗、生育等保障领域的改革力度，使社会保障体制更合理、运转机制更规范，切实减轻老百姓的后顾之忧。

第八章 人工智能产业发展中的人机协同效应

第一节 人工智能与人类智能互补的内生机理

一、人工智能与人类智能互补研究前沿

人类的强项是创造力、即兴创作能力、灵活性、评判力以及社交和领导能力，而机器的优势在于速度、准确性、重复性、预测能力和可扩展性等。当人类和机器作为盟友而不是对手时，公司可以利用彼此的优势来实现绩效的最大提升。

由数据作为输入、以分析结果作为输出、对人类工作做贡献越来越强大的人工智能技术系统，可以进一步增强人类创造力、感知运动能力和社会智力，从而将机器基于经验的分析能力与人的认知能力结合起来。

格里利谢斯（Griliches，1969）的资本—技术互补假说指出，与低技能劳动相比，高技能劳动与物质资本的互补性更强一点，或者说替代性更弱一点。[①]

2004 年美国经济学家弗兰克·利维（Frank Levy）和理查德·默南（Richard Mumane）出版了重要著作《新社会分工》（*The New Division of Labour*）。在书里他们提出问题：有哪些工作计算机可以完成得比人类好，有哪些工作人可以完成得比计算机好？有哪些工作得以生存下去？机器和系统将扮演伙伴的角色，和未来专业人士并肩作战。这里的挑战在于如何根

---

① GRILICHES Z. Capital – Skill Complementarity [J]. The review of Economics and Statistics, 1969, 51 (4): 465–468.

据人类和机器的相对优势来为他们分配任务。人类和机器联手，将超越没有机器协助的人类专家表现。

道格拉斯·恩格尔巴特（2015）指出，计算机系统开启了办公自动化的大门，人工智能应用替代了部分岗位，增加了劳动者与机器的合作。因此，人机协同决定了我们将把人工智能载体视为伙伴。而人要实现人机互动，就必须具备必要的知识和技能。

机器和系统将扮演卓越伙伴的角色，和未来专业人上并肩作战。这里的挑战在于如何根据人类和机器的相对优势来为他们分配任务。人类和机器联手，将超越没有机器协助的人类专家表现。布莱恩·约弗森（Eric Bryonjolfsson）和安德鲁·麦卡锡（Andrew McAfee）在《第二次机器革命》（*The Second Machine Age*）中表达了以下观点：我们应当"和机器人共舞"，而不是和它们赛跑。"机器换人"不是简单的替代问题，其追求的是一种人机互动与平衡。[1]

特拉伊藤伯格（Trajtenberg，2018）认为技术创新的目的应是提升人的技能水平，而非取代对人的技能需求。电子医疗记录的 AI 数据挖掘可用于后续药物疗效评价，但不会取代医生，而是增强了技术与医生的能力的结合，从而造就出更好的医生，属于"人类强化创新（HED）"，而非"人类替代创新"（HRI）。[2]

澳大利亚科学院院士、国际人工智能学会会士 Toby Walsh 教授指出："AI 代表的是'增强智能'。让人类和机器一起工作，能够比光靠人类或光靠机器做得更好。人类可以发挥自己的优势：创造力、情绪智能、伦理道德和人性。机器也可以拿出自己的优势：逻辑精度高、能够处理庞大的数据、不偏不倚、速度快和不知疲倦。别把机器当竞争对手了，要把它们看成是朋友。我们双方都能贡献些不同的东西。"[3]

保罗·多尔蒂和詹姆斯·威尔逊（2018）在《机器与人：埃森哲论新人工智能》一书中指出，人们可以在数据很少或没有数据的情况下发挥优势，而机器在数据庞大的情况下更胜一筹。这两种能力企业都需要，而开

---

① 埃里克·布莱恩-约弗森，安德鲁·麦卡锡. 第二次机器革命：数字化技术将如何改变我们的经济与社会 [M]. 蒋永军，译. 北京：中信出版集团，2016：249-250.

② TRAJTENBERG. AI as the Next GPT：A Political-Economy Perspective [R/OL]. (2018-01-15) [2019-10-25]. https://www.nber.org/system/files/working_papers/w24245/w24245.pdf.

③ 托比·沃尔什. 人工智能会取代人类吗？智能时代的人类未来 [M]. 闾佳，译. 北京：北京联合出版社，2018：157.

发缺失的中间地带就是人机合作的领域。

在表8-1中，人机协作的左侧部分，人类可以训练机器执行任务，解释机器的输出结果，并维护机器。人机协作的右侧部分，机器可以通过界面与人类大规模交互拓展个人能力，增强人的洞察力和直觉能力。

表8-1　缺失的中间地带

领导	共情	创作	判断	训练	解释	维系	增强	交互	体现	处理	迭代	预测	适应
人类专门活动				人类弥补机器的不足			人工智能赋予人类超强能力			机器专门活动			
				人机协同活动									

资料来源：保罗·多尔蒂，詹姆斯·威尔逊. 机器与人：埃森哲论新人工智能［M］. 赵亚男，译. 北京：中信出版社，2018：91.

二、工作任务中人工智能与人类智能的优势互补

人类依靠人脑的机能和属性进行思维活动，是复杂的生理-心理过程。与之相反，人工智能只是人类社会创造出来且在劳动过程中使用的生产工具，其所有行为的前提都是人类设定的计算法，利用控制机器中的机械和电子元件结构，用无机物模拟生物和人，是机械—物理过程。在信息与控制规律方面，人工智能与人又具有互通性，人类与人工智能是可以合作的，二者并非零和关系。人工智能的不断发展会使劳动者与人工智能的分工日趋明显。在这种新的劳动分工模式下，重复性、简单性、危险性的任务由人工智能完成，创造性、非常规性的任务由劳动者完成。人工智能对就业岗位不全是"挤出式替代"，而主要是"补位式替代"。

1. 人工智能对人类智能缺陷的弥补

人类劳动者的缺陷表现在以下几个方面：①力量的缺陷。最强壮的大力士也只能举起几百千克的重物。②稳定性的缺陷。人类在重复动作一段时间后必定产生疲劳，即便是最优秀的员工也不能保证每一次操作都符合统一标准。③对产品干扰的缺陷。人体的温度、脱发和其他分泌物必定在一定程度上对产品和服务质量造成影响。④对环境忍受能力的缺陷。人类只能承受小范围的温度、湿度，对有毒、放射性的环境更是难以适应。

从总体上看，全球人口增速放缓，老龄化程度加快，劳动力短缺成为世界经济社会发展面临的共同挑战。同时，随着发展中国家劳动技能水平

的提升，劳动者也愿意选择高技能和高工资水平的工作。随着劳动力供给的下降和蓝领劳动力占比的降低，人工智能在未来将在更多领域填补人类劳动力的空白。虽然人工智能对就业造成了威胁，但是人工智能填补了很多劳动力供给短缺的岗位，使产业链更加完整。

智能机器是人工智能在工业生产上的重要应用，根据 IFR 的研究报告，由于采用了更加智能的设备，2000—2012 年，全球汽车产业工作岗位不但没有减少，反而增加了 100 万~150 万个就业岗位。

2020 年新型冠状病毒感染疫情对我国经济社会的发展带来前所未有的冲击。在这一时期，以人工智能为代表的数字技术显示出在保障民生和创造就业方面的显著优势和巨大潜能。比如，远程办公、在线教育、网络问诊、无人零售、直播带货等的快速扩张，既有利于阻止疫情传播，又有助于支撑经济社会发展。

如表 8-2 所示，机器人成功地弥补了人类劳动者上述四个方面的缺陷，使很多行业能够实现高效率和大规模的生产，不仅满足了消费者产品和服务质量的需求，还创造了大量的就业岗位。

表 8-2　机器人对人类劳动者缺陷的弥补

缺陷	替代方式	应用领域
体力	某些工作对体力劳动要求高，载荷大，由人类承担此类工作效率低，并容易造成人身伤害和产品零部件损坏	汽车、装备、铸造等大型工件的搬运和位置固定，需要使用机器人或专用机械设备才能完成
精确	某些工作对精确度要求高，已经超出了人的视力和动作的极限，由人类承担此工作无法达到产品的质量要求	汽车、装备的焊接、喷漆，大型集成电路的生产等工序
干扰	某些工作对温度、湿度和清洁度有极高的要求，由人类从事此类工作很难达到环境标准	光电子产业，生物医药
有害	一些工作环境对人体有伤害，由人类承担此工作容易患疾病，甚至违反劳动法规	高温、高压、高辐射、高污染环境下的工作需要由机器人来完成

2. 创造性思维和行为是人类具有的特质

计算机的深度学习步伐不断加快，逐步在接替以前由人类完成的任务。但在很多创造性领域的任务将只有人来执行，高价值的技能仍将属于人类，并且其中的许多任务将来与人类劳动者关系会更加密切。

（1）人工智能产品的局限性。

人工智能产品的局限性表现在：①人工智能不能理解提出的问题和我

们所生活的世界；②人工智能是已有人类智慧的编程和应用，缺乏创新性；③人工智能不理解自己行为的社会意义，对伦理道德缺乏人类应有的价值判断能力。正如中国社会科学院信息化研究中心秘书长姜奇平所说："人工智能与人类智慧的关系，好比极限的数列与极限值的关系，永远趋近，可以近似地认为相等，但永远达不到。这是最大胆的人工智能专家也不敢称自己是人类智慧专家的原因。"①

（2）高价值的创造性工作依然属于人类。

基于 Author 和 Price 的分析，Levy 和 Murname（2013）指出劳动力市场将工作分为三种②：

①解决非结构化问题：解决不能基于规则的解决方案。

②使用新的信息：了解新数据的信息，以解决问题、作出决策或影响他人决定。

③非常规手工任务：机器人很难执行非规则性的物理任务，因为它们需要光学识别和精细的肌肉控制。

对人类未来就业的领域，即那些不太可能被计算机化的工作，弗雷和奥斯本（Frey & Osbome，2013）提供了类似的观点。他们通过 O * NET 数据库对 702 种职业被自动化的概率进行分析，认为有三种能力仍然难以实现自动化，估计美国总就业人数中大约 47% 不依赖这些能力。③ 这三个能力是：

①复杂的感知和操纵——与非结构化工作环境相关的任务。

②创意智慧——由于创造力不仅涉及新颖性而且包括价值观，因此创造性思维仍然在计算机领域之外。此外，创意智慧通常与人类直觉相关联，它是真正的人类能力。

③社会智能——包括识别人类情绪的实时能力和智能地响应这些输入的能力。对于人工智能，这仍然是一个具有挑战性的问题。

近年来出现了"机器换人"的趋势，并且取代的工作内容技术含量在提高，但是那些有个性的、非程序化的岗位，将不可复制。部分工作岗位

---

① 马丁·福特. 机器人时代：技术、工作与经济的未来 [M]. 王吉美，牛筱萌，译. 北京：中信出版社，2015：4.

② 经济合作与发展组织. 数据驱动创新：经济增长和社会福利中大数据 [M]. 张晓，译. 北京：电子工业出版社，2017：196.

③ 经济合作与发展组织. 数据驱动创新：经济增长和社会福利中大数据 [M]. 张晓，译. 北京：电子工业出版社，2017：197.

需要人类独有的一些特质如创造力、判断力、同理心等。而机器不具备这些特质，无法完全替代人类劳动者的一些工作岗位。事实上，人工智能容易取代的工作多数属于农业和制造业领域的工作，但智能机器人还远远不能取代大多数非常规的服务性工作。

首先，机械手远没有人的双手灵巧。当前机器人的技术水平远没有达到完全替代人类从事服务业的程度。另外，由于涉及法律和人类对智能产品的信任度问题，机器人要胜任简单的清洁工作或航空乘务员工作至少需要 30 年。无人驾驶汽车的普及至少需要 10 年时间。

其次，即使人工智能能帮助专业人员做一些分析工作，但人工智能主要是提高工作人员的办事效率，而不是直接代替专业人员。很难想象，一个机器人律师能够出庭为被告进行竭力的辩护。我们仍然需要实实在在的有感情的人类律师，在法庭上进行道德和价值观上的劝说。在此过程中，人工智能所能发挥作用的就是有效地完成案例分析。当前，人工智能技术正向人机协同方向发展，这种结合会增强人类的能力。这就要求管理层要开发相关学习模式，对员工进行职业培训，让员工与机器共舞。

最后，创造性社会工作一直是由人类完成的。如果允许人工智能进行创新、创造的话，则其就可能给人类带来无法预料的可怕后果。另外，从创新设计到审美或口味的鉴定，人类可能永远要比机器人更了解自己的独特需求。

人工智能既可以取代重复性的、枯燥无味的、无创意的劳动，又对人的能力具有增强效应，从而协助专家作出更精准、更理性的判断。人机协同正成为解决人工智能与各行业深度融合的重要方式。

第二节　人工智能与人类智能的协作方式

人工智能将改变人与机器在工作中的关系。在人工智能出现之前，人类劳动者主导产品制造和服务，技术和机器在生产活动中辅助人类。当人工智能贯穿研发、制造、服务全产业链时，人工智能对经济活动将具有主导意义。智能机器人既是劳动者的竞争对手，又是劳动者的伙伴，人机协作将成为最重要的生产模式。未来的人机协作具体方式可以分为三种，即智能系统与人类共同执行、智能系统辅助人类执行、智能系统替代人类执行。共同执行是指人类从事关键工作任务，人工智能系统支持人类决策者的外围任务；辅助执行是指当人类需要帮助时，人工智能系统执行复杂的功能为人类提供参考，如医疗诊断系统，飞机接近地面警报系统；替代执行是指对于人类能力要求非常有限的任务，人工智能设备可以完全替代执行，如复杂的数学运算、有害环境中的智能化系统控制（见表8-3）。

表8-3　人类劳动力与人工智能之间的协作方式

协作方式	主要内容	事例
共同执行	人类劳动者执行中心任务，人工智能协同人类决策者执行外围任务	·短期或长期记忆检索和任务预测
辅助执行	当人类需要帮助时，人工智能启动相应的复杂功能给予支持	·智能医疗诊断和决策 ·飞机接近地面报警系统
替代执行	人工智能系统替代人类从事繁重、危险的任务	·程序性的体力和脑力劳动 ·在有害环境中进行智能系统控制 ·在不确定环境中的动态系统控制 ·复杂的数学运算 ·需快速反应的系统

资料来源：根据相关知识整理。

一、机器人完全替代人类（替代执行）

对于简单、重复、不需要复杂思考就能完成的脑力决策或体力工作，在可预见的将来，机器在这些领域将逐步取代人类，如智慧工厂、智慧车间、智慧生产线。埃里克·布林约尔松和安德鲁·麦卡菲（2014）指出，"相比人工，机器人有一些明显的优势。它能全天工作，并不需要睡眠、午餐或喝咖啡的时间。它也不需要让雇主给它提供健康体验，更不会给雇主带来额外的税收负担。"[①]

如果人工智能与人类智能的替代比例是固定的，那么其生产函数可表示为

$$Q = a\text{AI} + b\text{HI} \tag{8.1}$$

公式中，Q 为产量；AI 和 HI 分别代表人工智能和人类智能的投入量；常数 a，$b > 0$。两者的边际技术替代率为

---

① 埃里克·布林约尔松，安德鲁·麦卡菲. 第二次机器革命：数字化技术将如何改变我们的经济与社会 ［M］. 蒋永军，译. 北京：中信出版社，2014：45.

$$MRST = a/b \qquad (8.2)$$

从历史发展的角度看，技术型失业是社会进步的有机组成部分。虽然由于劳动生产率的提高，技术取代了一些人工岗位，但同时也提高了其他劳动者以及新入职者的技能，把人力、财力资源释放到回报率更高的行业。劳动力也没有必要承担更多的重体力、重复性或危险的工作。迅速老龄化或人口下降的国家，以及技能短缺的行业，将迎来这种趋势。有了远程医疗和自动化诊断，医学专家就可以诊断更多患者，甚至远程为医生短缺的地区提供服务。

在线教育、远程会议、在线问诊、云买菜等一系列数字工具在新型冠状病毒感染疫情防控中得到了广泛有效的应用。与此同时，应运而生的"健康码"等数字化工具的使用极大地提升了疫情防控效率。智能机器人有效替代人工作业，大大降低了疫情期间很多工作岗位的感染风险。在后疫情时代，智能机器人将继续满足人们对无接触的生产方式和生活方式需求。在医疗领域，中国将继续运用远程医疗机器人、送货机器人、消毒机器人、巡逻机器人为未来的医疗救治发挥必不可少的作用；在制造业领域，中国将鼓励更多的工业制造企业进行智能化改造，使工业机器人从专业工业领域向一般工业领域渗透，用智能机器人部分替代或完全替代人工操作，形成"无人车间"或"无人工厂"。

二、机器部分替代人类（辅助执行）

在同一工作任务中，人工智能（AI）与人类智能（HI）两种生产要素之间存在替代关系，但替代受技术条件限制，边际技术替代率存在递减趋势。

$$Q = f(\text{AI}, \ \text{HI}) \qquad (8.3)$$

$$MRTS = \frac{\Delta \text{AI}}{\Delta \text{HI}} \downarrow \qquad (8.4)$$

智能技术能够发挥语音识别、自然语言处理、图像识别等技术优势，提升疫情防控效能。阿里达摩院研发的人工智能算法可将原来数小时的疑似病例基因分析缩短至半小时，大幅缩短确诊时间。

三、机器无法取代人类

人类在沟通交流的时候，往往期待的是理解和同情，而不是数字和模型计算的结果。因此，对于涉及同情心的工作，比如咨询、辅导等，机器根本无法取代人类。

作为生产要素，人工智能与人类智能按固定比例投入，其生产函数通常表示为

$$Q = \min\left\{\frac{AI}{u}, \frac{HI}{v}\right\} \tag{8.5}$$

公式（8.5）中，Q 为产量，AI 和 HI 分别代表人工智能和人类智能的投入量，u，$v > 0$，分别为人工智能和人类智能的技术系数。

人类发明机器人的目的不应是让机器人实现人类能完成的一切，而应是让机器人去实现人类不愿意做或不能够做的那部分工作。对于不确定的现实世界，人类相对机器仍然存在比较优势，所以在长期内，人机关系的主流是机器辅助人类开展工作，人机协同。

在可预见的未来，自动化风险较低的工作是那些需要社交技能和创造力的工作，尤其是在不确定性状态下作出决策和提出新思维的工作。今天虽然人工智能在感知和认知上取得了很大进步，但在情感交流和自主意识方面，人工智能与人类智能是无法相比的，机器人无法做那些和情感沟通相关的工作，所以在长期内仍然需要人和机器协同工作。例如在医院，机器人可以去给病人送饭，但是无法替代医生与病人交流和沟通。这些被替代概率较低的职业除了心理医生外，还有教师、建筑师、理疗师、音乐家、艺术家、科学家、健身教练等非程序性、需要创新意识和情感沟通的职业（见图 8-1）。

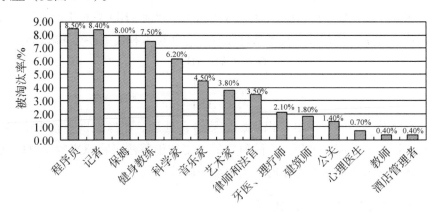

图 8-1　被淘汰概率较低的职业

资料来源：BBC. 人工智能将给人类岗位带来什么影响？［EB/OL］. （2017-12-17）［2019-05-22］. https://www.sohu.com/a/211010900_353595.

第三节　人工智能与人类智能互补的行业表现

尽管在现阶段人工智能已经开始大规模代替人工，走向了各个工作岗位进行工作，但是无论科技发展到什么程度，人机协作才是主流的社会发展趋势，才是保障安全的关键。

一、制造业的人机协同

1. 必要性

工业生产向"智能制造"的转型将带来人机交互方式的进一步升级。工人与机器人之间高效协同，将大幅度提高制造业的生产率。人机合作是生产要素的最优组合，其生产率比只有机器或只有人的团队高出85%。[①]梅赛德斯-奔驰负责生产与供应链管理的董事马库斯·谢弗指出："当我们让人与机器协同工作时，我们就有了更大的灵活性，可以在一条生产线上生产更加多样化的产品，而多样化的操作单靠机器是无法完成的。"[②]

无论是发达国家还是发展中国家，其失业率并未因机器人的广泛使用而增加，机器人对就业并没有产生显著的负面影响，各国失业率主要受经济周期的影响。汽车制造业是使用工业机器人的领先者。梅赛德斯-奔驰和宝马工厂在使用能够与工人一起工作的小型协同机器人。一项关于宝马研究表明，这种人机协同生产线比单独使用工人或机器人有更高的效率。梅赛德斯-奔驰工厂也转向使用人机协同机器人，这种组合能更好地满足消费者的个性化需求。协同机器人提供了一个自动化技术互补效应的例子，即机器人使用量的增加伴随着与之相匹配的工人数量的增加。虽然我们正在应用人工智能和自动化融合的技术推行"智慧车间"和"智慧工厂"工程，但从资源配置效率考虑工厂和车间很难做到真正意义上的无人。

---

① 阿里研究院. AI+：2016人工智能影响力微报告：AI对8大领域及法律规则的影响分析［R/OL］.（2017-01-15）［2018-10-08］. https://bbs.pinggu.org/thread-5490498-1-1.html.

② PEGGY HOLLINGER. Meet the Cobots：Humans Together on the factory floor［N/OL］. Financial Times，2016，5（4）.［2016-05-04］. https://www.ft.com/content/6d5d609e-02e2-11e6-afld-c47326021344？mhq5j=e6.

工业机器人技术集成度高、应用环境复杂、操作维护专业，对人才有多层次的需求。近年来，国内科研机构和企业加大了对机器人人才的培养与引进力度。2017—2020年中国工业机器人装机量及应用人才需求量见图8-2。

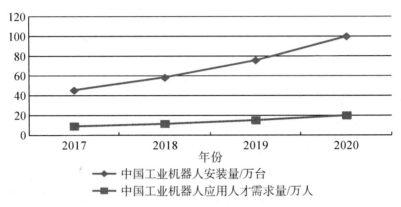

图8-2　2017—2020年中国工业机器人装机量及应用人才需求量

资料来源：前瞻产业研究院. 2018机器人产业发展研究报告［R/OL］. (2018-10-30)［2022-12-20］. http://www.cbdio.com/BigData/2018-10/30/content_5896367.htm.

2. 对德英美制造业人机互补效应的实证分析

（1）变量定义（见表8-4）。

①被解释变量：制造业就业人数。

②解释变量：工业机器人安装量；人口老龄化程度；平均工资；工业增加值占比；人均GDP。

表8-4　变量定义及数据来源

变量	名称	符号	单位	数据来源
被解释变量	制造业就业人数	employment	万人	世界银行数据库
解释变量	工业机器人安装量	robot	台	IFR数据库
	人口老龄化程度	elder	%	世界银行数据库
	平均工资	wage	本币	世界银行数据库
	工业增加值占比	structure	%	世界银行数据库
	人均GDP	avgdp	美元	世界银行数据库

人工智能产业发展的就业效应及对策研究

（2）模型构建。

$$employment = \beta_0 + \beta_1 robot + \beta_2 elder + \beta_3 structure + \beta_4 wage + \beta_5 avgdp + \varepsilon$$

$$(8.6)$$

公式（8.6）中，Employment 表示制造业就业人数，robot 表示工业机器人安装量，elder 表示人口老龄化程度，structure 表示工业增加值占比，wage 表示人均工资，avgdp 表示人均 GDP，u 表示国别，ε 为随机干扰项。

③基准回归结果。

第一步，不考虑自相关，仅考虑不同个体扰动项存在异方差的情况下，以 employment 为因变量，以 robot、elder、structure、wage、avgdp 为自变量及以虚拟变量为自变量进行可行广义最小二乘回归分析。

第二步，仅存在组内自相关，并且各组存在自回归系数系统的情况下，以 employment 为因变量，以 robot、elder、structure、wage、avgdp 为自变量及虚拟变量为自变量进行可行广义最小二乘回归分析。

第三步，不存在自相关而只存在组间异方差和组间同期相关的情况下，进行可行广义最小二乘回归分析。

第四步，为了同时消除组内自相关、组间异方差或同期相关的影响，需要应用全面 FGLS 进行估计。

从回归结果可以看出，目前西方发达国家制造业智能化对劳动力的需求存在替代效应，同时也存在互补效应。因为西方国家大部分制造业属于高端制造，不少企业不仅进行引进机器人的工艺创新，而且进行产品创新。工艺创新虽然减少了对低端劳动力的需求，但产品创新增加了对研发人员和销售人员等高端劳动力的需求。虽然高端制造业对劳动力的相对需求在减少，但绝对需求是增加的。从整个制造业的发展趋势看，随着智能技术的深度应用，就业人数的相对量和绝对量都会下降，但服务型制造产业链的延长，减缓了这一进程。因此，西方国家的"再工业化"战略实施，除完善了本国国内产业链外，也起到了扩大本国劳动力就业的作用（见表 8-5）。

表 8-5　德英美制造业人机互补效应

自变量	因变量：employment			
	OLS	仅存在组内自相关FGLS	存在组间异方差和组间同期相关 FGLS	全面 FGLS
robot	0. 032 43 *** (0. 005 800)	0. 032 432 *** (0. 002 457)	0. 032 280 *** (0. 002 819 2)	0. 032 432 *** (0. 006 071)
elder	−127. 811 *** (20. 201 04)	−127. 811 *** (7. 963 184)	−126. 925 *** (9. 901 81)	−127. 811 *** (17. 739 43)
structure	35. 521 06 * (17. 921 1)	35. 521 06 *** (6. 097 512)	35. 811 44 *** (7. 205 128)	35. 521 06 ** (14. 970 22)
wage	0. 001 954 2 (0. 001 201)	0. 001 954 *** (0. 000 370 6)	0. 001 947 *** (0. 000 429 6)	0. 001 954 *** (0. 000 845)
avgdp	0. 002 704 6 (0. 011 521)	0. 002 704 6 (0. 004 103 2)	0. 003 154 7 (0. 004 658 7)	0. 002 704 6 (0. 010 293 5)
con	1 668. 639 ** (669. 669 9)	1 668. 639 *** (225. 185 7)	1 628. 418 *** (258. 057 5)	1 668. 639 *** (593. 032 8)
N	15	15	15	15
R−Squared	0. 967 5	0. 961 1	0. 967 5	—

注：表中括号内为标准误。*、**、*** 分别表示在 10%、5%、1%的水平上显著。

④稳健性检验：以制造业就业人数滞后一期为解释变量。

在扰动项 $|\varepsilon_t|$ 不存在自相关,而且 $|\Delta \mathrm{employment}_{t-1}, \Delta \mathrm{employment}_{t-2}|$ 与个体效应 u_i 不相关的情况下，我们在动态面板分析中可以将差分 GMM 和水平 GMM 结合起来作为一个方程系统（系统 GMM）进行估计，提高估计的效率。其方程可写为

$$\mathrm{employment}_{it} = \beta_0 + \beta_1 \mathrm{employment}_{i.t-1} + \beta_3 \mathrm{robot}_{it} + \beta_4 \mathrm{elder}_{it} + \beta_5 \mathrm{structure}_{it}$$
$$+ \beta_6 \mathrm{wage}_{it} + \beta_7 \mathrm{avgdp}_{it} + \mu + \varepsilon \qquad (8.7)$$

公式（8.7）中，employment 表示制造业就业人数，$\mathrm{employment}_{t-1}$ 表示制造业就业人数滞后一期，robot 表示工业机器人安装量，elder 表示人口老龄化程度，structure 表示工业增加值占比，wage 表示人均工资，avgdp 表示人均 GDP，μ 表示国别，ε 为随机干扰项。

从表 8-6 的稳健性检验结果可以看出，工业机器人安装对先进制造业就业创造效应仍然稳健。

表 8-6　稳健性检验结果

自变量	因变量：employment					
	Coef.	Std. Err.	z	P>|z|	［95% Conf. Interval］	
employment L1.	0.429 820	0.226 85	1.89	0.058	−0.014 80	0.874 448 4
robot	0.020 863	0.007 35	2.84	0.005	0.006 447	0.035 278 5
elder	−76.636 69	25.629 4	−2.99	0.003	−126.869	−26.403 98
structure	17.449 94	8.378 422	2.08	0.037	1.028 538	33.871 35
wage	0.001 08	0.000 357	3.02	0.003	0.000 379 4	0.001 780 6
avgdp	0.001 223 4	0.001 442	−0.85	0.396	−0.004 050	0.001 603 9
con	1 169.77	435.595 9	2.69	0.007	316.017 8	2 023.522
N＝15	Wald chi2（3）＝1 275.53			Prob > chi2 ＝ 0.000 0		

二、智慧金融中的人机协同

1. 金融服务中的人机协同表现

近年来，中国银行业以数据创新推进服务转型，优化金融服务流程，推动"线上＋线下""人工＋智能"的融合一体服务模式，加强金融风险防控，延伸智慧服务领域，为广大金融消费者提供智能化、个性化的消费金融产品与服务。银行现在已经开始逐步设置智能柜员机等设备，代替繁复的人工操作。中国银行业协会发布的报告显示，截至 2019 年年末，中国银行业金融机构在全国布放自助设备 109.35 万台，其中创新自助设备 4 805 台。2019 年，银行业金融机构网上银行交易金额、手机银行交易金额、电商平台交易金额分别高达 1 657.75 万亿元、335.63 万亿元、1.64 万亿元。尽管每个分支机构的客服数量在下降，但银行柜员并没有被自动柜员机取代，其总人数反而增加了。银行自动柜员机的扩张是与银行交易、银行网点和银行员工扩张同步进行的。智能机器将完成信用卡、贷款和抵押部门的大部分工作，但银行柜员仍然在做一些自动柜员机做不了的工作。技能和业务升级后的新柜员成了推销银行产品的销售员和客服专员。新柜员作为数据分析师，主要任务是探索人们的社交媒体和在线购物习惯，以识别潜在客户并为他们提供算法方面的服务。他们跟客户讨论银行的业务需求、向客户提供贷款建议和制定信用方案。人工智能技术在金融行业创造了三类就业岗位：技术型、运营型和业务型岗位。技术型岗位主要负责人工智能技术与金融业的融合，岗位有系统架构师、数据科学家、算法及系统测试师等；运营型岗位负责人工智能产品的运行与维护，确保相关产品的质量稳定；业务型岗位是介于业务与技术之间的复合型岗位，包括算法解释分析师、商务拓展专家等。

随着金融机构数量的不断增加，消费者对自助服务终端设备提出了更多的需求。目前，国内银行自助设备主要分为自助服务终端、存取款一体机和自动取款机（ATM）三大类。

我国自助服务终端以银行业自助服务终端 ATM 为主，它代表我国自助服务终端的发展趋势。ATM 机 1987 年开始在中国安装，2005 年左右开始进入快速发展阶段。中国人民银行发布的支付体系运行总体情况显示，截至 2019 年第四季度末，全国每万人对应的 ATM 数量为 7.87 台。

伴随着金融科技的兴起，银行业从业人员的结构也在发生相应的变化。ATM 机的出现曾造成 1988—2004 年美国银行职员的大量下岗，美国每家银行的分支机构的职员数量平均从 20 人降至 13 人。但由于运营每家分支机构的成本降低，美国城市里的银行分支机构数量同期上升了 43%，银行职员的总体数量也随之增加。当前，银行正在推动柜员的转岗分流，同时对金融科技人才的需求加大。根据波士顿咨询公司的研究显示，2027年中国金融业将消减 23% 的标准化、重复性工作岗位；剩余的 77% 属于需要解决复杂问题、需要人际情感交流的工作岗位，将不会受到人工智能的冲击，而是在人机协同下提升工作效率。

从金融业城镇单位就业人数变化看，2013—2018 年整个金融业就业人数增长率为 30%。其中，货币金融服务就业人数增长率为 3.92%，资本市场服务就业人数增长率为 31.65%，保险业就业人数增长率为 81.95%（见图 8-3）。

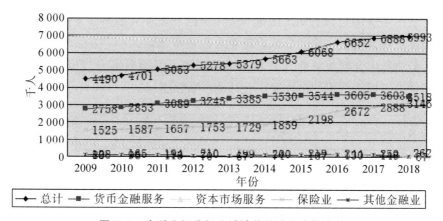

图 8-3　金融业细分行业城镇单位就业人数变化

资料来源：根据中国劳动统计年鉴数据整理。

从中国四大行年报来看，中国农业银行正在推动网点劳动组合优化，指导富余柜员有序转岗。中国银行和中国建设银行的年报显示，其综合营销服务岗与柜员占比在优化，综合营销服务岗占比不断上升，柜员占比持续下降。

从图 8-4 可以看到，华夏、光大、招商、广发、平安、兴业、浦发等股份制商业银行，2009—2018 年从业人数分别增长了 134.0%、73.4%、225.2%、151.0%、171.1%、154.5%（见图 8-4）。

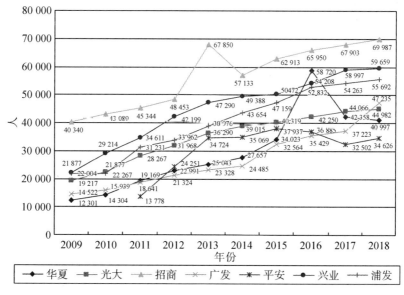

图 8-4　部分股份制商业银行从业人数的增长

资料来源：中国金融年鉴（2011—2019）。

从图 8-5 中可以看出，中国与美国金融业就业人数持续上升，中国上升速度更快。英国、德国金融业就业人数基本稳定，不存在大幅度下滑现象。虽然我国金融业就业人数多于多数国家，但服务客户规模也比较大，未来受人工智能技术冲击程度没有其他国家强烈。

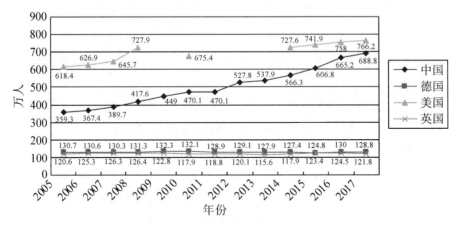

图 8-5　金融业从业人数国际比较（万人）

资料来源：根据《国际统计年鉴》数据整理。

2. 金融服务中人机协同实证分析

下面以金融业城镇单位年末就业人数为被解释变量，银行自主服务终端保有量和银行业金融机构的数量及其交叉项为解释变量进行最小二乘回归分析。

（1）变量定义及数据来源（见表 8-7）。

被解释变量：金融业城镇单位年末就业人数。该数据来源于中国劳动统计年鉴。解释变量：银行系统自主服务终端保有量和银行业金融机构的数量。该数据来源于中国人民银行公布的各季度支付体系运行总体情况数据。

表 8-7　变量定义及数据来源

变量	名称	符号	单位	数据来源
被解释变量	金融业城镇单位年末就业人数	employment	万人	中国劳动统计年鉴
解释变量	银行自主服务终端保有量	auto	万台	中国人民银行官网
	银行业金融机构的数量	agency	家	中国金融统计年鉴
	银行自主服务终端保有量与银行业金融机构的数量	auto_agency	—	中国人民银行官网 中国金融统计年鉴

（2）模型构建。

以金融业城镇单位年末就业人数为被解释变量，以银行系统自主服务终端保有量和银行业金融机构的数量为解释变量构建多元回归模型。

$$employment = \beta_0 + \beta_1 auto + \beta_2 agency + \beta_3 auto\_agency + \mu \quad (8.8)$$

公式中"employment""auto""agency"分别为金融业城镇单位年末就业人数、银行自主服务终端保有量、银行业金融机构的数量，"auto_agency"为银行自主服务终端保有量与银行业金融机构的数量交叉项，μ 为随机干扰项。

（3）回归结果。

表8-8中，Model（1）为普通最小二乘回归结果，Model（2）为稳健性回归结果。从回归结果可以看出，银行系统自主服务终端保有量增加对就业影响系数为正，但不显著。银行业金融机构数量增加对就业影响系数为正，但不显著。金融科技应用提高了金融机构的运营效率。虽然单位资本对劳动力的吸纳能力下降，但是金融机构通过资本积累实现了规模经济，资本扩张的速度超过资本有机构成上升的速度，扩大了对金融高端人才的需求，从而使金融业的就业人数总量增加。

表8-8　自主服务终端保有量对金融业城镇单位年末就业人数影响

自变量	因变量：employment	
	Model（1）	Model（2）
auto	2. 326 455 （0. 630 990）	2. 326 450 （0. 264 533）
agency	0. 018 495 5 （0. 029 626）	0. 018 495 8 （0. 011 021）
auto_agency	0. 031 856 2[**] （0. 023 251）	0. 031 847 9[**] （0. 023 198）
cons	356. 720 3[**] （84. 726 76）	353. 721 6[**] （31. 954 39）
N	16	16
R^2	0. 998 0	0. 998 6

注：表中括号内为标准误。[*]、[**]、[***]分别表示在10%、5%、1%的水平上显著。

三、智慧医疗中的人机合作

1. 必要性

虽然智能设备在医疗领域得到广泛应用，但智能设备不能完全代替医生。人工智能医疗领域最大的不足就是它无法超越人类，无法像人类一样灵活思考和判断。人工智能在医学上的知识经验依靠人类赋予，这就决定了面对突发医疗情况和未知问题时，人工智能无法像人类那样及时分析和快速处理。人工智能由于不具备人类那样能对问题进行直观判断、情感投入等特点，所以无法在医疗领域创新创造，更不能像人类医护人员那样对病人及家属产生同情心。

首先，人工智能医疗设备通过深度学习得到的诊断检验，只是对已有疾病资料的总结，无法对未知的信息进行预测判断。新的疾病种类出现需要新的诊断方法，需要医学专家的不断探索和研究，完全依靠智能医疗设备是不能实现的。

其次，疾病的诊断也不能完全依靠智能设备检测，重大疾病和疑难杂症如果没有专家的确认，诊断结论的正确性就无法得到有效保障。在医学中，会存在用来诊断的基础医疗数据和图像不足从而难以作出正确诊断的情况。事实上，疾病诊断、判读影像只是一种方式，医生还需要结合其他诊断技术，如听诊、询问病史来对比研判。遇到似是而非的复杂病例，还需要具有经验、创造力和直觉以及与患者有个人互动的专业高级医师来诊断。会看 CT 片子的智能医疗设备并没有完全替代医生的工作，而医生可以借助电脑进一步提高诊断质量。如果将来每个人都使用可穿戴设备，医疗系统就会把这些数据进行分类汇总，医生就能更好地了解每个人的健康状况。这就需要能从机器里面看懂数据的医学技术专家，以及把病人引导到治疗机构的医务人员。

最后，使用智能医疗设备的最终法律责任主体还必须是人类。那些与机器合作以及为其决定负责的人必须受过高等教育。这是因为可能存在机器人与人类决策者观点不一致情况，这就需要医学专家最终判断并承担相应责任。病人在治疗过程还需要与医生进行面对面的沟通和交流，从而确定合适的治疗方案，而不是智能机器简单、冰冷的回答。另外，在人工智能领域，仍需要作为专家的医生利用自己优秀的诊断技能训练机器，帮助机器通过深度学习学会诊断。他们不再是靠看病获得收入，而是通过向人工智能传授技术收费，或向自己训练出来的人工智能工具所检查的病人收费。

医疗机器人能够存储、对比、搜索大量的病例，这是一般医生难以企及的。但医生有多年临床经验，可以给予病人更多的人文关怀，这也是机器人无法替代的。虽然临床手术机器人能够发挥精准、抗压的优势，但它们无法单独完成某一手术任务，仍然需要医生的协助和监督。

发展人工智能医疗需要投入大量资金，而且耗时长。人工智能设备投入使用，不仅硬件设备昂贵，而且后续的维修费用也是一项不小的开支。因此，欠发达地区或小型医院负担不起，而大医院在智能设备投入使用后，必将部分费用转嫁给患者，这无疑加重了患者的经济负担，造成许多患者迫于经济压力，有病无钱就医的不公平现象。此外，人工智能在医疗领域中的技术发展并不完善，尤其是软件的开发落后于硬件，缺乏通用的开发平台等，这些都是制约人工智能进入医学领域的瓶颈。

除此之外，人工智能应用于医学领域还将引发很多法律和社会伦理问题。例如，如果人工智能造成医疗事故，对患者负责的责任主体问题。如果人工智能诊断结果与医生的诊断结果出现分歧，那么医生以什么作为辨别标准？辨别的过程若是耗时过长，是否会影响患者得到及时治疗的效率？在人工智能学习阶段，要使用大量患者数据，是否能确保患者的隐私安全？等等。这些涉及法律和社会伦理的问题，在很大程度上也对人工智能进入医疗应用领域产生了制约。

2. 在线医疗规模扩张增加对医护人员的需求

2020 年，受新型冠状病毒感染疫情影响，在线医疗优势得以凸显，行业迎来重要发展机遇。截至 2020 年 12 月底，在线医疗用户规模为 2.15 亿，占网民整体的 21.7%。在线医疗用户渗透率不断提升，使用方式呈多样化趋势。根据互联网协会发布的互联网络发展状况统计数据，截至 2020 年 12 月，40 岁以上在线医疗用户数占比为 40.4%。三、四线城市网民对在线医疗的使用率分别为 19.8%、20.8%。随着在线医疗作为线下就医的辅助及其分诊作用得到用户认可，公众对其的信赖度提升，问诊病种呈多样化趋势。当前，在线医疗主要在健康咨询、慢病复诊、疾病导诊等方面发挥作用，打造线上线下一体化的医疗健康服务闭环是未来的发展趋势。

在线医疗规模扩张增加了对医护人员的需求。虽然智慧医疗能替代医生部分重复性工作，但智慧医疗提高了医生的诊断效率，扩大了医疗服务的范围，使医生能够把更多的精力放在疑难杂症的解决和与病人的沟通上。所以，随着预期寿命的增加以世界人口老龄化的加重，医疗保健业和养老服务业将获得较大的发展，社会对医生、护士、心理学家、营养学家、体能训练师和咨询师的总需求量不是减少而是增加了。护理人员这一职业属于"富有同情心的工作"，需要工作者拥有细心、耐心和爱心。机器人涉足护理领域，只是减轻护理人员的工作量，绝不能替代护士的工作。未来社会还将出现一些具有跨学科技能的新型卫生工作者。如机器人医学专家、医学工程师和基因工程专家。

从图 8-6 可以看出，2000 年我国卫生技术人员为 4 490 803 人，2019 年上升到 10 100 000 人，人数增加超过 2 倍。

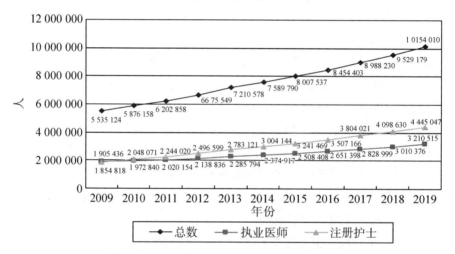

图 8-6 我国卫生技术人员从业人数变动趋势

资料来源：中国社会统计年鉴（2020）和中国第三产业统计年鉴（2020）

2. 智慧医疗投资对卫生技术从业人数影响的实证分析

（1）变量定义及数据来源（见表 8-9）。

卫生技术领域从业人数受智慧医疗投资、医疗卫生机构床位数等因素的影响。本书以卫生技术人员从业人数为被解释变量，智慧医疗投资和医疗卫生机构床位及其交叉项为解释变量进行回归分析。

被解释变量：卫生技术人员从业人数，数据来源于中国劳动统计年鉴。

解释变量：智慧医疗投资，数据来源于亿欧智库研究报告。医疗卫生机构床位，数据来源于中国第三产业统计年鉴。

表 8-9　变量定义

变量	名称	符号	单位	来源
被解释变量	卫生技术人员从业人数	employment	人	中国劳动统计年鉴
解释变量	智慧医疗投资	AI	万元	亿欧智库
	医疗卫生机构床位	bed	万张	中国第三产业统计年鉴
	智慧医疗投资与医疗卫生机构床位交叉项	AI_bed	—	亿欧智库 中国第三产业统计年鉴

（2）模型构建。

$$employment = \beta_0 + \beta_1 AI + \beta_2 bed + \beta_3 AI\_bed + \mu \qquad (8.9)$$

公式（8.8）中，employment、AI、bed 和 AI_bed 分别表示卫生技术人员从业人数、智慧医疗投资额、医疗卫生机构床位数和智慧医疗投资额与医疗卫生机构床位数的交叉项，μ 为随机干扰性。

（3）回归结果。

第一步，以卫生技术人员从业人数为因变量，智慧医疗投资、医疗卫生机构床位数和智慧医疗投资额与医疗卫生机构床位数的交叉项为自变量进行一般多元最小二乘回归分析。第二步，采用异方差自相关稳健标准差对数据进行回归分析，克服数据异方差和自相关对最小二乘回归造成的不利影响。回归结果见表 8-10。

表 8-10　智慧医疗投资对卫生技术人员需求影响

自变量	因变量：employment	
	Model（1）	Model（2）
AI	−11 714. 57*** （2 761.921）	−11 714.57** （2 904.626）
bed	9 850.91*** （301. 720 5）	9 850.91*** （339. 055 6）
AI_bed	16. 434 14*** （3. 383 931）	16. 434 11*** （3. 319 716）
_cons	1 095 663*** （188 393. 7）	10 956 665*** （1 095 666）
N	15	15
R^2	0. 998 8	0. 998 8

注：表中括号内为标准误。*、**、*** 分别表示在 10%、5%、1%的水平上显著。

从回归结果可以看出，卫生技术人员从业人数与智慧医疗投资呈反方向变动，且在5%条件下显著。但卫生技术人员从业人数与医疗卫生机构床位呈同方向变动，且在1%条件下显著。智慧医疗投资与医疗卫生机构床位的交叉项对卫生技术人员从业人数的影响系数为正值，且在5%条件下显著。这说明，虽然智慧医疗投资单位资本对医务人员需求量在减少，也就是对医务人员相对量在减少，但由于"AI+医疗"提高了医疗机构工作效率，拓展了就诊群体，扩大了业务范围，因而医疗机构对医务人员的绝对需求量在增加。

四、智慧司法中的人机协同

1. 司法工作中人机协同的必要性

人工智能技术的介入可以将相关法律信息迅速进行电子化处理，起诉书、申诉表、庭审笔录等前置数据可以一键式生成，极大地节省了法官的时间与精力，有效缓解了司法系统人力资源的紧缺状况。然而，人工智能技术虽然能够在案件审判过程中发挥作用，提高审判的质量和效率，但并不能取代传统法官。

首先，解释新的法律，并预测法律的变化，需要人类律师。在法规不断变化的领域，人类律师能够为客户提供比仅依赖公共材料的计算机程序更好的建议。律师之所以能够生存下来，不仅仅是因为他们与信息来源建立了私人关系，还因为他们与客户建立了私人关系。律师事务所的律师可以将常规性研究任务交给算法，专注地与客户进行沟通，使客户感受到更多的关心。

其次，法律条文本身的文字表达有笼统性的特点，尤其在法律规范缺少明确规定的情况下，人工智能对立法原意的理解可能出现偏误。与人类主体的社会属性不同，人工智能的本质属性是机械性。作为人类社会行为规范总和的法律制度，必须要以人性作为其存在的基础。

最后，在裁定量刑过程中法官的灵活性是人工智能难以比拟的。庭审中，法官可以根据当事人的陈述发问，若遇到突发情况的干扰，法官还需要根据多年审判经验与生活经验进行应急处理。此外，人工智能在证据审核方面具有明显的弱势，但如果原始证据丢失了，替代性证明材料是否具有同等法律效力的问题，需要法官灵活地处置。人工智能系统若要全面介入司法程序，至少面临合规、责任、伦理等方面的困境。

另外，将相关信息录入人工智能系统可以自动生成裁判文书。这种预判准确度很高，但人工智能系统自动生成的裁判文书往往缺少对判决结果的逻辑论证，从而导致裁判文书的权威性与被接受程度大大降低。从不同的司法领域看，人工智能对于审判刑事案件可能具有比较优势，但由于民事案件的复杂性，人工智能还不具备这种审判能力。此外，由人工智能系统生成的文书可能还会降低法官主观能动性的发挥，与人民朴素的正义观相悖。虽然应用算法鼓励当事人提起诉讼或达成协议，但机器人真正参加庭审辩论还需较长时间，庭审仍需要借助人类专业律师的口才进行辩论。

2. 人机协同对新型司法人才的需求

当前，只有较高收入人群倾向于找律师协助签署婚前协议或商业合同，但由于律师机器人的辅助，律师很快就能够以非常低的成本向所有人提供此类服务，客户群体将大幅扩张。在人工智能技术的支持下，法律搜索、案件管理、合同分析文件生成等常规性工作将由机器自动完成，律师和法官就能从大量烦琐的文书中解放出来，主要承担审阅和决策工作，形成高效的人机协同体系。与技术相结合的法律人工智能职业增加了对"法律+AI"新型人才的需求，如法律数据分析师、法律数据库管理者等。2013年牛津大学马丁学院经济学家卡尔·贝内迪克特·弗雷（Carl Benedikt Frey）和机器学习专家迈克尔·奥斯本（Michael Osborne）两位研究人员发布的报告表明，律师助理被替代率是94%，律师秘书到达98%，法官被替代率是40%，而律师仅为3.5%。《经济学人》的研究发现，自从引进能够分析检索海量法律文件的软件之后，过去专门从事法律文件检索的法律工作者的工作时间成本大幅下降，但社会对法律工作者的需求量不降反升，2000—2018年，该职位的就业人数每年增加1.1%。

从图8-7中可以看到，虽然人们在法律服务中采用了人工智能法律助理，但社会对律师的需求量并没有减少。

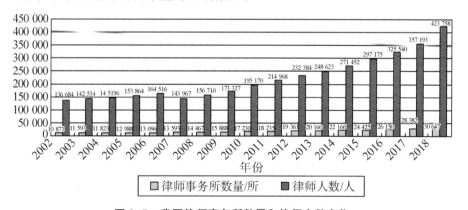

图8-7　我国律师事务所数量和律师人数变化

资料来源：中国社会统计年鉴（2019）。

五、无人驾驶离不开人的辅助

根据英国经济学家弗雷和机器学习专家奥斯本（2013）的观点，卡车司机职业被自动化替代的风险较高。中国劳动统计年鉴数据也显示，2013—2018 年我国道路运输业就业人数下降了 4.28%。但是，人类驾驶员不会被完全替代。

1. 人类驾驶员不会被完全替代的原因

（1）技术限制。

根据美国国家公路交通安全管理局的标准，完全自动化是自动驾驶的最高水平，也是真正实现无人驾驶的水平层次。完全自动化目前在技术上还未完全实现，自动驾驶将完全取代手动驾驶有待时日。

（2）公众对其信任度较低。

尽管自动驾驶汽车有巨大的经济潜力，但公众对其的信任度仍然处于历史最低水平。皮尤研究中心在 2017 年展开的一项调查显示，超过一半的受访公众对乘坐自动驾驶汽车不放心，而他们反对的理由正是对安全性的担忧和掌控感的缺失。2018 年 3 月优步致死事故发生后进行的一项调查显示，有 73% 的美国人表示自己害怕坐自动驾驶汽车，这一数字比 2017 年增加了 10%。这里也有人们对自动驾驶汽车了解尚少、自动驾驶技术还不成熟等客观原因。

（3）特定群体对驾驶的偏好。

就像在汽车普及程度极高的现在仍然有人爱好骑马和赛马一样，作为一项爱好，手动驾驶仍然有其存在的理由。

（4）客车司机责任的广泛性。

比如，校车司机的职责不仅是开车，而且负责安全接送一大群学龄儿童，如果无人驾驶技术成熟，他们可以把更多时间和精力用于陪伴孩子，保护他们远离大巴车。其次，他们会维持车内的纪律，使学生之间不互相伤害。

（5）无人驾驶相关配套服务创造新工作岗位。

虽然出现了无人驾驶的货运卡车，但车队里至少有一辆卡车设有驾驶室，供人乘坐。人可以保护车辆，处理相关物流手续，负责卡车在出发点及终点站的装卸货物事宜，并沿途监督以防意外。另外，随着无人驾驶的兴起，运输行业也会增加对后台操作人员、运维人员、新基建人员的需求。因此，人工智能只是替代部分现有驾驶员岗位，改变了他们的工作任务，创造出新的就业岗位。美国商务部通过分析自动驾驶汽车对司机职业的影响后发现，在美国 1 550 万人的司机职业中，客车和货车的司机约占380 万人，这部分司机受自动驾驶汽车的影响最大，而提供与自动驾驶服务或通勤的相关工作人员约占 1 170 万人，包括建筑从业者、急救人员、维修安装人员等。

2. 我国驾驶人员从业情况

国家统计局发布的《中国统计年鉴 2020》显示，在人工智能冲击下，2010—2019 年我国机动车驾驶员和汽车驾驶员从业人数还在持续增长。2019 年，全国机动车驾驶人数量超 4.36 亿人，汽车驾驶人 3.97 亿人（见图 8-8）。

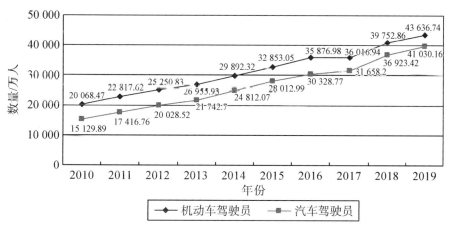

图 8-8　2011—2019 年我国机动车及汽车驾驶员人数

资料来源：根据《中国统计年鉴 2020》整理。

从长期趋势看，无人驾驶技术的应用与推广最终会减少对驾驶员的需求，但整个无人驾驶产业链创造的相关就业岗位不一定会减少。

六、智慧零售并非"无人零售"

智慧门店在保留传统零售模式实体体验和情感需求的同时，还融入智能化的数据优势，精准营销、电子标签、消费者画像、刷脸支付等智能技术手段不断得到应用。人工智能技术可以显著带动零售行业提质增效，结合大数据，人工智能技术运用机器学习算法可以准确预测消费者需求和购物现场即时洞察，定制实时的、个性化的场景体验，创造丰富的购物情调，更加有效地调动客户现场的购物情绪，提升转化率。同时，人工智能技术能对生产、供应、配送环节中的部分人工实现有效替代，降低生产成本。

无人便利店降低了现有便利店的成本，提高了销售效率和收银效率，但后期运营和维护成本并没有因此而减少，甚至可能更高。就目前的技术而言，无人零售店的无人化主要是指用户在后期购买结算过程中的无人，但前期的补货等环节仍然需要一定的人力。实际上，店面工作人员的人工成本占总营销成本的比例仍不到20%。一个便利店能否成功的关键就在于营销方式和手段，包括选址精准、商品选择最优、日常补货、上货及时、商品损耗小、食品安全问题保障等，这些都需要员工来维护，这也会创造出新的岗位。人工智能超市不需要收银员，他们可以雇佣高情商、有同情心、体贴的服务人员大幅度提升顾客的购物体验。虽然，未来人工智能技术可以进入销售环节，并给顾客带来很好的体验，但是并非所有销售都可以通过人工智能来完成。还是以服装销售为例，一些时尚款的女装包含了服装功能和艺术元素，其销售就无法完全通过人工智能来实现。另外，一些技术含量较高的产品，在销售过程中需销售人员为顾客介绍和演示，人工智能还无法完全替代他们。因此，未来人工智能在产品销售中会有更好的表现，但并不能在所有销售领域都替代销售人员。智慧零售将劳动力从枯燥无味的重复性劳动中解放出来，使他们通过技术和专业度提升为更具竞争力的新零售人才。我国零售企业年末从业人数见图8-9。

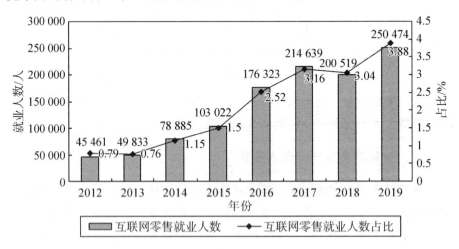

图 8-9　中国零售企业年末从业人数

资料来源：根据中国统计年鉴数据整理。

七、智慧财务不能完全替代会计师的工作

财务软件属于财务界的人工智能，能够处理程序性的、甚至是系统性的账务。财务软件有着强大的逻辑处理能力，拥有高速率的运算速度。现在的企业 90%以上选择了财务软件帮助做账。原来需要会计完成的包括结账、对账、出报表在内的多种工作，现在只要录入相关凭证信息，财务软件就可以自己完成。

但是，财务软件也不能完全替代会计师的工作。会计的管理岗承担着企业资金规划、报表审核甚至公司融资筹资、投资并购等重要工作。其在一定时期内是绝对不会被人工智能所取代的。日本"幸福工作研究所"的创始人藤野教贵说过：说到会计工作人员，其不仅要管理成本数据，更要思考如何降低成本，这才是会计财务工作的本质。[①] 财务作为企业经营中的一个重要环节，其最终目的是追求企业的长期发展。财务人员更多时间的应该从事创造性的工作，加强对内部的管理和风险控制。财务人员的主要任务是通过对企业现有财务数据与预期数据的比较，找到企业经营中存在的问题，提出合理化建议。比如：通过分析企业现金流占用情况，提高资金使用效率；根据行业发展前景，结合本企业预期目标，做出合理的预算安排；利用软件强大的分析能力，精准地分析不合理费用产生原因，就降低成本的路径提出合理的建议等。从图 8-10 可以看出，2010—2020 年我国执业注册会计师人数增长了 16.98%。即使财务软件迅速普及的2016—2020 年，执业注册会计师从业人数仍然增长了 5.62%。虽然执业注册会计师从业人数边际量在减少，但总量在增加。

---

① 藤野教贵. 2020 年人工智能时代我们幸福的工作方式 [M]. 崔海明，译. 北京：机械工业出版社，2018：77.

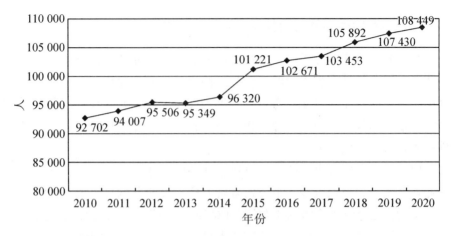

图 8-10　2010—2020 年我国执业注册会计师从业人数变化

资料来源：中华人民共和国财政部. 2018 年注册会计师行业发展和行业管理情况报告［EB/OL］.（2018 - 11 - 13）［2022 - 12 - 30］. http://kjs. mof. gov. cn/diaochayanjiu/201811/t20181113_3065640.htm.

八、智慧设计离不开设计师的创意

人工智能在设计前会自动解析大数据，参照相关作品，推荐出一种新的设计，同时避免与其他作品雷同。阿里巴巴发明了智能设计平台"人工智能设计师"——鲁班。鲁班具有很强的数据训练和输出设计能力。在吸收了大量的设计材料后，鲁班可以自动生成大量的设计。但是，过度依赖人工智能的缺点也随之暴露出来，这些产品都极其相似，缺乏原创性。

人类思维由两个不同的部分组成：重复的部分和创新的部分。人工智能将取代大部分设计师从事的重复性的工作，但是人类设计的核心不可能被替代，如想象力、情感等。这些内在的精神品质是人类特有的，是人工智能无法替代的。人工智能没有情感，无法感受艺术给人们带来的精神享受，它仅仅是一个基于数据和算法的智能机器。计算机程序可以准确测算几何图案和色彩，但不可能做出有品位的设计。这是人工智能和人类设计师之间最大的区别。我们不能完全依靠 AI 进行创作，但可以把 AI 作为创作设计的人类助理，与 AI 携手创作和解决问题，借助 AI 打开思路，拓展服务。

2012—2019 年工程勘察设计行业从业人员不断增多，增速整体呈波动上扬态势，这说明行业规模在不断扩大。前瞻产业研究院发布的《中国工程勘察设计行业市场前瞻与投资战略规划分析报告》统计数据显示，2012

年中国工程勘察设计行业从业人员已达212.34万人，并呈现出逐年快速增长态势。2015年中国工程勘察设计行业从业人员突破300万人。截至2019年年末，中国工程勘察设计行业从业人员增长至463.1万人，较2018年同比增长3.5%（见图8-11）。

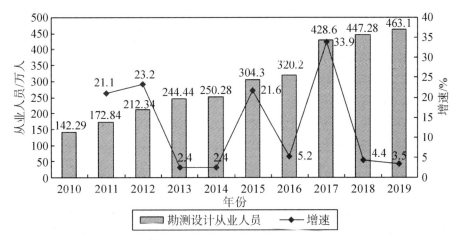

图8-11 2010—2019年中国工程勘察设计行业从业人员统计及增长情况

资料来源：根据中国统计年鉴数据整理。

九、智慧教育离不开教师积极参与

1. 智慧教育中人机互补的必要性

人工智能在教育领域主要有五大应用：智能排课、分级阅读、智能评测、语音学习和自适应学习。智慧教育可以帮助实现教育的个性化。其一方面可从海量的学生行为数据中，精准地识别每个学生的学习特点和诉求，并制定相应的个性化学习策略；另一方面可从海量学习资源中找到合适的学习内容，并推荐给学习者。

人工智能会抢走老师的饭碗吗？英国广播电台（BBC）基于剑桥大学研究者的数据体系分析了许多职业未来的"被淘汰概率"，淘汰率最高的是电话推销员、打字员、会计，而教师的淘汰概率只有0.4%。正如印度教育软件开发专家、国家ICT奖的获得者哈里·克里希纳·阿里亚（Hary Krishma Arya）所指出的：技术不会取代老师，但使用技术的老师会取代不使用技术的老师。[①] 老师很难被AI替代，原因是教育非常特殊，它有

---

① 施博德. 计算未来 [M]. 沈向洋，译. 北京：北京大学出版社，2018：52.

"教"和"育"两部分内容。"教"指知识传递，教授学生已知的知识，这部分工作 AI 可以比人做得更好；"育"指品格培养，鼓励学生去探索未知，去发现、去创造、去爱，这部分工作很难被 AI 替代。因为人工智能不具备心理属性，不具备同情心，不具备主动的社交能力，无法分析学生的所思所想，更不会把这些能力教给学生。教育领域是 AI 渗透很少的领域。部分原因在于，对于教育的核心任务而言，自动化并不是一个吸引人或可行的选择。教师必须承担起培养学生"人文精神"的任务。

首先，教师能够培养学生的创造力和想象力，释放学生的好奇心，让学生去追求真理。教育过程是一个情感交互、启发和诱导的过程，学生在学习过程中的主观感受对于学习效果有重要影响。而人工智能无法结合学习者的情感经历和生活体验来进行教学，难以使学习者感同身受。人工智能在感知智能上具有优势，可实时观测学生的课堂表情，但却无法解释表情背后的原因。而教师虽然在处理大量数据时有一定困难，但其在与学生长期的接触过程中了解学生的情感、经历和家庭状况，具有教育认知的优势，可以从人的全面发展的角度作出更具指导性的建议。因此，在程序性与创造性并重的教学条件下，教师与人工智能只有充分发挥各自的优势，才能实现更好的人机协同。麻省理工学院院长拉斐尔·立夫认为，实体高等教育机构不得不驾驭浪潮，并提供数量大致相同的面对面课程和在线课程。在某些领域，面对面课程可能占 70%，在线课程比例可能是 30%，而在其他领域则可能相反。[①]

其次，培养学生良好的思想品德。教育的目标之一是把学生教育成为真诚守信之人。教师可以引导学生树立正确的价值观，认识自我，认识社会，成为有利于国家和社会的人。

总之，人工智能把"授业、解惑"工作做得较好，老师则能够把"传道"工作做得更好。教育机构正在走向以智能为核心的时代，AI 把老师从批作业、改试卷的繁重工作中解放出来后，老师就可以充分发挥"传道"的作用了。如今，优质教育资源的严重短缺已经成为当前中国教育领域的主要矛盾。

2. 线上线下教育结合对教育工作者的需求激增

随着人工智能技术向在线教育的渗透，用户对在线教育的接受度不断

---

① 安德烈斯·奥本海默. 改变未来的机器：人工智能时代的生存 [M]. 徐延才，陈虹宇，曹宇萌，译. 北京：机械工业出版社，2020：204.

提高，中国在线教育的市场规模与用户数量已进入了初步成熟阶段。截至
2020 年 12 月底，我国在线教育用户规模达 3.42 亿，占网民整体的
34.6%；手机在线教育用户规模达 3.41 亿，占手机网民的 34.6%（见图
8-12）。我国网络教育本专科生人数见图 8-13。

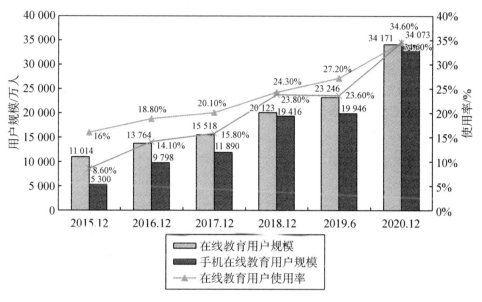

图 8-12　在线教育用户规模及使用率

资料来源：根据中国互联网发展状况统计调查数据整理。

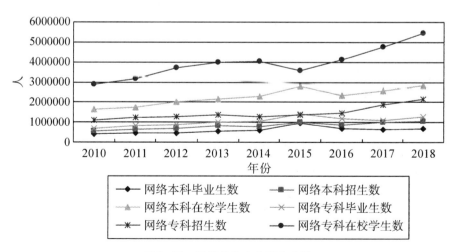

图 8-13　网络教育本专科生人数

资料来源：中国社会统计年鉴 2019。

线上教育突破时空限制，实现教育公平；线下教育则更有利于师生交流。线上教育向线下发展，也是未来教育形态的大趋势。"互联网+教育"分为三个阶段：1.0 阶段是传统教育占主导；2.0 阶段是核心业务在线化；3.0 阶段则是"人机协同"的教育服务平台。"互联网+教育"的三个阶段齐头并进，将共同演化出教育产业互联网的终局。2020 年 7 月国家发展改革委、中央网信办、工业和信息化部等 13 个部门联合印发的《关于支持新业态新模式健康发展 激活消费市场带动扩大就业的意见》中，明确指出要大力发展融合化教育，构建线上线下教育常态化融合机制，形成良性互动机制。

线上教育与线下教育相结合带来用户数量和学生数量的极速增长，社会对教育工作者的需求量不降反升。2003 年，教育行业城镇单位从业人员年末人数为 1 442.8 万人，2019 年增加到 1 909.3 万人（见图 8-14）。

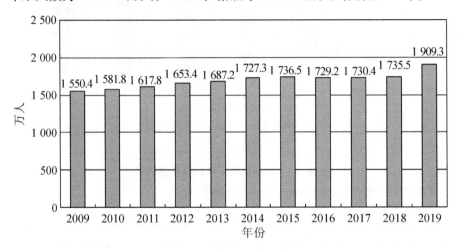

图 8-14　教育行业城镇单位从业人员年末人数

资料来源：《2019 中国劳动统计年鉴》。

从全国经济普查数据看，2013 年全国教育法人单位从业人员 1 913.75 万人，2018 年为 2 230.5 万人，增长率为 16.55%（见图 8-15）。

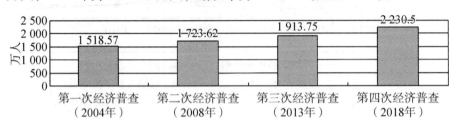

图 8-15　全国教育法人单位从业人员普查数据

资料来源：全国经济普查数据。

随着社会对义务教育阶段教学质量要求的提高，城乡教育资源均等化加快，加之入学适龄儿童暂时减少，小学、初中和高中阶段生师比逐步下降并趋于合理，缓解了因师资短缺辅导学生不力的矛盾。但是，社会对高素质教育工作者需求更加迫切（见图8-16）。

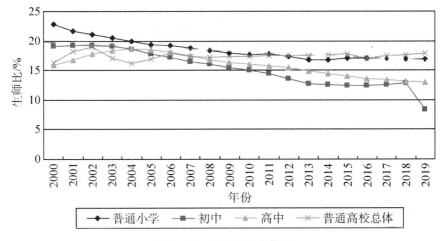

图 8-16　各级学校生师比

资料来源：中华人民共和国教育发展规划司. 2020 中国教育统计年鉴［M］. 北京：中国统计出版社，2021：23.

关于 AI 革命对教育的影响将导致对教师需求大幅度减少的结论不一定正确。无论如何，当下教师承受的压力使目前的体系难以在现有资源的支撑下得以维持。班级大小是一个长期存在的问题。在英国，一个班级很容易超过 30 人。在发展中国家，一个班级可能是 60 人或者更高。所以，目前教育体系的师资供给还严重不足。随着机器人和人工智能对教学能力的提高，其影响不是大规模地淘汰老师，而是缩小班级规模。发达国家和发展中国家生师比在下降，对教师的需求总量在增加，说明教师在教育和教学中的地位并没有随着人工智能技术的应用而削弱，相反在增强。

从图 8-17 可以看出，与发达国家相比，我国各级教育生师比偏高，社会发展对教师的需求仍有较大增长空间。

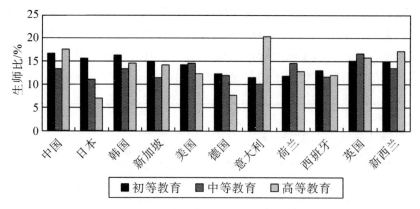

图 8-17   各级教育生师比国际比较

资料来源：中国社会统计年鉴（2019）。

第四节   实现人机协同的路径选择

尽管人工智能会提高日常工作的效率，并在未来取代部分人类工作岗位，但无论是分析、组织，还是根据数据达成可行性结论，都离不开人类的参与。由于传感、识别技术更加成熟，现在的工业机器人的设计理念正在发生转变，能够和人一起工作的机器人成为各大机器人厂商研发的重点，实现人机协作是工业机器人的发展研发方向。人类与人工智能合作将成为改变社会运转方式的新趋势。我们应鼓励岗位增强型人工智能技术的发展，开发基于劳动者的智能辅助系统，实现发展人工智能产业与保障就业的协同。

一、政策层面：要防止过度自动化

过度自动化（excessive automation）是指由于更复杂的技术被采用，生产率增长放缓（Aceoglu & Restrepo，2016，2018）。过度的自动化不但造成了直接的无效率，而且由于过度地耗费生产要素和替代劳动力会使生产率增长下降。由于政策的制定者对资本和劳动的支持不同，市场有使用机器的激励，给自动化更多的额外的优惠。例如，给机器设备补贴、加速折旧津贴、财政债务投资信用或雇佣工人的税收补贴。除了政策偏向，过度自动化还有自然的原因，即劳动力市场的不完善性和摩擦性意味着均衡工资高于劳动力的社会机会成本。企业的自动化决策并不能把劳动的边际产品高于它的机会成本这一事实内在化。自动化的步伐会加速，生产率增长会由于新工作创造放慢而减速，造成社会福利的损失。

大量的重复工作和体力劳动正在被机器人接手，这必将导致新一轮的技术性失业，社会有责任和义务去重新思考一些有关劳动就业和社会保障等方面的问题。在人工智能产业发展政策上，政府要鼓励能够增强人类能力的智能产品研发，一定程度上限制那些对劳动力形成完全替代的智能产品的应用。

莫拉维克在《机器人》一书中明确指出，未来需要通过一系列严格的法律来约束完全自动化的企业，控制机器人的过度使用。

西方国家已经长期对人工智能或者机器人征税。比尔·盖茨曾就提出过向机器人征税的思想，通过提高机器人的使用成本以延缓机器人的推广与应用速度，从而为人类观念的转变和技能提升预留充足时间。2016年，欧盟通过一项议案，提出政府应向机器人所有者征税，征收到的税金用以资助因机器人失业的人群的培训。2017年，韩国政府也变革税法，通过向投资于机器人的相关资本所有者征税，延缓各行业的自动化进程。这种税收的基本依据是通过这种措施来对失业的人类群体进行补偿。在机器人大规模代替人类劳动力的时代，机器人将会成为优势群体，由于被机器人替代而失业的工人将成为弱势群体，因此向优势群体征税补贴弱势群体具有可行性。根据西方经济学中税收归宿的观点，机器人税实际上是由智能机器人生产商、经销商和用户共同分摊的。如果向人工智能征税，那么工厂雇佣劳动力可能显得相对经济，可以减缓机器人在人类社会中适用的速度和范围。这样不仅可以给那些失业的人们提供基本的生活保障，而且也能使人们有足够的时间和经济条件接受培训以适应新的工作。

我国仍属于发展中国家，人工智能和机器人技术尚处于追赶阶段，但我国巨大的市场规模为人工智能和机器人的发展和应用提供了广阔前景。《中华人民共和国国民经济和社会发展第十四个五年规划和2035年远景目标纲要》指出，要建设智能制造示范工厂，完善智能制造标准体系。人工智能技术应用正在加速经济结构转换步伐，能够适应新技术需求的高技能劳动者将从中受益，不能顺应技术变革的弱势群体将面临被淘汰的危险，"机器人税"在中国的实施也势在必行。中国社科院课题组第四轮城市住户抽样调查数据显示，受制于城乡分割的社会保障制度，农民工被城镇职工社会保险制度覆盖的比例仅有20%左右。由于以农民工群体为代表的劳动密集型、低技能、重复性工作岗位正在被机器人替代，所以中国在设计"机器人税"的方案时有必要将弱势群体的就业支持放在优先位置。

二、技术层面：开发人机交互智能系统

未来随着人工智能技术在场景中应用的不断深化，单一技术实现的闭环难以满足复杂多变场景下的智能化需求。一方面以人为本的理念成为人工智能新阶段的发展主旋律，另一方面人工智能技术水平的全面提升也为人机系统的能力实现奠定了坚实的基础。人工智能技术的不断成熟，使得人类能够对智能机器实现人性化的操作。因此，能够把人类特质与机器能力完美融合的人机协同操作系统成为未来人工智能产业发展的方向。以技术为核心的"人机协同生态圈"将成为未来智能产业的发展新模式。

为了实现高效的人机协作，人工智能产业发展重点是加强人类感知智能系统、增强人类能力系统及人机交互系统技术研发，从而实现人机协作的快速发展。

1. 创新人类感知智能系统

人机协同主要依赖于人工智能算法，而人工智能算法和系统在人机协作方面仍然存在障碍。未来的人机协作下的人工智能系统将是能够与用户交互、无缝衔接的智能系统。智能系统还将扩充人类认知能力，能够在用户没有明确提到该类信息的情况下仍然能够知道用户需要检索哪些信息。未来的智能系统还有一定的情绪智能，但却能按照人类社会规范采取行动，有效地与人类一起工作。

2. 增强人类能力系统

增强人类能力系统涉及计算机等固定设备、植入装置、可穿戴设备以及特定用户环境。其系统可以帮助用户回忆适用于当前情况的过往体验，从而增强人类的认知。例如，智慧医疗中的人类增强是医疗助手通过多个设备的数据，指出医疗过程中存在的问题。

3. 开发更好的可视化用户界面

开发更好的可视化用户界面是人机协作进一步发展的关键。让人们通过书面语言和口语与人工智能交互，一直是人工智能研究人员追求的理想目标。要想人类能够与同类一样与人工智能系统交流，研发人员必须解决自然语言处理技术中的重大挑战。在机器深度学习的驱动下，自然语言处

理系统虽然可以在安静环境下成功地适时甄别流利语言，但对噪杂语言、口语、儿童话语、手语等非规则性语言的识别和理解仍有待于进一步研究。

4. 发展新一代协作机器人

未来的智能工厂是人与机器和谐共处的工作场所，这就要求机器人能够与人一同协作，共同完成工作任务。协作机器人有三个特点：安全、易于使用和操作灵活。协作机器人（cobots）与人类一起工作，同处生产线的工作区域中，共同完成任务。这类机器人越来越多地被使用，主要有三个原因：①人类工人接受它们，把它们视为同事，替代人类完成乏味的工作；②人类操作员可以轻松对机器人进行重新设置，通过可视化界面教会机器人新动作，成为机器人的劳动者和监督者；③与传统工业机器人相比，购置并投入使用新一代协作机器人的成本更低。GGII 的数据显示，中国协作机器人市场规模 2018 年为 9.3 亿元，同比增长 47.62%；2019 年为 13 亿元，同比增长 42.9%（见图 8-18）。

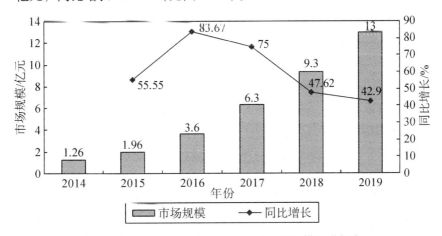

图 8-18　2014—2019 年协作机器人市场规模及增长率
资料来源：根据 GGII 前瞻产业研究院公开数据整理。

三、企业层面：建立人机协同的公司治理结构

Amazon 和 Tesla 等一些大公司发现，用自动化的无人工厂完全替代体力劳动是不理性的，因为某些工作任务由人类完成更有效率。企业引进机器人面临的一个难题就是这些新的技术并不能很好地与人类协同。其至少有两个原因：第一，由于安全的原因许多机器人技术远离工人；第二，人

类的工作不能精准地与机器人技术匹配。应用交互界面能够增强人类监管和控制目标的能力，使工人的工作与机器和平台相匹配，进行高精准的生产。这样不但有助于人类保留可能被自动化替代的任务，而且可以使通过数据技术增强的人类能够被有效地利用。

人工智能时代制造业劳动力的管理尚无通行的成功做法，但通过做好以下几项基础工作，企业可以营造和保持一个有助于人机协同发展的环境。

首先，获取最高管理层的支持。高层负责人是流程再造、技术发展和文化变革的重要推动力，也是确保变革项目资金充足的关键所在。高管团队必须全力投入，避免受到利益竞争的干扰；积极听取运营经理的反馈，因为后者可能掌握着有关生产效率的第一手信息，可为转型提供指引，或有助于量化转型成果，强化转型成效；制定新的关键绩效指标，以推动人工智能的普及应用。在引入人工智能后，企业考核员工绩效的指标要发生变化，决策能力、合作能力、实验能力、信息共享能力、学习能力、思考能力成为关键指标。

其次，明确人机职责划分和协作方式。把握人机协作的分寸是一门艺术，也是一门科学。制造商需要扮演"价值架构师"的角色。为此，企业需要把握市场趋势，解构价值链，找到工业互联网的最佳切入点，从而提高生产效率和安全性，改善产品与服务。人工智能技术将使未来企业员工的岗位评价发生改变，企业根据工作岗位任务结合智能机器人的运用来对岗位进行评价，岗位说明书的内容要聚焦在工作本质上，用以评估岗位工作任务和所需要的技能，确定员工的工作核心，以及确定哪些工作内容可以用智能机器人完成等。在对员工的管理过程中，企业要区分员工与智能机器人之间的差别，根据员工的工作性质，不断提升员工管理智能机器人的能力。

再次，引导工人认可机器的价值。制造业工人对机器的复杂情感不难理解。尽管机器有望改善工作环境，创造新的岗位，但也常被视为对饭碗的威胁。在制定人机协作策略时，制造企业也要考虑到这一点，让工人相信机器非敌是友：机器能帮助他们提高工作效率，更专注于有趣、安全的工作。

最后，创新培训和招聘战略。当前需要什么样的人才、未来如何补充，制造企业必须心中有数。在制定培训计划时，企业应将数据分析和管理技能作为重点，这些技能是解读产品各个生命周期传感器数据的关键。

四、劳动者层面：提升职业技能

人工智能技术加快了劳动力市场变化的速度，提供了很多新机会，也以更快的速度淘汰已有的技能，这就需要个人有更强的适应能力。我们需要加强培训机构与私人部门之间的联系，也要制定促进终身学习的政策。由于技能发展是从出生开始的，而且要延续一生的时间，因此劳动者学会终身学习的方法是必要的（Shonkoff，Pillips，2000；Cunha，Heckman，2010；Guerra，Modeck，2014；World Bank，2019）。

第九章　人工智能产业发展对就业质量的提升效应

第一节　就业质量的概念和指标体系

一、就业质量的内涵

人类对就业质量的认识是一个循序渐进的过程。从 20 世纪 70 年代开始，国际上开始对就业质量问题进行研究。20 世纪 70 年代末，美国职业培训和开发委员会提出了"工作生活质量"的概念，它强调管理部门和工会要共同合作改善员工福利和工作环境。1999 年 6 月，国际劳工组织前总干事胡安·索马维亚在第 87 届国际劳工大会上首次提出了"体面劳动"的概念。"体面劳动"是一个综合性的概念，包括有持续性的工作，保障工人权利，有足够的工资，享受社会保险，可实现劳工、雇主和政府三方之间的有效对话等。此后，国外一些国际组织和学者对就业质量进行了进一步研究，研究重点主要是对某一个经济体就业质量的整体评价。比特森（Beatson，2000）主张通过反映劳动、报酬关系的经济契约内容和反映雇主、雇员关系的心理契约内容来衡量就业质量。布里斯博伊斯（Brisbois，2003）运用与欧洲基金会相似的就业质量指标对美国、加拿大及欧盟国家的宏观就业质量进行了比较分析。莫尔顿（Morton，2004）运用 10 个指标对加纳小型微企业的就业质量进行研究，指标包括安全和健康、劳资关系、学徒剥削、童工、人力资源、管理与组织、薪酬、工作时间和休假、男女机会平等、职业安全、社会保险等内容。因此，国外对就业质量的评价指标多数偏向于"人文关怀"，大部分指标倾向于测量工作单位给予职工的福利、安全与待遇情况。2008 年，国际劳工大会把"体面劳动"从理论倡议上升为所有成员国都必须努力实现的目标。国际劳工组织设定的指标体系包括就业机会、可接受的工作、足够的收入、合理的工作时间、工作的稳定性、社会公平待遇、社会保障、劳动安全、工作与家庭生活平衡、社会对话与劳动关系 11 个方面的指标。欧洲基金会（2010）认为对就业质量的评价应包含职业与就业安全、健康与福利、工作与非工作生活的和谐、技能发展四个方面。[①]

二、就业质量指标体系

根据一些国际组织和专家的共同看法，就业质量作为一个综合性的指标至少应当包括以下几个方面的内涵：一是工作环境。工作环境主要包括物理环境安全性、人际关系和谐度以及个人工作认同三个衡量标准，在其他因素保持不变的前提下，物理安全性越高、人际关系越好、个人对工作满意度越高，就业质量越好。二是给劳动者提供可持续发展的机会。这包括学习和培训的机会、职位晋升的机会等。三是就业构成。从业人员在不同产业、行业、职业占比是否合理。四是劳动关系。劳动合同是否依法签订，劳资关系是否和谐，劳动者民主权利是否得到有效保障都。五是劳动报酬。收入水平和工资增速等都属于劳动者报酬的范围，通常来说，假定其他因素不变，则劳动者报酬同就业质量同方向变动。六是社会保障。社会保障包括社会养老、医疗、失业、生育、工伤等方面。社会保障水平的提高对提高就业质量意义重大。七是人岗匹配度。它主要是指劳动者具有专业技能与工作岗位要求的相关程度。在不考虑其他因素的情况下，专业技能与岗位匹配度越高，就业质量就越好。八是工作时间，即劳动者工作周的平均劳动时间。提高生产效率缩短劳动时间，可以给劳动者更多的自由时间从而大幅度提升就业质量。九是工作稳定性。这里不仅指在一个单位内部工作的稳定性，也意味着转换工作的连续性。

本书选取就业环境、就业能力、劳动报酬和劳动保护四个一级指标评价就业质量。其中就业环境的二级指标主要关注经济发展、就业结构、失业率和交通通达度；就业能力的二级指标主要关注人力资本水平、培训和技能人才状况；劳动报酬的二级指标主要关注劳动者的收入水平、收入差

---

① UNECE. Task Force on the Measurement of Quality of Employment ［EB/OL］. （2009-05-29）［2019-10-28］. https://unece.org/statistics/events/task-force-measurement-quality-employment.

距和社会保障；劳动保护的二级指标主要关注劳动者的工会参与率、劳动
争议和工伤发生率（见表9-1）。

表9-1 就业质量评价指标体系

总目标	一级指标	二级指标	相关性
就业质量	就业环境	人均实际 GDP 水平	同方向（+）
		第三产业就业占比	同方向（+）
		数字经济就业占比	同方向（+）
		城镇就业占比	同方向（+）
		城镇调查失业率	反方向（－）
		城镇登记失业率	反方向（－）
	就业能力	劳动力平均受教育程度	同方向（+）
		大专及以上就业人员占比	同方向（+）
		职业技能人才占比	同方向（+）
		劳动力接受培训占比	同方向（+）
	劳动报酬	城镇单位就业人员平均工资	同方向（+）
		农民工平均工资	同方向（+）
		奖金	同方向（+）
		津贴	同方向（+）
		灵活就业人员收入	同方向（+）
	劳动保护	劳动时间（小时）	同方向（+）
		工会参与率	反方向（－）
		劳动人数争议程度	反方向（－）
		工伤事故发生率	反方向（－）
		患职业病人数占比	同方向（+）
		城镇职工医疗保险覆盖率	同方向（+）
		城镇职工养老保险覆盖率	同方向（+）
		城镇职工失业保险覆盖率	同方向（+）

三、实现高质量充分就业的重大意义

对个人而言，更高质量的就业通常意味着合理增长的劳动报酬、稳定
的工作机会、良好的就业环境、完善的社会保障和体面的社会地位。提升
就业质量顺应了人民日益增长的美好生活需要，也反映了我国当前经济转

型升级对就业工作的新要求，对于保障和改善民生、实现经济社会协调可持续发展，具有十分重要的意义。

第一，高质量就业是人民美好生活的重要组成部分。近年来，我国总体就业形势比较稳定。对多数人来说，就业领域的主要矛盾不是能否找到工作问题，而是劳动者对所从事的工作感觉满意与不满意问题。因此，实现更高质量充分就业是新时代化解社会主要矛盾的重要工作之一。高质量就业是人们获得感、幸福感的重要体现，是实现全休人民共同富裕的重要保障。因此，在新时代中国特色社会主义建设过程中，我们要采取切实措施，推动实现更高质量的就业。

第二，实现高质量充分就业就是我国经济高质量发展的内在要求。目前，我国经济已由高速增长阶段向高质量发展阶段过渡，正处在转变发展方式、优化经济结构、转换增长动能的攻坚期，创新是引领高质量发展的第一推动力。创新与人力资源的配置情况密切相关，而优化人力资源配置的一个重要方面就是提高劳动者的就业质量。因此，高质量就业是实现高质量发展的一个重要前提。

第三，实现高质量充分就业是构建我国新发展格局的需要。我国"十四五"规划和 2035 年远景目标规划要求建立以国内大循环为主、国内和国际双循环相互促进的新发展格局。要构建新发展格局，需要抢占科技领域制高点，需要占据全球产业链上游，这就需要人才。良好就业环境才能做到人尽其才。构建新发展格局应以扩大内需为主，扩大内需以拉动消费需求为主。要拉动国内消费升级换代必须以实现高质量充分就业为前提。

第二节　人工智能产业发展提升就业质量传导机理

人工智能技术的发展和应用，通过人机协同赋能劳动者，有助于实现人力资本优化配置，激发劳动者的创造力和提升劳动者成就感；有利于提高劳动者的劳动自由度和舒适度，使劳动者更加自由地安排工作与生活，实现工作与生活的平衡；进一步优化学习内容和学习方法，以实现高效学习、终身学习，从而提高专业技能和工作效率。人工智能提升就业质量的传导机理见图 9-1。

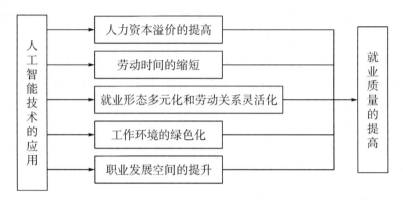

图 9-1　人工智能提升就业质量的传导机理

人工智能提升就业质量大致通过五个路径：

1. 效率效应

智能化的生产，既提高了劳动者工作效率，缩短了其劳动时间，又降低了劳动强度，提高了员工对工作的满意度，从而促进了就业质量的提升。

2. 管理效应

人工智能技术的进步颠覆了企业的组织结构，使公司的管理形式从垂直化向扁平化转变。管理水平的现代化对就业质量产生重要影响。企业为提高运行效率，大量冗余人员将被辞退，这将鞭策从业人员提升自身的专业技能和就业能力。

3. 收入效应

人工智能技术的进步提高了劳动的边际生产力，劳动者报酬也随之增长，收入水平得到提高，对提高劳动者的工作满意度产生了积极影响。

4. 人力资本效应

人工智能技术进步有助于提高社会整体人力资本水平。市场需求随着技术进步变化的速度通常会快于劳动者知识与能力结构的转换速度，因此在短期内劳动者的知识技能结构可能会与市场脱节，而长期内当人们意识到这种脱节之后，其就会加大对人力资本的投资以适应新岗位的技能需求。随着智能技术的普及，各地区将大力推进人工智能技术培训计划，智能人才的培养将持续推进，劳动者掌握的智能技术知识和智能设备操作水平将不断得到提升，劳动者工作与专业的相关度都就会提高。

5. 诱致性制度变迁

智能经济改变了传统的雇佣关系和就业模式，派生了大量的新型社会分工方式，催生了众多新就业形态，越来越多的灵活就业者选择平台就业或创业，引发了劳动关系的多元化发展，对劳动权益保护规范提出了新要求。这就促使政府重新修订劳动法律法规，兼顾对灵活就业者劳动权益的保护，增强劳动力市场的包容性。

第三节　人工智能和人力资本溢价提升

一、人工智能时代人力资本溢价的理论依据

1. 供求关系决定要素价格理论

英国新古典经济学家阿尔弗雷德·马歇尔认为，工资是劳动的报酬，工资水平的高低是由劳动的需求与供给双方决定的。因此，工资是劳动的需求价格与供给价格相等时的均衡价格。劳动的需求价格由劳动的边际生产力决定。在其他生产要素保持不变的前提下，只追加劳动这种生产要素，劳动的边际生产力会随着工人数量的增加而递减，最后一单位劳动所提供的生产力就是劳动的边际生产力。工人提高了劳动生产率，也就是提高了劳动的边际生产力，因而就提高了劳动的需求价格，从而也就提高了工资。[①]因此高技能劳动者均衡工资水平高，低技能劳动者均衡工资水平低。

2. 人力资本决定理论

舒尔茨把人力、人的知识和技能统称为人力资本。他认为人力资本在经济发展中起着决定性的作用。舒尔茨的人力资本理论认为：第一，一国人力资本存量越大，越能导致人均产出或劳动率的提高。第二，人力资本本身具有收益递增的重要特征。第三，人力资本会导致其他物质资本生产效率的改善。[②] 舒尔茨为推动人力资本理论发展做出了重大贡献，使他成为西方学界公认的人力资本理论之父。

美国芝加哥大学教授贝克尔与舒尔茨一起推动了人力资本理论的研究的进展。贝克尔对人力资本理论的贡献主要表现在对人力资源的微观分析上。贝克尔于 1964 年出版《人力资本》一书，他在分析教育在人力资本

---

①　马歇尔. 经济学原理（上卷）［M］. 北京：商务印书馆，1981：204-205.

②　舒尔茨. 论人力资本投资［M］. 吴珠华，译. 北京：北京经济学院出版社，1990.

形成作用的基础上，系统地提出了人力资本的相关理论，深化了他在 1960 年《高等教育的投资不足》的论文中对美国教育落后的原因的分析。在《人类行为的经济分析》中，贝克尔进一步从效用最大化原则出发，围绕人力资本对人类的经济行为影响作了十分广泛的分析。贝克尔研究人力资本问题的一个重要特点是把人力资本看作是劳动收入的重要源泉，从而确定了收入和人力资本之间的对应关系。①

1957 年，明塞尔在其博士论文《人力资本投资与个人收入分配》中借鉴斯密的"补偿原理"，建立了人力投资收益率模型。该模型说明人力投资量越大的人其年收入越高，这种较高的年收入是对人力资本投资的补偿。② 这一模型为个人收入分配问题植入人力资本的理论框架奠定了基础。

3. 技能偏向型技术进步

20 世纪 80 年代以来，由于受信息技术和自动化的影响，在发达国家的劳动力市场中，高技能和受过高等教育的劳动力所占的就业比例大幅度增加，受教育程度低的工人占比逐步减少，不同技能和教育水平的劳动力之间的收入不平等现象也日益加剧。

格拉茨和迈克尔斯（Graetz & Michaels，2018）通过对全球 17 个国家工业机器人使用情况及其影响的研究发现，工业机器人使用数量的增加能够提高劳动力的平均时薪。阿西莫格鲁和雷斯特雷波（Acemoglu & Restrepo，2019）通过构建任务模型框架进行实证分析得出结论，在程式化任务中，人工智能提高了资本的相对生产效率，从而使资本替代了劳动力；在新任务中，由于无法完全实现自动化，因此劳动力具有比较优势。③人工智能技术通过改变劳动者原有的工作模式，能促进劳动报酬水平的提高。凭借人工智能技术，劳动者能够更高效率地完成原有任务，或承担以往能力不及的工作，从而使自身劳动能力得到提升与拓展，这为劳动报酬增长提供了有利条件，为劳动者获得更满意的收入带来了机遇。人力资本溢价显然是受"技能偏向型技术进步"影响的。在人工智能时代，劳动者个人劳动报酬水平的增长，与其运用人工智能技术提高自身劳动效率密切相关。越能借助新技术提升劳动效率者，就越有可能实现更快的报酬增

① 加里·S. 贝克尔. 人力资本 [M]. 梁小民，译. 北京：北京大学出版社，1987.

② 雅各布·明塞尔. 人力资本研究 [M]. 张风林，译. 北京：中国经济出版社，2001：25-52.

③ ACEMOGLU D, RESTREPO P. Automation and New Tasks: How Technology Displaces and Reinstates Labor [J]. Journal of Economic Perspectives, 2019, 33 (2): 3-30.

长。另外，受人工智能技术冲击而失业的人员，由于劳动技能落后的原因，短期内难以找到工作，即使能够实现再就业，工资水平也很可能是较低的。

Brynjolfsson 和 McAfee 在《第二次机器革命》中指出："拥有特殊技能的劳动者或者接受过符合社会发展需求教育的人，将会迎来一个绝佳的机遇期，因为这些人能利用手中所掌握的技术创造和获取更多的价值。但对于那些只有'普通'技能和能力的人而言，这是最糟糕的时代，因为电脑、机器人和其他数字技术正快速地获取这些技能。"①

二、我国人工智能行业薪酬水平现状

1. 人工智能与其他各大行业薪酬水平对比

2019 年国内人工智能和大数据从业者平均月薪 22 332 元，超过同期各大行业从业者平均薪资（见图 9-2）。人工智能和大数据人才在全球都属于高薪群体，这是由这个领域的高门槛性和人才的稀缺性决定的。

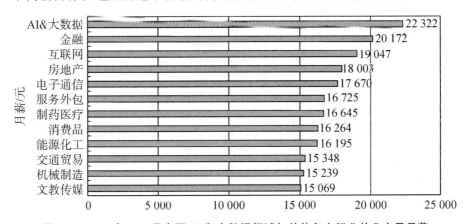

图 9-2　2019 年 1-7 月全国 AI 和大数据领域与其他各大行业从业人员月薪

资料来源：猎聘大数据研究院. 2019 年中国 AI& 大数据人才就业趋势报告［R/OL］.（2019-08-30）［2020-09-15］. https://www.docin.com/p-2254330758.html.

2. 人工智能的细分技术领域薪酬分布

在国内人工智能和大数据领域的重点技术岗位中，平均月薪排名最高的是数据架构师和数据科学家，月薪分别为 37 451 元和 36 570 元（见图 9-3）。

---

① 埃里克·布莱恩约弗森，安德鲁·麦卡菲. 第二次机器革命：数字化技术将如何改变我们的经济与社会［M］. 蒋永军，译. 北京：中信出版社，2016：15.

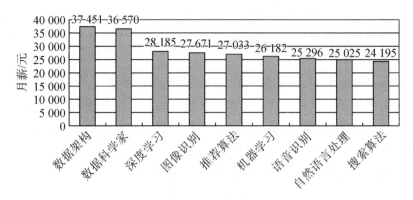

图9-3 AI和大数据领域重点职能月薪比较

资料来源：猎聘大数据研究院. 2019 年中国 AI& 大数据人才就业趋势报告 ［R/OL］. (2019-08-30) ［2020-09-15］. https://www.docin.com/p-2254330758.html.

3. 不同城市 AI 和大数据人才平均月薪比较

从不同城市看，AI 和大数据人才平均月薪普遍较高。其中，平均月薪居全国前三的城市是北京、上海和深圳（见图 9-4）。

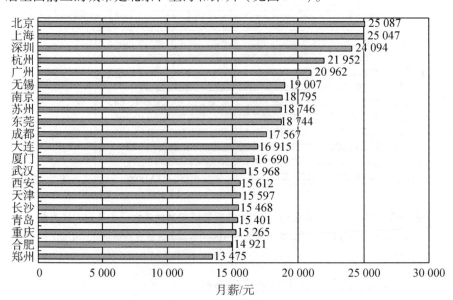

图9-4 AI和大数据人才平均月薪城市排名前 20 名（2019 年）

资料来源：猎聘大数据研究院. 2019 年中国 AI& 大数据人才就业趋势报告 ［R/OL］. (2019-08-30) ［2020-09-15］. https://www.docin.com/p-2254330758.html.

三、人工智能相关专业大学毕业生薪酬

从 2020 届本科生毕业半年后，人工智能相关专业月收入最高为信息安全（7 396 元），其次软件工程（7 082 元），随后是网络工程（6 757 元）、信息工程（6 694 元）、物联网工程（6 643 元）、计算机科学与技术（6 585 元），如图 9-5 所示。

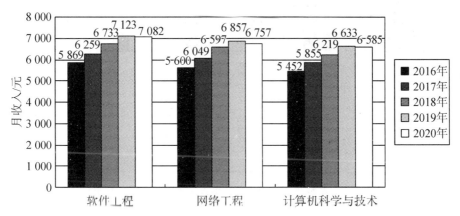

图 9-5　2016—2020 届本科毕业生半年后人工智能相关专业月收入

资料来源：根据麦可思研究院《中国本科生就业报告》数据整理。

2020 届本科毕业生毕业半年后收入排名靠前的职业主要来自计算机、互联网、大数据等与人工智能相关的专业，包括游戏策划人员、互联网开发人员、计算机程序员、大数据工程技术人员、网络设计人员、计算机软件应用工程技术人员、计算机系统软件工程技术人员等（见图 9-6）。

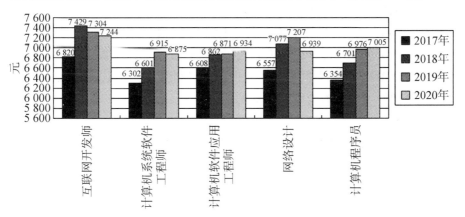

图 9-6　2017—2020 届年本科生毕业半年后人工智能相关职业月收入

资料来源：根据麦可思研究院《中国本科生就业报告》数据整理。

从 2020 届本科生毕业半年后工作所在行业看，人工智能相关行业收入较高。其中，软件开发业月薪 6 851 元，互联网运营与网络搜索引擎业月薪 6 402 元，计算机系统设计服务业月薪 6 327 元，计算机及外围设备制造业月薪 6 322 元，数据处理、托管和相关服务业为月薪 6 322 元（见图 9-7）。

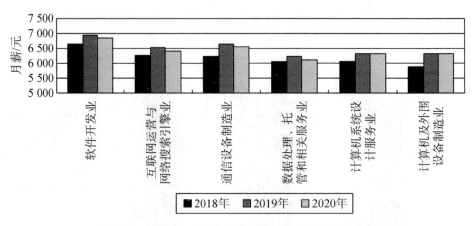

图 9-7　本科生毕业半年后从事人工智能相关行业薪酬

注：表空格为报告缺失实数据。

资料来源：根据麦可思研究院《中国本科生就业报告》数据整理。

四、人工智能技术应用对薪酬影响实证分析

1. 变量定义及数据来源（见表 9-2）

（1）被解释变量：信息传输、软件和信息技术服务业年工资收入。年工资收入数据来源于《中国劳动统计年鉴》。

（2）解释变量：机器人安装量；行业增加值；劳动时间；受教育程度。机器人安装量来源于国际机器人联盟。行业增加值来源于《中国第三产业统计年鉴》。劳动时间来源于《中国人口和就业统计年鉴》。受教育程度数据来源于《中国教育统计年鉴》。

表 9-2　变量定义

变量	名称	定义	符号	单位	数据来源
被解释变量	信息传输、软件和信息技术服务业就业人员年工资收入	月收入×12	wage	元	中国劳动统计年鉴

表9-2(续)

变量	名称	定义	符号	单位	数据来源
解释变量	行业机器人安装量	机器人年新增数量	robot	台	国际机器人联盟
	行业劳动时间	调查周平均工作时间	hour	小时	中国劳动统计年鉴
	行业就业人员受教育程度	接受教育年限	education	年	中国教育统计年鉴
	行业劳动生产率	信息服务业增加值除以该行业就业人数	productivity	元	中国第三产业统计年鉴

2. 构建模型

以信息传输、软件和信息技术服务业为代理变量,年工资收入为被解释变量,以行业机器人安装量、行业劳动时间、行业就业人员受教育程度和行业劳动生产率为解释变量构建多元回归模型。

$$wage = \beta_0 + \beta_1 robot + \beta_2 hour + \beta_3 education + \beta_4 productivity + \varepsilon$$

(9.1)

公式中,wage 为信息传输、软件和信息技术服务业就业人员年工资收入,robot 为行业机器人安装量,hour 为行业劳动时间,education 为行业就业人员受教育程度,productivity 为行业劳动生产率。

3. 分析步骤:

以信息传输、软件和信息技术服务业年工资收入为因变量,以行业机器人安装量、行业劳动时间、行业就业人员受教育程度和行业劳动生产率为自变量进行多元回归分析。

(1)普通最小二乘回归分析。

以行业机器人安装量、行业就业人员受教育程度、行业劳动生产率和行业劳动时间为自变量,以信息传输、软件和信息技术服务业就业人员年工资收入为因变量进行普通最小二乘回归分析。

(2)稳健性回归。

线性回归的基本假定是整体同方差不随自身预测值及其他自变量的值的变化而变化。但在实际问题的研究中,这一假定往往不能成立,会出现异方差,导致基准回归结果偏向于变异较大的数据。为了消除异方差的影响,我们需要采用稳健标准差进行回归。

(3)广义最小二乘回归分析。

由于经济变量惯性的作用、经济行为的滞后性、一些随机因素的干扰，线性回归模型中随机干扰项存在自相关从而使最小二乘回归结果不再是最优估计量。自相关系数估计有相当大的误差，T 检验也不再显著，模型的预测功能失效。为了消除自相关对结果的影响，我们需要使用广义最小二乘回归方法进行回归。本书对数据进行以 wage 为因变量，以 robot、hour、education、productivity 为自变量的迭代式 CO 估计法广义最小二乘回归分析。

（4）主因子法。

由于这里存在严重的多重共线性问题，一个自变量可以被其他的自变量通过线性组合得到。在数据存在多重共线性的情况下，最小二乘回归得到的系数值不准确，使部分系数显著性变弱。为了消除多重共线性对模型结果的影响，本书采用因子分析法，提取出相关性较弱的主因子再进行回归分析。

4. 回归结果

从回归结果可以看出（见表 9-3），行业机器人使用量、行业劳动时间、行业就业人员受教育水平、行业劳动生产率对劳动者薪酬都有显著的正向作用。根据普遍最小二乘回归结果，每增加 1 台机器人，人工智能行业劳动者年薪增加 0.08 元。根据广义最小二乘回归结果，每增加 1 台机器人，人工智能行业劳动者年薪增加 0.16 元。按主因子回归分析结果，机器人安装量和其他自变量综合作用可使人工智能行业劳动者年薪增加 27 649 元。

表 9-3　机器人使用对工资水平影响回归结果

Indepvar：wage				
depvar	OLS	OLS+稳健回归	GLS	PCF
robot	0.081 598 1 ** （0.028 428 9）	0.081 598 1 ** （0.028 428 9）	0.165 581 6 ** （0.033 355 4）	27 649.43 *** （2 743.477）
hour	15.065 65 （14.239 32）	15.065 65 （14.239 32）	−23.202 36 * （7.335 614）	
education	55 760.17 ** （17 011.28）	55 760.17 ** （17 011.28）	15 107.35 （12 201.44）	
productivity	0.890 061 9 *** （0.118 286 6）	0.890 061 9 *** （0.118 286 6）	0.129 311 2 （0.153 948 2）	
_cons	−434 894.7 ** （150 693.5）	−434 894.7 ** （150 693.5）	36 352.56 （111 171.7）	102 552.4 *** （2 586.575）
N	20	20	20	20
R^2	0.996 0	0.996 0	0.986 2	0.935 5

注：表中括号内为标准误。*、**、*** 分别表示在 10%、5%、1% 的水平上显著。

第四节　工作时间的缩短

一、工作与闲暇合理选择的理论依据：劳动供给曲线

劳动供给问题：消费者如何决定其既定的时间资源中闲暇所占的部分，或者说，是如何决定其全部资源在闲暇和劳动供给两种用途上的分配。研究消费者在时间资源约束下如何正确处理劳动与闲暇的关系，需要比较收入效应和替代效应的大小。在这里，替代效应是指当工资水平上升时，相对于消费者而言，闲暇变得更昂贵了，这就会鼓励消费者用劳动替代闲暇，为了更高的工资而更勤奋地工作，这就会导致劳动供给曲线向右上方倾斜。收入效应是指当工资增加时，消费者的效用曲线移动到更高水平的无差异曲线上，消费者经济状况比以前变好了，他就倾向于减少工作时间，用这种福利增加来享受更大的闲暇，这就会使劳动供给曲线向后弯曲。工资增加使消费者工作增加还是减少取决于收入效应和替代效应的大小。如果替代效应大于收入效应，劳动者工作时间就增加。如果收入效应大于替代效应，劳动者工作时间就会减少。因此，劳动供给曲线既可能向右上方倾斜，也可能向后弯曲。

19 世纪，大多数人每周工作 60~70 小时，他们没有任何自由时间。美国联邦政府最早在 1916 年着手制定《亚当森法案》（Adamson Act），该法案将标准劳动时间定为每天 8 小时，但只针对铁路工人。到 1937 年，8 小时工作日变成《公平劳动标准法》（Fair LaborStandards Act）的一部分。工作时间的减少一直在延续，但变化非常缓慢。美联储 1950—2011 年的数据显示，普通工人一年的工作时间下降了 11%。当前，一般在职人员每周能够获得收入的时间为 34 小时。① 近年来，劳动力需求端不断扩大，供给端却严重不足。同时，随着人们生活水平的提高，公众在解决基本生活水平的基础上，开始更多考虑闲暇时间的效用值，适龄劳动力对闲暇时间的需要逐渐超过对薪资的需要，不再愿意为高薪牺牲闲暇时间，这也导致劳动力供给的减少。反映到现实中，就是员工开始对"超长时间的工作"感到不满。

---

① 杰瑞·卡普兰. 人工智能时代：人机共生下重复、工作与思维的打扮未来 [M]. 李盼，译. 杭州：浙江人民出版社，2016：166.

二、人工智能时代劳动供给曲线变动趋势

工作时间与经济发展密切相关，与劳动者福利息息相关，是当代劳工保障体系的核心内容。工作时间缩短的影响因素主要有三个：①工作时间的缩短受社会政治、经济、文化的影响。双休日、8 小时工作制、国家法定假期等闲暇时间的增加都不是经济增长的自然产物，而是长期以来理论争辩、工人与企业及政府谈判及文化进步的结果。在美国和英国，工作者有选择工作时间的能力，其工作时间远远超过欧洲国家正常水平。在欧洲，工会政策和法律对工作时间都做出了限制。美国人均 GDP 比法国和德国高出 30%~40%，但在一年中，美国人的平均工作时间也比这些国家的人高出 30%~40%（J. E. Stiglitz，2010）。②技术进步和劳动生产率的提高使生产同样的社会财富需要更少的劳动时间，使劳动时间缩短成为可能，这是工作时间缩短的技术和物质基础。③技术进步对高技能劳动者的需求增加，而高技能劳动者由于收入水平高、自我价值实现观念强而不愿意长时间守在工作岗位。技术进步是工时缩短的必要条件，政治、法律、文化进步、收入水平提高、维权意识增强则加速了工时缩短的进程。近半个世纪来，世界主要发达国家的年工作时间均呈现缩短趋势。尽管劳动时间受社会保障、劳动保护、工资水平等多种因素影响，但技术进步带来的劳动生产率提高无疑是工作时间持续下降的前提条件和根本原因。人工智能技术通用性强、推广速度快，它的使用将显著提高社会全要素生产率，使劳动工作时间的缩短成为可能，进而使劳动者能够享受更充足的闲暇。

20 世纪 30 年代约翰·凯恩斯写了一篇题为《我们孙子辈的经济可能性》的文章，文中考虑了技术进步率，预测我们现在或许已经实现了一周工作 15 小时。

阿西莫夫 1964 年曾撰文预测，到 2014 年人类面对的一个最迫切问题就是"在一个被迫闲着的社会"感到无聊。

世界银行《2016 年世界发展报告》指出：从历史发展角度而言，技术革命导致的下岗与失业是经济进步的有机组成部分。正是生产力提高技术取代了一些人工岗位，同时也提高其他劳动者以及新入职者的技能，才能创造增长，把人力、财务资源释放进回报更高的行业。劳动者也没有必要再承担过多重体力、重复性或危险的工作。[①]

---

① 世界银行. 2016 年世界发展报告：数字红利（中文版）[M]. 北京：清华大学出版社，2017：23.

马克思认为机器的应用和发展减少了社会必要劳动时间，"使人的劳动，使力量的支出缩减到最低限度"，"使劳动获得了解放的条件"，为人的个性发展提供了自由空间。① 在马克思曾经想象的共产主义社会中，"没有一个专属的活动领域"，这让"我可以今天做一件事，明天做另外一件事，早晨打猎，下午捕鱼，傍晚喂牛，晚饭后批判。"② 马克思所说的劳动的外在性条件其实就是赚钱，我们将以赚钱为主要目的的被动劳动称为工作。当越来越多的人不再为了赚钱而进入后工作时代时，我们就达到了马克思所说的生活才是劳动的本质。

技术进步给社会发展带来的显著变化是生产效率的显著提高，从而使周工作小时大幅度减少且工资大幅上涨。盖迪·弗朗索瓦和杰拉德·温特（Guedj Francois & Gerard Vindt，1997）的研究显示，1870 年以来，英国、美国、德国和法国都减少了将近一半的工作时间。其中，工业革命的爆发地英国的人均年工作时间从 2 886 小时下降到 1 490 个小时，下降幅度近50%；第二次工业革命的主要爆发地美国和德国的人均年工作时间分别从2 964 小时和 2 941 小时，下降到 1 589 小时和 1 563 小时，下降幅度近45%。③ 工作时间下降与诸多因素有关，但其主要因素是科技进步和劳动生产率的提高。随着人工智能技术在各个领域的应用，未来 8 小时工作制将不会是主流的工作时间配置方式。在与新技术相关的新产业中，工人的工作质量水平明显高于传统产业的工作质量，人们将享有更多的闲暇时间和精力从事教育、志愿工作与交流发展。贝克尔（1965）指出，不应把休闲作为一个独立范畴，所有休闲都包含有某种消费，所有消费中都包含有某种休闲。休闲具有二重性：消费性休闲和生产性休闲。人们不是在工作和休闲之间选择，而是在不同消费活动之间做出选择。休闲者可以用市场商品、自身所支配的时间 、技能、培训和其他人力资本以及其他投入，在休闲市场中出售作为他们选择对象的商品或形成人力资本，从而使效用函数最大化。④

2020 年世界经济论坛《2020 未来就业报告》预测，在 2018 年到 2025年之间，在现有工作任务中，人和机器的边界将发生重大变化。2018 年，

---

① 马克思，恩格斯.马克思恩格斯全集（第31卷）[M].北京：人民出版社，1998：96-97.

② 马克思，恩格斯.马克思恩格斯全集（第31卷）[M].北京：人民出版社，1998：103.

③ GUEDJ FRANCOIS, GERARD VINDT. Le Temps de travail：Use Histoire Conflicatuelle [J]. Syros，1997：19.

④ 加里·贝克尔.人类行为的经济分析 [M].王业宇，陈琪，译.上海：上海三联书店，2003：115-118.

在报告涵盖的 12 个行业中，人类的平均工作时间占 71%，机器占 29%。到 2025 年，预计人类的平均工作时间占比为 48%，而机器达到 52%（见图 9-8）。

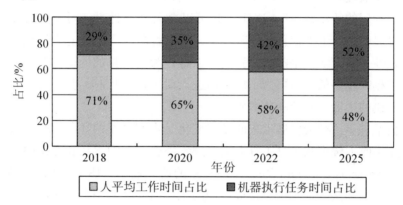

图 9-8 2018—2025 年人与机器执行工作任务时间占比变化

资料来源：世界经济论坛. 未来就业报告 2018/2020。

三、近年来我国劳动时间的变化

我国先后出台了一系列法律法规对工时制度、加班费用等进行明确规定，企业用工更加规范。

《中华人民共和国劳动法》（1995 年 1 月 1 日起施行，2018 年 12 月 29 日第二次修正）第三十六条规定："国家实行劳动者每日工作时间不超过 8 个小时、平均周工作时间不超过 44 小时的工时制度。"职工工作时间经过多次完善，最终形成双休工作制，再加上法定节假日和带薪年假后，全年休息日可达 120 天，使超时用工得到缓解，有效减轻了劳动者工作负担。《中共中央关于制定第十四个五年规划和二〇三五年远景目标的建议》指出："完善节假日制度，落实带薪休假制度，扩大节假日消费。"

从图 9-9 可以看出，2012—2018 年我国部分行业城镇就业人员调查周平均工作时间呈现下降趋势。下降幅度最大的是信息传输、软件和信息技术服务业。因为这一行业是云计算、大数据、人工智能、物联网等先进技术的最先发明者和使用者。国家信息中心发布的《中国共享经济发展报告（2020）》显示，滴滴平台上网约司机占 90%，其中 78.9% 的兼职司机每天在线时间少于 5 小时；美团平台上有 52% 的外卖骑手工作时间在 4 小时以下。[①]

---

① 国家信息中心. 中国共享经济发展报告（2020）[EB/OL].（2020-03-09）[2021-09-15]. http://www.sic.gov.cn/News/568/9906.htm.

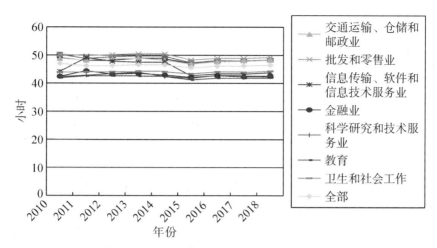

图 9-9　我国部分行业城镇就业人员调查周平均工作时间的变化

工作时间变化的集中表现是过劳时间占比的下降。从工作时间构成看，2008 年周工作时间超过 48 小时部分的占比为 44.7%，到 2018 年这一比例下降到 31.7%（见图 9-10）。

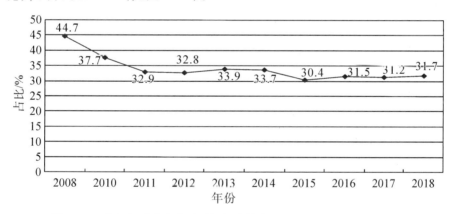

图 9-10　我国超过法定劳动时间部分的占比（周工作时间>48 小时）

资料来源：根据《中国劳动统计年鉴》数据整理。

目前，工资收入已不再是衡量企业员工高质量就业的唯一标准，在一切可能条件下满足员工在就业方面新的多元化需求，才是企业提高就业质量的着力点。随着人工智能等新技术不断赋能经济，我国全要素生产率得到大幅提升，劳动者收入水平到达较高水平，某些行业某一时期劳动供给曲线向后弯折，劳动与闲暇之间的收入效应大于替代效应。但是，随后又会出现替代效应大于收入效应的正斜率。所以，我国劳动供给曲线并不完全与传统经典理论一致，呈现不规则地向后弯曲的特征，但总的趋势是随着技术进步，劳动时间在逐步下降。根据波士顿咨询公司（BCG）关于人工智能对中国金融业未来劳动力市场的判断，到2027年，未被人工智能颠覆的金融业工作岗位的效率将提升38%，工作时间将缩短27%。其中，银行效率将提升42%，工作时间将减少29%；保险业效率将提升29%，工作时间将减少23%；资本市场效率将提升56%，工作时间将减少36%。[①]

从图9-11我国机器人使用与周劳动时间散点图可以看出，随着我国机器人安装量的增加，我国城镇单位就业人员工作周平均劳动时间在2003—2006年、2020—2011年、2016—2018年三个时间段是上升的，在2006—2009年、2011—2016年两个时间段是下降的，呈"几"字形。究其原因，2006—2009年劳动时间下降是由于宏观经济受国际金融危机冲击不景气、微观企业开工不足。2011—2016年周劳动时间下降是由机器人安装量增加叠加经济新常态下产业结构转型引起的。2016—2018年劳动者周平均工作时间短暂上升是由于人工智能和机器人向各行业加速渗透导致行业内、行业间、国际市场竞争加剧形成的。

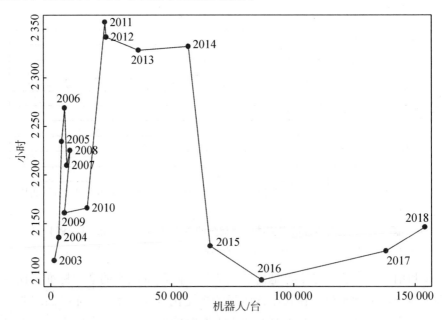

图9-11　机器人使用对劳动时间的影响

资料来源：根据《中国人口和就业统计年鉴》和国际机器人联合会数据制图。

---

① 波士顿咨询公司. 取代还是解放：人工智能对金融业劳动力市场的影响 [R]. 2018：27.

从图 9-12 可以看出，随着信息传输、计算机服务和软件业等生产性服务业劳动者收入水平的提高，一定阶段劳动力供给收入效应超过替代效应，劳动供给曲线在不同阶段有不同程度地向后弯曲。工资水平高，劳动时间相对减少，意味着劳动者就业质量的提高。这是因为随着人工智能技术的应用，新就业形态不断增多，工作地点、工作时间安排灵活化，在一定程度上减少了劳动者上下班通勤时间，从而缩短了广义劳动时间。同时，灵活创新的工作方式不依赖于工作时间的长短，而是通过人力资本提升来提高工作效率。劳动者可以利用闲暇时间进行人力资本投资，适应新经济对劳动者素质的要求。

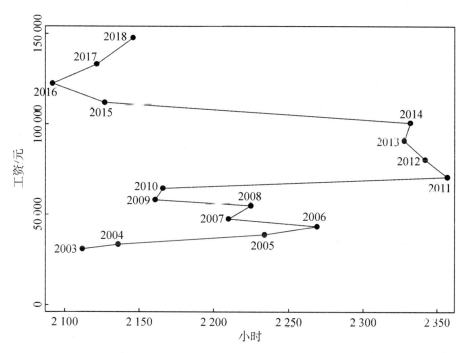

图 9-12　2003—2018 年信息传输、计算机服务和软件业劳动供给曲线散点图

注：该行业年工时＝该行业就业人员的平均周工时×（52 周－3 周法定节假日）。

但是，我国的现实情况只是验证了加里·贝克尔提出的"当工资率上升时，家庭倾向于减少家务劳动时间"，并没有验证规律性地向后弯曲的劳动供给曲线。其原因与中国经济发展阶段有关。尽管中国在世界上属于中上等收入国家，但企业劳动力加班加点的时间成本远低于利润率水平，个人的工资上涨远未达到劳动供给曲线"向后弯曲"的水平。老龄化时代的到来、社会保障的不足、家庭负担的预期增加、劳动力市场竞争的加剧、法规缺陷和勤劳的传统文化基因导致我国某些发展阶段在技术进步和劳动生产率提高时劳动时间不减反增。劳动时间较长，不利于劳动者灵活地平衡工作与闲暇的关系。工作时间长背后的根本原因是经济发展不充分，全要素劳动生产率较低。从纵向上看，工作时间的变化与人均收入水平的变化，并不存在稳定的正向或负向关系。在不同的发展阶段，工作时间和人均收入水平表现出不同的相关关系。因为工作时间与收入水平的关系还要受到多种因素的影响，包括技术进步、劳动法规的完善程度及国际环境等。根据孟续铎、杨河清（2012）的工作时间演变模型可知，在社会不同的发展阶段，由于经济增长和社会财富的增加，工作时间将呈现先减少、再增加、最后再减少的趋势。[①]

四、人工智能技术应用对劳动时间影响的实证分析

1. 变量定义及数据来源（见表 9-4）

为了便于进行 VAR 分析，本书只选择 3 个变量：年工时；机器人安装量；年平均工资。

被解释变量：年工时。年工时根据中国劳动统计年鉴数据按该行业就业人员的平均周工时与 49 周乘积计算（全年 52 周扣除法定节假日 3 周）

解释变量：机器人安装量；年平均工资。机器人安装量数据来源于国际机器人联合会（IFR）数据库。年平均工资来源于中国人口和就业统计年鉴。

表 9-4　变量说明及数据来源

变量类型	变量名称	符号	单位	数据来源
被解释变量	年工时	hour	小时	中国劳动统计年鉴
解释变量	机器人安装量	robot	台	国际机器人联合会
	年平均工资	wage	元	中国人口和就业统计年鉴

2. 模型构建

劳动时间受机器人安装量、年平均工资的影响。以年工时为因变量，以机器人安装量和年平均工资为自变量建立 VAR 回归模型：

$$\text{hour}_t = \beta_0 + \beta_1 \text{robot}_{t-1} + \beta_2 \text{robot}_{t-2} + \beta_3 \text{wage}_{t-1} + \beta \text{wage}_{t-2} + \varepsilon_t \quad (9.2)$$

[①] 孟续铎，杨河清. 工作时间的演变模型及当代对 [J]. 经济与管理研究，2012（12）：85-90.

3. 相关性分析

首先需要对变量进行对数变换处理，然后进行 pwcorr 线性相关系数分析。分析结果见表9-5。

表9-5　pwcorr 相关性分析结果

变量	lrobot	lhour	lwage
lrobot	1.000 0		
lhour	-0.004 9 1.000 0	1.000 0	
lwage	0.984 5 * 0.000 0	-0.024 3 0.999 6	1.000 0

注：设置信水平为99%。

从分析结果可以看出，机器人安装量与年平均工资经对数变换处理后相关系数为 0.984 5，通过 99% 的相关性检验。机器人安装量与年工时经对数变换处理后相关系数为 -0.004 9，通过 99% 的显著性检验。

4. 单位根检验和协整分析

（1）ADF 检验。

使用 ADF 检验方法对变量年工时对数一阶差分 d. lhour 进行单位根检验，发现 P 值（MacKinnon approximate p-value for Z（t）为 0.017 7，拒绝了有单位根的假设，通过观察 Z（t）得到同样的结论，Z（t）为 -3.242，在 1% 置信水平、5% 置信水平、10% 置信水平上都拒绝原假设，所以变量 d. lhour 是不存在单位根的（见表9-6）。

表9-6　对 d. lhour 进行单位根检验的结果

单位根检验	Test Statistic	1% Critical Value	5% Critical Value	10% Critical Value
Z（t）	-3.242	-3.750	-3.000	-2.630
MacKinnon approximate p-value for Z（t）= 0.017 7				

使用 ADF 检验方法对变量计算机和软件服务业就业人员年均工资对数的一阶差分 d. lwage 进行单位根检验，发现 P 值（MacKinnon approximate p-value for Z（t）为 0.000 0，拒绝了有单位根的假设，通过观察 Z（t）得到同样的结论，Z（t）为 -4.931，在 1% 置信水平、5% 置信水平、10% 置信水平上都拒绝原假设，所以变量 d. lwage 是不存在单位根的（见表9-7）。

表 9-7　对 d. lwage 进行单位根检验结果

单位根检验	Test Statistic	1% Critical Value	5% Critical Value	10% Critical Value
Z（t）	-4.931	-3.750	-3.000	-2.630
MacKinnon approximate p-value for Z（t）= 0.000 0				

使用 ADF 检验方法对变量机器人安装量对数的一阶差分 d. lrobot 检验，发现 P 值（MacKinnon approximate p-value for Z（t）为 0.000 0，拒绝了有单位根的假设，通过观察 Z（t）得到同样的结论，Z（t）为 -5.031，在 1% 置信水平、5% 置信水平、10% 置信水平上都应拒绝原假设，所以变量 d. lrobot 的是不存在单位根的（见表 9-8）。

表 9-8　对 d. lrobot 进行 ADF 检验结果

ADF 检验	Test Statistic	1% Critical Value	5% Critical Value	10% Critical Value
Z（t）	-5.031	-3.750	-3.000	-2.630
MacKinnon approximate p-value for Z（t）= 0.000 0				

（2）协整分析。

本书通过把存在一阶单整的变量的机器人安装量、年工时和年人均工资进行协整分析，消除它们的随机趋势，达到长期联动趋势。协整检验分析结果见表 9-9。

表 9-9　协整检验分析结果

lag	FPE	AIC	HQIC	SBIC
0	0.000 012	-2.803 42	-2.848 31	-2.682 2
1	8.1e-08	-7.889 81	-8.069 34	-7.404 9
2	1.9e-08	-9.774 25*	-10.088 4*	-8.925 67
3	3.0e-0.8	-8.446 5	-9.306 85	-8.443 11
4	-183.332	-183.488*	-184.026	-182.033

滞后阶数 2 阶时，在 PPE、AIC、HQIC 和 SBIC 四种信息准则下多为负值，都带有 "＊"，选取滞后阶数为 2 阶是比较合适的。

5. VAR 回归结果

以 d. lnhour d、lnrobot d、lnwage 为内生变量进行 VAR 回归分析。回归结果见表 9-10、表 9-11。

表 9-10 向量自回归结果 1

Equation	Parms	RMSE	R-sq	chi2	P>chi2
D_lnhour	7	0.035 187	0.587 4	18.508 66	0.005 1
D_lnrobot	7	0.327 978	0.431 5	9.867 362	0.130 3
D_lnwage	7	0.019 539	0.561 2	16.628 92	0.010 7

Number of obs = 13   Log likelihood = 71.728 6
AIC = −7.804 4   HQIC = −7.991 983   SBIC = −6.891 79   FPE = 1.20e−07

表 9-11 向量自回归结果 2

变量	Coef.	Std. Err.	z	P>|z|	[95% Conf. Interval]	
D_lnhour						
lnhour						
LD	0.248 778 9	0.224 846 9	1.11	0.269	−0.191 913	0.689 470 8
L2D	0.122 488	0.200 738 2	0.61	0.542	−0.270 951 7	0.515 927 8
lnrobot						
LD	−0.021 042 3	0.034 397 1	−0.61	0.541	−0.088 459 3	0.046 374 7
L2D	−0.058 642	0.027 254	−2.15	0.031	−0.112 058 9	−0.005 225 2
lnwage						
LD	−0.492 106 5	0.330 253 1	−1.49	0.136	−1.139 391	0.155 177 6
L2D	−1.111 564	0.359 476 9	−3.09	0.002	−1.816 125	−0.407 001 7
_cons	0.191 669 2	0.062 782 8	3.05	0.002	0.068 617 1	0.314 721 3
D_lnrobot						
lnhour						
LD	−0.595 121 5	2.095 77	−0.28	0.776	−4.702 755	3.512 512
L2D	1.613 745	1.871 056	0.86	0.388	−2.053 457	5.280 947
lnrobot						
LD	−0.257 046 1	0.320 610 7	−0.80	0.423	−0.885 431 6	0.371 339 4
L2D	−0.237 580 6	0.254 031 1	−0.94	0.350	−0.735 472 3	0.260 311 2
lnwage						
LD	−6.183 044	3.078 247	−2.01	0.045	−12.216 3	−0.149 789 6
L2D	−1.200 832	3.350 639	−0.36	0.720	−7.767 964	5.366 3
_cons	1.204 215	0.585 190 9	2.06	0.040	0.057 262 2	2.351 168

表9-11（续）

变量	Coef.	Std. Err.	z	P>│z│	[95% Conf. Interval]	
D_lnwage						
lnhour						
LD	0. 027 936 4	0. 124 854 2	0. 22	0. 823	−0. 216 773 3	0. 272 646
L2D	0. 331 47	0. 111 467	2. 97	0. 003	0. 112 998 8	0. 549 941 2
lnrobot						
LD	0. 019 803 6	0. 019 100 2	1. 04	0. 300	−0. 017 632	0. 057 239 3
L2D	0. 022 455 2	0. 015 133 7	1. 48	0. 138	−0. 007 206 4	0. 052 116 8
lnwage						
LD	−0. 468 765 9	0. 183 384 6	−2. 56	0. 011	−0. 828 193 1	−0. 109 338 7
L2D	−0. 118 132 2	0. 199 612 2	−0. 59	0. 554	−0. 509 364 9	0. 273 100 4
_cons	0. 152 669 3	0. 034 862 4	4. 38	0. 000	0. 084 340 3	0. 220 998 3

根据该回归结果可写出模型的估计方程：

$$d.\,lnhour = 0.\,191 + 0.\,249 d.\,lnhour_{t-1} + 0.\,122 d.\,lnhour_{t-2} -$$
$$0.\,021 d.\,lnrobot_{t-1} - 0.\,586 d.\,lnrobot_{t-2} -$$
$$0.\,492 d.\,lnwage_{t-1} - 1.\,111 d.\,lnwage_{t-2} \qquad (9.3)$$

$$d.\,lnrobot = 1.\,204 - 0.\,595 d.\,lnhour_{t-1} + 1.\,613 d.\,lnhour_{t-2} -$$
$$-0.\,257 d.\,lnrobot_{t-1} - 0.\,237 d.\,lnrobot_{t-2} -$$
$$6.\,183 d.\,lnwage_{t-1} - 1.\,200 d.\,lnwage_{t-2} \qquad (9.4)$$

$$d.\,lnwage = 0.\,153 + 0.\,279 d.\,lnhour_{t-1} + 0.\,331 d.\,lnhour_{t-2} +$$
$$0.\,198 d.\,lnrobot_{t-1} + 0.\,022 d.\,lnrobot_{t-2} -$$
$$0.\,468 d.\,lnwage_{t-1} - 0.\,118 d.\,lnwage_{t-2} \qquad (9.5)$$

6. 格兰杰因果关系检验

为了判断一个变量是否为另一个变量的因，我们需要对前面拟合的VAR模型进行格兰杰因果关系检验（见表9-12）。

表 9-12   格兰杰因果关系检验结果

Equation	Excluded	chi2	df	Prob > chi2
D_lnhour	lnrobot	4. 766 8	2	0. 092
D_lnhour	d. lnwage	10	2	0. 007
D_lnhour	ALL	16. 932	4	0. 002

表9-12(续)

Equation	Excluded	chi2	df	Prob > chi2
D_lnrobot	d. lnhour	0 805 1	2	0.669
D_lnrobot	d. lnwage	4.076 1	2	0.130
D_lnrobot	ALL	4.224 6	4	0.376
D_lnwage	d. lnhour	8.965 9	2	0.011
D_lnwage	d. lnrobot	2.385 8	2	0.303
D_lnwage	ALL	15.54	4	0.004

结果的第一行给出了方程 d. lnhour 中 d. lrobot 的两个滞后期的系数是否为 0 的 Wald 检验，因为 p 值为 0.092，所以我们拒绝 d. lnrobot 的两个滞后期的系数为 0 的原假设，从而我们认为 d. lnrobot 是 d. lnhour 的格兰杰因。结果的第二行给出了方程 d. lnhour 中的 d. lnwage 两个滞后期的系数为 0 的 Wald 检验，因为 p 值为 0.007，所以我们拒绝 d. lnwage 的两个滞后期的系数是否为 0 的原假设，从而我们认为 d. lnwage 是 d. lnhour 的格兰杰因。结果的第三行给出了方程 d. lnhour 中所有其他内生变量的两个滞后期的系数为 0 的 Wald 检验，因为 p 值为 0.002，所以我们拒绝 d. lnrobot 和 d. lnwag 联合起来不是 d. lnrobot 的格兰杰因的原假设。以此类推，从 p 值看，在方程 d. lrobot 中，d. lnhour 和 d. lnwage 都不是 d. lrobot 的格兰杰因。在方程 d. lnwage，d. lnhour 是 d. lnwage 的格兰杰因，而 d. lnrobot 不是 d. lnwage 的格兰杰因。

7. 向量自回归模型的平稳性检验

VAR 模型要求变量协方差平稳，所以我们在估计完模型后对其平稳性进行检验（见表9-13）。

表 9-13　平稳性检验结果

Eigenvalue		Modulus
−0.679 021 3 +	0.467 452 8i	0.824 368
−0.679 021 3 −	0.467 452 8i	0.824 368
−0.679 021 3 −	0.575 187 4i	0.731 599
0.452 102 8 −	0.575 187 4i	0.731 599
−0.011 597 97 +	0.547 076 4i	0.547 199
−0.011 597 97 −	0.547 076 4i	0.547 199

由图 9-13 可以看到，每个特征根都位于单位圆之内，从而可以判断该 VAR 模型平稳。

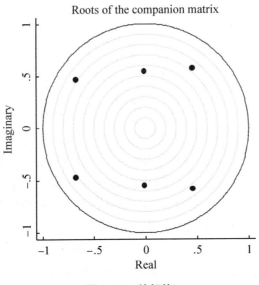

图 9-13　特征值

8. 把 d. lnrobot 作为外生变量的 VAR 模型

在前面的 VAR 模型中可以看到，d. lnrobot 方程各变量系数联合不显著，考虑 d. lnhour 和 d. lnwage 两个变量的 VAR 模型，并将 d. lnrobot 作为外生变量来处理。回归结果见表 9-14 和表 9-15。

表 9-14　以 d. lnrobot 作为外生变量的 VAR 回归结果 1

Equation	Parms	RMSE	R-sqchi2	P>chi2
D_lnhour	6	0. 032 206	0. 596 8	0. 001 7
D_lnwage	6	0. 019 413	0. 494 7	0. 026 1
Number of obs =13　Log likelihood = 67. 066 12				
AIC =-8. 471 711　　FPE = 8. 34e-07　HQIC =-8. 578 901　SBIC =-7. 950 219				

表 9-15　以 d. lnrobot 作为外生变量的 VAR 回归结果 2

变量	Coef.	Std. Err.	z	P>z	[95% Conf. Interval]	
D_lnhour						
lnhour						

表9-15(续)

变量	Coef.	Std. Err.	z	P>z	[95% Conf. Interval]	
LD.	0.120 788	0.182 117 9	0.66	0.507	−0.236 156 5	0.477 732 5
L2D.	−0.064 693 1	0.191 228 2	−0.34	0.735	−0.439 493 4	0.310 107 2
lnwage						
LD.	−0.134 709 1	0.028 281 9	−0.36	0.718	−0.866 635 4	0.597 217 1
L2D.	−1.085 071	0.314 574 1	−3.45	0.001	−1.701 625	−0.468 517 1
lnrobot						
D1.	0.064 360 3	0.028 281 9	2.28	0.023	0.008 928 8	0.119 791 7
_cons	0.108 770 5	0.063 377 9	1.72	0.006	−0.015 448	0.232 989
D_lnwage						
lnhour						
LD.	0.166 962 8	0.109 775 2	1.52	0.128	−0.048 192 7	0.382 118 3
L2D.	0.319 878	0.115 266 7	2.78	0.006	0.093 959 5	0.545 796 5
lnwage						
LD.	−0.359 977 4	0.225 097 7	−1.60	0.110	−0.801 160 8	0.081 206
L2D.	−0.182 071 3	0.189 615 9	0.96	0.337	−0.553 711 7	0.189 569 2
lnrobot						
D1.	0.010 225 7	0.017 047 5	0.60	0.549	−0.023 186 7	0.043 638 1
_cons	0.157 912 9	0.038 202 3	4.13	0.000	0.083 037 7	0.232 788 1

从回归结果我们可以看到，d. lnhour 方程在 1% 的条件下显著，d. lnwage 方程在 5% 的条件下显著。根据结果，我们可以写出拟合的方程：

$$d. lnhour = 0.108 + 0.121 d. lnhour_{t-1} + 0.064 d. lnhour_{t-2} - 0.134 d. lnwage_{t-1} - 1.085 d. lnwage_{t-2} - 0.064 d. lnrobot \tag{9.6}$$

$$d. lnwage = 0.158 + 0.166 d. lnhour_{t-1} + 0.319 d. lnhour_{t-2} - 0.359 d. lnwage_{t-1} - 0.182 d. lnwage_{t-2} + 0.101 d. lnrobot \tag{9.7}$$

9. 脉冲响应

为了观察 d. lnrobot 对 d. lnhour 和 d. lnwag 冲击程度，我们绘制出正交的脉冲响应图。

从图 9-14 可以看出，各图标题内容依次为 var1、冲击变量和响应变量。左上角的图显示，d. lnhour 的正冲击先导致 d. lnhour 先下降，然后上升，在大约 5 期后平稳下降。右上角的图显示，d. lnhour 的正冲击导致

d. lnwage 先上升，然后下降，在大约 3 期后平稳上升。左下角的图显示，d. lnwage 的正冲击导致 d. lnhour 先下降，然后上升，大约 3 期后平稳下降。右下角的图显示，d. lnwage 的正冲击导致 d. lnwage 先下降，1 期后平稳上升。

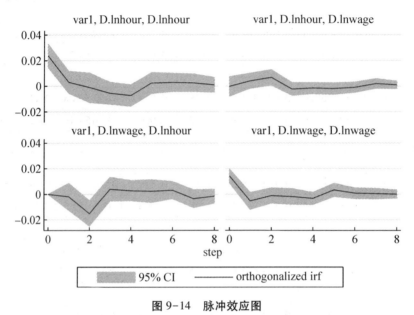

图 9-14　脉冲效应图

第五节　弹性就业和绿色就业

人工智能技术创新本身不是目标，而是为了解放生产力，拓展人类的能力，增进人类福祉。因此，我们应该利用人工智能技术促进体面劳动，确保所有劳动者在自由、公正、安全和有尊严的条件下进行工作。

一、灵活的自我雇佣模式

新就业形态指以互联网平台直接连接供给和消费两端的平台化、去雇主化的灵活就业模式。

以信息化、数字化、智能化、网络化为支撑的数字经济正在加速催生各种新就业形态，创造出相较于传统就业而言更加自主自由、更加弹性灵活的工作机会，从而实现个体价值最大化。新就业形态实现了三种转变，即从固定工作制到弹性工作制转变，从线下工作到线上工作转变，从单一工作到多元兼职工作转变。就平台企业而言，则实现了从重资产经营向轻资产经营的转变。信息技术打破了工作时间与地点的限制，使劳动者可以运用零散时间或远程办公来开展工作。近年来，弹性就业人员不断扩大，他们利用自己空闲的资源、特长、时间获取报酬，提升自己的成就感和幸福感。劳动者愿意选择灵活性、自主性的生活方式，希望享受美好的生活。人工智能技术融合了大数据、超级计算、传感网、脑科学等新理论、新技术，呈现出深度学习、跨界融合、人机协同等新特征，对经济社会发展产生了重大而深远的影响。人工智能等数字技术使市场主体只需要宽带连接就可以在平台进行交易和服务，企业的边界变得模糊。企业组织的平台化打破了传统稳定捆绑式的雇佣关系，劳动者的工作时间、工作内容、工作地点等更加弹性化。基于平台的创业就业可以跨越时空限制，远距离获得就业机会，择业和创业更加灵活。在传统的雇佣关系模式下，人们多在办公室、工厂、学校、医院、其他商业设施等特定的工作地点工作。现在，远程工作和兼职人员激增，传统就业模式正被颠覆。接入互联网的智能工厂中，所有的员工都没有必要每天待在工厂里。唯一需要做的是，工厂发生故障时，故障数据会由各种传感器通过信息物理系统进行收集。员工基于人工智能的分析结果，下达指令，指挥处理故障。这种分析也可以由在工厂里的员工与在家办公的员工来共同完成。通过互联网实时共享信息，通过可视电话进行通信。这样，既减轻了上下班的交通负担，也提高了工作效率。在新业态下工作与闲暇的界限越来越模糊。在网上冲浪的人们究竟是工作还是娱乐或者是经济学家所说的投入和产出，很难有严格的区分。面对职业选择，中青校媒调查发现，34.46%的"00后"受访者期待弹性办公时间以及自由人性化管理。[①]

平台模式具有较大的包容性，为已婚妇女、流动人口等就业困难群体提供了公平、灵活、高收入的就业机会，拓宽了劳动力市场半径，降低了失业概率。女性力所不及的工作有机器人来辅助。工业4.0的背后是一个基于互联网、人工智能等软件以及计算机技术和传感器的物联网世界。未来工厂中女性不擅长的体力劳动用机器人可以很好地完成。对于女性职工而言，更为重要的是，其能否熟练地掌握驾驭机器人的数字技术。人工智

---

① "00后"求职调查：未进职场先养生超8成大学生看好互联网行业［EB/OL］.（2021-03-29）［2022-12-30］. https://job.eol.cn/zixun/202103/t20210329_2090009.shtml.

能时代女性在家办公时间增多，这就便于平衡家庭和工作之间的关系。同样，一些有着丰富制造经验的熟练工种的体力不济的老员工可以申请延迟退休。

智联招聘的实验数据显示，具有"弹性条件"的工作会更加吸引求职者。拥有时间弹性、地点弹性的工作申请率分别为0.40%和0.38%，而完全弹性的工作申请率最高，达到0.45%，弹性条件下申请率比非弹性条件下的高62%~92%，如表9-16所示。

表9-16　不同申请条件下的申请率

申请实验条件类型	无弹性	时间弹性	地点弹性	完全弹性	申请者人数	申请率
无弹性	46	4	2	5	56	0.24%
时间弹性	1	98	3	4	108	0.40%
地点弹性	2	7	74	5	88	0.38%
完全弹性	1	4	1	113	119	0.45%
未推送	69	103	93	108	373	
总计	118	216	173	235	742	

资料来源：智联招聘. 2018 新型雇佣关系趋势调研报告（文化篇）[R/OL].（2018-11-22）[2020-09-15]. https://yantai.dzwww.com/2010sy/gdxw/201811/t20181122_16716908.htm.

QuestMobile《中国移动互联网秋季大报告》数据显示，远程办公用户规模与高峰期相比虽有回落，但仍保持在3亿的水平，相较去年同期已有超过200%的提升，用户使用习惯逐步养成，智慧办公或将成为不可逆转的时代趋势。2020年9月，Poly博诣最新发布的《新常态办公：在工作实践、空间和文化中打造混合"新常态"》（简称《新常态办公》）报告指出："'新常态办公'是未来势在必行的协作模式。新常态办公可以被理解为一种更加混合、灵活的办公思维、措施和文化。"在新常态下，我们可以期待专有的居家工作空间和环境，更小的公司占地面积，更分散的办公地点，以及更多、更广阔的招聘地域范围。办公方式将更加自由多元，人们可以选择在家办公、在单位见面或是远程在线沟通，实现随时随地的无缝办公。科技将使个人设备更易用，由于远程沟通的便捷性，商务出差也将减少。《新常态办公》报告显示，85%的企业认为，地点灵活性提升了员工的生产力，74%的CFO将远程办公作为永久选项；68%的员工表示，他们未来将接纳更广泛、更灵活的居家办公政策。在中国，51%的员工表示习惯了远程工作。

当前，有越来越多的企业建立起科学完善的远程办公机制。远程办公应用市场规模保持高速增长，并出现生态化发展趋势，在保就业稳就业、助力"新就业形态"中发挥了重要作用。截至 2020 年 12 月底，我国远程办公用户规模达 3.46 亿，占网民整体的 34.9%。企业微信服务的用户数增至 4 亿。钉钉企业组织数量超过 1 700 万。[①] 如图 9-15 所示。

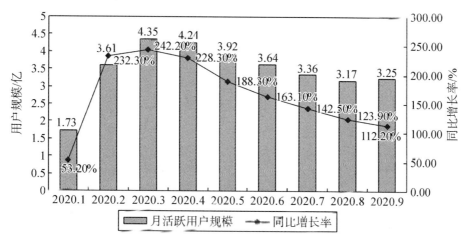

图 9-15　远程办公用户规模与增长率

资料来源：中国移动互联网数据库，2020-09。

远程办公应用正在向平台生态化方向发展。一是免费开放基本功能，培养用户习惯，为生态化发展奠定市场基础。截至 2020 年 12 月底，视频或电话会议的使用率为 22.8%，在线文档协作编辑为 21.2%，在线任务管理或流程审批为 11.6%，企业云盘为 9.4%，不同细分功能的用户使用率存在显著差异。用户规模稳步扩大和行业个性化需求增长，将共同推动远程办公应用加快平台开放，容纳更多的垂直功能接入，实现生态互联。二是处理能力迅速提升，为生态化发展奠定软硬件基础。在生产过程中，企业对远程办公的需求呈爆发式增长，极大地推动了远程办公服务功能的完善和提高。此外，我国新基建的加速推进，使企业级应用的硬件、软件基础能力有了大幅提升，为远程办公生态化建设做好了技术保障。

远程办公助力"新就业形态"的形成和完善。远程办公通过增加全社

---

① 中国互联网信息中心。

会就业弹性、提升劳动参与率,为"新就业形态"发展提供保障,在保就业、稳就业方面发挥了重要作用。一是远程办公推动传统就业方式实现创新。相比传统就业方式,远程办公方式具有显著的成本和效率优势。远程办公帮助企业破除传统就业方式的限制,实现"异地办公""移动办公"。研究显示,采用远程办公的企业,其全要素生产率提高了20%~30%,同时,每位远程办公的员工一年可为企业节省约1.4万元。随着技术升级与用户接受度的提高,远程办公在提升效率、节约成本方面发挥的作用将会持续提升。二是远程办公为基于数字技术的新型就业岗位提供重要支撑。远程办公应用可以打破地理限制、丰富组织成员协作方式、重构组织运转流程,为新型岗位提供了便捷高效的数字化工具,推动"新就业形态"发展,助力数字化转型升级。[1]

二、绿色的工作环境

每一次技术革命都是对劳动力的一种解放。人工智能技术的运用有助于改善工作环境。人工智能技术可以把人从繁重、环境恶劣的工作任务中解放出来,消除或减少工作环境对劳动者人身安全和健康带来的危害,从而更好地保障与维护劳动者的生命权和健康权。未来的智能化工厂是生态环保型工厂,实现厂房集约化、原料无害化、生产洁净化、废物资源化、能源低碳化。这样的工作环境有助于消除噪声污染、空气污染,有利于劳动者的身体健康,实现体面劳动;尤其可以减弱和消除采矿业、制造业、建筑业、电力、热力、燃气及水生产和供应业领域内的高噪音、高污染、高强度、高风险工作对劳动者身体健康的伤害。

从全国企业创新调查年鉴数据可以看出,各行业规模以上企业的工艺创新,不但降低了资源消耗、提高了生产效率、增强了生产的灵活性,而且改善了工作条件。在接受调查的企业中,采矿业有70.7%企业认为工艺创新改善了工作条件,建筑业有66.4%的企业认为工艺创新改善了工作条件(见图9-16)。

---

① CNNIC 第 47 次互联网发展状况统计报告。

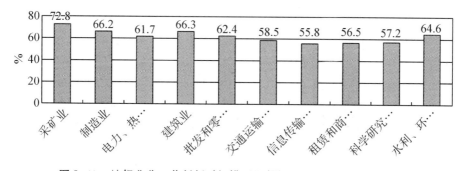

图9-16 按行业分工艺创新对规模（限额）以上企业工作条件改善

注：在工艺创新企业中，认为各项对企业影响程度为"高"的企业家占比（%）。

资料来源：国家统计局. 全国企业创新调查年鉴（2019）[M]. 北京：中国统计出版社，2019：296-297.

中国企业综合调查报告（CEGS）数据显示，使用了机器人后企业员工体力使用程度大幅下降，企业员工几乎没有从事体力劳动占比从2015年的33.1%上升到2018年的36.8%（见图9-17）。使用了机器人后劳动者用于重复性劳动的时间大幅度减少。大部分用于重复性劳动的时间占比从2015年的31.7%下降到2018年的31.3%（见图9-18）。

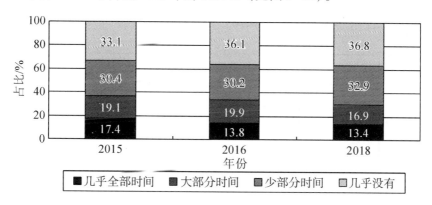

图9-17 企业员工体力使用程度比较

资料来源：武汉大学质量发展战略研究院，武汉大学中国企业调查数据中心. 中国企业综合调查报告（CEGS）[M]. 北京：中国社会科学出版社，2019：197-198.

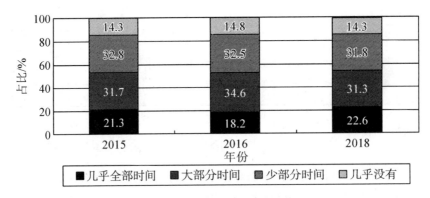

图 9-18 重复性劳动的时间

资料来源：武汉大学质量发展战略研究院，武汉大学中国企业调查数据中心. 中国企业综合调查报告（CEGS）[M]. 北京：中国社会科学出版社，2019：194-195.

　　智能机器人的使用大大减少了职工操作、搬运等消耗体力的工作和发生工伤事故的风险，而智能化检测设备上线有效地降低了职工患职业病的概率。工作环境改善大幅降低了工伤人数。在工作时间和工作场所内因工作原因受事故伤害人数，从 2011 年的 1 063 817 人降到 2013 年的 1 028 016 人，再降到 2018 年的 905 927 人。患职业病人数由 2014 年的 21 751 人降到 2018 年的 16 933 人（见图 9-19）。

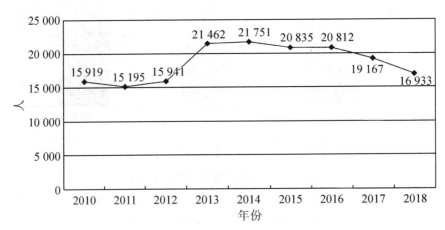

图 9-19 当期认定患职业病人数

资料来源：根据中国人口和就业统计年鉴整理。

三、广阔的职业发展空间

人工智能产业化催生的新业态和新就业形态拓展了劳动者的职业空间，使劳动者得以进入以前受限的工作市场，更有可能获取符合自己技能和兴趣的工作，获得职业培训的机会，从而缓解劳资矛盾。

从中国企业综合调查 CEGS（2016，2017，2018 年）的数据可以看出，为了适应智能化生产需要，企业加强了对在岗工人职业技术的培训力度，人均培训天数由 2015 年的 22.9 天增加到 2018 年的 35.7 天。由于职业空间的拓展，增强了岗位稳定性，因而工人工作转换率大幅下降，工人更换工作次数由 2015 年的 3.4 次下降到 2018 年的 1.8 次（见表 9-17）。

表 9-17　员工职业提升空间和劳动关系改善

年份	培训时间 /天	一线工人离职率 /%	更换工作次数 /次	曾面临员工提起劳动 争议情况/%
2015	22.9	64.5	3.4	20.5
2016	35.1	41.3	2.2	17.6
2018	35.7	27.7	1.8	16.9

资料来源：武汉大学质量发展战略研究院，武汉大学中国企业调查数据中心. 中国企业综合调查报告（CEGS）[M]. 北京：中国社会科学出版社，2019：170，174，182，233.

第六节　人工智能时代高质量就业面临挑战

虽然人工智能产业发展为我国就业质量提高提供了技术前提和必要条件，但是我们也应该看到，人工智能技术的应用对就业质量的提升效应也有其局限性。

一、灵活就业人员维权话语权缺失

由于平台参与者与平台之间不存在雇佣关系、劳动方式灵活、关系松散等，劳动者缺乏维权的协会组织和途径，最基本利益诉求得不到充分表达。虽然人力资源和社会保障部要求共享平台在用工调剂前要征求劳动者意见，但由于灵活就业的劳动者处于弱势地位，其话语权是否能够真正得到实现，还有待具体配套措施的实施保障。

二、工资水平停滞

阿西莫格鲁和雷斯特雷波分析了机器人与人力劳动在不同生产任务中的竞争模型，他们利用 1990—2007 年美国工业机器人的使用情况，对工资和就业进行了回归分析，结果显示，每千名工人中增加一台机器人，就业比例将下降 0.18%~0.34%，工资将会降低 0.25%~0.5%（Acemoglu & Restrepo，2017）。随着机器工作份额的继续增加，软件能以更廉价的方式完全新任务，工人的收入就会下降。在正规就业领域，由于人工智能是一种新的、高效的资本组织形式，那么经济必然以牺牲劳动力为代价推动资本所占份额继续上涨，低端非程序性工作任务的劳动者工资水平就会停滞。在非正规就业领域，平台就业兴起为劳动者就业和增加收入提供了机会，但高度灵活的工作安排使劳动者承担了更高的风险。平台企业根据市场需求向劳动者派单，设计一系列对企业有利的规则和考核标准，还有些平台企业要求劳动者自带生产工具。当市场需求不足时，劳动者的工作任务会减少，劳动者收入水平会下降。根据国际劳工组织 2021 年的就业报告，自 2017 年以来在网络平台上的劳动力需求和供给都是增加的。

三、技能与工作的错配

平台工作要求劳动者必须实现技能与岗位的动态匹配。在数字劳动平台中，纵向和横向技能不同程度存在错配。对于加入工作平台的某些人，技能错配是显而易见的。受过高等教育的劳动力趋于要求少量或无技能要求的工作。而在平台从事出租车和快递工作的部分人是受过高等教育的人。

四、工作稳定性下降

随着技术和产业的迭代升级，新业态不断出现，劳动力市场的变化速度加快，劳动者在不同职业与行业间流动频繁，增加了工作不稳定性。

五、劳动强度大与劳动时间长问题没有根本解决

赵春明（2020）基于 2012—2016 年中国劳动力动态调查数据和工具变量法进行的实证研究表明：工业机器人的使用并没有导致制造业部门的劳动时间延长，但引起服务业劳动时间的增加。根据国际劳工组织网上劳

动力调查报告的数据，许多工人在两个平台工作。其中，一个是线上数字平台，一个是有线下固定地点的平台。由于不能获得足够的工作或者高收入的工作，他们不得不如此。工人在数字平台的工作时间在一个典型的工作周平均为 27 小时。除了他们的平台工作外，另外一半的有酬劳动时间花费在线下工作上，平均每周为 28 小时。[1] 数字平台工人面临不可预测的工作和没有法定标准的劳动时间。这对他们工作与生活的平衡具有明显的副作用。在制造业领域，智能设备的应用极大地提高了生产效率，同时也削弱了劳动者与企业的谈判能力，工人为了获得更多的收入只能加班加点。因此，非正规就业可能造成劳动者被动地接受劳动强度大和劳动时间长的工作。在生活服务领域，网约车、外卖服务等行业的劳动者的劳动标准，因算法复杂、隐蔽、多变等特征更加难以确定。部分互联网公司在执行劳动时间标准方面不合规，正在模糊工作与生活的边界，逐步侵蚀劳动者的生活空间。根据交通运输部职业资格中心 2019 年对全国网约车司机就业状况调查的数据，非标准就业网约车司机明天完成的订单量在 15 单以上的占 46.41%。完成 15 单的时间大约需要 8 个小时，也就是超过国家规定的日劳动时间标准。2013—2018 年城镇就业人员调查周平均工作时间见图 9-20。

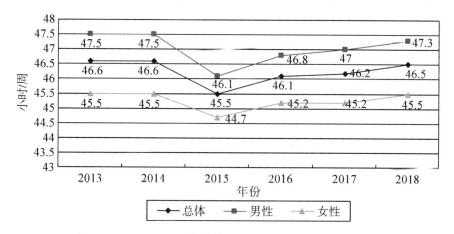

图 9-20　2013—2018 年城镇就业人员调查周平均工作时间

资料来源：根据《中国劳动统计年鉴》数据整理。

---

① INTERNATIONAL LABOUR ORGANIZATION. World Employment and Social Outlook 2021: The role of digital labour platforms in transforming the world of work [R/OL]. (2021-02-23) [2022-05-06]. https://www.ilo.org/publications/flagship-reports/role-digital-labour-platforms-transforming-world-work.

六、传统社会保障制度的失灵

从事数字工作的多数工人缺乏医疗保险、失业保险、养老保险、有害工作津贴等社会保障。特别是，从事 App 出租车和快递业务的工人，尤其是妇女，面临专业安全和健康风险。智能化平台就业的去劳动关系化是导致劳动者就业缺乏保障的重要原因。平台就业人员通过平台企业完成碎片化的工作任务，获取一定数量的报酬。互联网平台企业与劳务提供者之间的关系既有通过签订劳动合同构成标准劳动关系的，又有通过外包等方式形成非标准劳动关系的，更多的是签订合作协议来建立民事合作关系的。很多平台不承担劳动者缴纳社会保险的义务，劳动者只能以灵活就业人员的身份参加社会保险，这就给司法裁判和认定带来困难。一旦发生意外事故，劳动者的合法权益难以得到维护。特别是平台就业中的共享用工模式，同一劳动者从事的多种兼职工作跨区域、跨工种、跨企业，权益保障面临更大挑战。交通运输部职业资格中心对全国网约车司机调查的数据显示，平台未为其缴纳社会保险网约车的驾驶员占比 67.13%，在非标准就业网约车司机中这一比例高达 91%。面对复杂多变的新就业形态，我们需要出台新的法律规范来界定新型劳动关系中的责任和义务，这样才能更好地保护劳动者的最基本的合法权益。

第十章 人工智能时代实现高质量充分就业的制度安排

20 世纪 70 年代，以克里斯托弗·弗里曼（Christopher Freeman）和卡洛塔·佩雷斯（Carlota Perez）为代表的技术创新经济学派在熊彼特创新理论的基础上，将社会制度因素纳入研究范畴，提出了技术-经济范式理论，明确阐述了技术—经济范式的演变对就业效应的影响，指出失业率上升的根本原因是旧的制度与新的技术-经济范式出现结构性失调。要解决失业问题，政府必须改变社会制度结构，加快技术创新的应用，促进产业结构的调整，并大力发展社会教育和职业培训等，进而扩大就业。人工智能技术的广泛应用势必对现存的就业结构造成强烈冲击。这就要求我们必须从宏观层面提前布局，统筹规划，以应对人工智能对就业可能带来的不利影响。《中共中央关于制定国民经济和社会发展第十四个五年规划和二〇三五年远景目标的建议》指出，要强化就业优先政策；千方百计稳定和扩大就业，坚持经济发展就业导向，扩大就业容量，提升就业质量，促进充分就业，保障劳动者待遇和权益。

第一节 实施"就业优先"的人工智能发展战略

人工智能作为影响广泛的颠覆性基础技术，将对未来各行业的发展产生深远影响。我们必须加强研判，统筹谋划，协同创新，稳步推进，锻造其产业链供应链长板，补齐其产业链供应链短板，打造新兴产业链。

一、优化我国人工智能产业生态系统

1. 全面增强人工智能科技自主创新能力

把增强原创能力作为重点，夯实新一代人工智能发展的基础。加强高端芯片、算法等基础技术攻关，全面增强人工智能科技创新能力，构建新一代人工智能关键共性技术体系，占领人工智能核心技术制高点，确保人工智能核心技术牢牢掌握在自己手中。学界普遍认为，在那些自主创新活动频繁的产业部门里，就业形势要显著好于那些引进技术进行创新的产业。我国智能机器人应用的增长很大程度上拉动的是国外机器人制造业的增长，为发达国家创造了大量就业机会，对国内就业的创造效应不明显。因此，不鼓励成套地引进国外的技术和设备，对引进的国外关键技术和核心部件要消化吸收，鼓励在引进基础上开发具有自主知识产权的核心技术和产品，夯实基础层和应用层，打造我国高端完整的人工智能产业链，提升我国人工智能产业的国际竞争力，为国内创造更多高质量就业岗位。

2. 积极开发智能新产品

要强化智能科技的应用和转化，充分发挥我国在海量数据和应用规模方面的优势，坚持需求导向、积极开发人工智能新产品，推进人工智能技术产业化。要培育具有重大引领作用的人工智能企业和产业，构建数据驱动、人机协同、跨界融合、共创分享的智能经济生态系统。

3. 构建人工智能基础资源公共服务平台

开放和共享将成为下一阶段人工智能产业发展的大方向。开放技术创新和应用平台可以更好地整合数据、用户需求等方面的资源，促进人工智能产业生态圈的形成。领军企业在实践中积累了大量人机协同的经验，通过开放平台提供标准化、模块化的产品和服务，为横向企业全场景赋能。中小微型企业能够依托开放平台，打造自身的核心竞争力。传统企业也能够借助开放平台的技术实力，快速实现智能化改造。我们要积极打造人工智能开放平台，发挥人工智能核心技术和资源的溢出效应，与传统企业的数据和应用相连接，创造出智能新产品，提升企业乃至整个行业的生产效率。

4. 促进人工智能技术与其他产业的融合发展

人工智能与其他产业的融合发展，能够发挥我国在人工智能应用场景方面的显著优势，在人工智能国际竞争中形成核心竞争力。我们要发挥人工智能在产品开发、服务创新等方面的技术优势，以人工智能技术推动各产业变革，促进人工智能同三次产业深度融合，培育新的经济增长点。

二、选择"就业优先"的智能化转型发展路径

1. 优化人工智能产业布局

人工智能技术进步与前三次技术革命不同，对企业赋能、提质降本、效益倍增的效应更强，对人机互补乘数的效应、劳动者能力增强和就业质量提升的效果也更加明显。因此，我们要加快制定促进人工智能技术在新场景以及传统行业中快速落地应用的税收减免和财政补贴激励政策，创造价值链相关方的利益共享，创造多方共赢的空间，减少新技术应用落地的阻碍。我们一方面通过落地应用倒逼技术创新，提高技术的可用性和易用性；另一方面通过落地应用推动产业智能化，带动扩大就业与就业质量提升。

在人工智能战略布局时，实行垂直全产业链集群发展以及水平相关产业链带动发展的"双元"发展模式，将就业作为优先级，建立矩阵式就业优先策略，一方面是垂直全产业链整体拉动就业，另一方面是水平方向相关产业推动就业。以智能驾驶行业为例，其产业链包括整车制造企业、大型互联网企业、小型智能驾驶创新创业企业、服务配套企业和公共部门。垂直方向上，智能驾驶行业可形成"整车制造大企业稳定就业+大型互联网企业吸纳就业+小型智能驾驶创新创业企业、服务配套企业、公共服务部门创造新就业"的垂直全产业链带动就业模式。水平方向上，智能驾驶行业可利用智能驾驶技术在其他产业的应用推动就业，如在农业、矿山、港口、城市交通等领域的应用将水平带动就业。

除此之外，支持人工智能在新基建、新场景及行业应用中发展出新形态、新模式企业，如在新基建中人工智能基础数据产业基地创造的大量的数据标注师就业岗位；自动驾驶应用场景中出现的小型智能驾驶创新创业企业，包括核心传感器研发、芯片研发、关键算法研发、新兴造车企业等科技型创新企业、初创企业和新业态企业等。我们要鼓励这些新形态、新模式企业发展，拓展就业路径，提升就业新空间；同时，在以国内大循环为主体、国内国际双循环相互促进的新发展格局下，推动全球供应链的智能化转型，带动离岸外包就业、海归回潮就业。

2. 拓展具有"独特的人类技能"的工作岗位

人工智能与人类各有优势。人工智能的优势是从大量数据，特别是非结构化数据中发现规律，帮助人类完成只需要简单思考就能做出决策的重复性、标准化工作。对于程序可量化、可标准化的工作，人工智能比人类完成得更好。而人类具有思考、创造、沟通、情感交流、协作精神、好奇、热情、志同道合的驱动力等独特性，有情感、明善恶、懂美丑，更擅长从事对创造性要求高的工作。预计未来人工智能会迅速占领很多标准化领域，而人类将在各种差异化、个性化产品和服务的供应中寻觅到新的擅长领地。依据前述的人与机器的比较优势，未来人类可能扩展的"以人为本"的工作领域包括：对老年人、体弱者和精神病患者的护理类工作；基础教育和特殊教育类工作；服务于个性化需求的体验经济类工作；满足年轻人创意需要的手工艺、VR/MR 游戏体验的创意经济类工作等；除此之外还产生了一些新的职业如数据标注师、智能制造工程技术人员、虚拟现实工程技术人员、人工智能训练师、人工智能培训师、无人机装调工等。政府应抓紧制定激励政策鼓励社会创造"基于独特的人类技能"的扩展性工作。

三、实现人工智能产品与服务市场的国内国际双循环

就业是引致性需求，要扩大就业，就要通过对产品和服务需求的扩大，引致就业扩大。随着计算机视觉、人机交互、自然语言处理、机器学习、知识图谱、虚拟现实等人工智能技术在产品中的应用，企业将会根据市场需求开发出更多的新产品并创造出更多的智能服务。因此，政府应尽快出台扩大人工智能产品及服务的消费政策。一是出台鼓励人工智能产业本身创造新产品和服务的产业政策。二是制定刺激广大消费者购买人工智能产品及服务的消费政策。三是以重大人工智能新基建、落地应用新场景、更高水平开放新服务项目为抓手，创造新的需求，培育新的智能就业形态，形成强大的国内统一的人工智能产品和服务大市场，更好地满足人民群众对美好生活的向往。四是利用我国人工智能在应用领域的先发优势，创新出更多适应于国际消费市场的人工智能产品和服务，落实人工智能技术、产品与服务的出口鼓励政策，畅通和拓展国际大市场。

第二节　构建人工智能时代的人才战略

一、加强职业培训的紧迫性

1. 新技术扩张所需的时间越来越短

从科技发展史看，技术变革的周期有缩短的趋势。从造纸术发明到活字印刷术发明需要 945 年，从活字印刷术到机器织布机发明需要 744 年，从机器织布机到生产流水产线发明需要 86 年，而从计算机发明到 3D 打印出现只需要 64 年，智能机器人发明也就是十年的事情，5G 技术出现只需要两年时间（见表 10-1）。

表 10-1　新技术扩张所需的时间

新技术名称	造纸术	活字印刷术	机器织布机	生产流水产线	计算机	3D 打印
发明时间	105 年	1040 年	1784 年	1870 年	1946 年	2010 年
技术扩张过程	3 世纪作为主要写作材料	17 世纪在中国广泛传播	在英国 1860 年替代所有手工织布机	在美国 1914 年左右用于规模化生产	在印度 2002 年 BPO 行业 2.8 亿人	3D 打印企业 2011 年诞生；在德国，2016 年阿迪达斯用机器人制造出第一双鞋
间隔/年		935	744	86	76	64

资料来源：根据 Auter's calculations 整理。

随着技术变革周期的缩短，新技术推广不再像过去那样需要半个世纪甚至一个世纪之久，这意味着在技术变革期，旧工作模式需要以更快的速度转变为新的工作模式。《迈阿密先驱报》编辑安德烈斯·奥本海默指出："我们今天所做的大部分工作将由智能机器来完成，这就要求我们不断提升自己的技能。在大部分情况下，我们必须重塑自己。"[①] 新技术可以带来新的工作岗位，但这些新岗位所需要的技能并不总是完全与旧工作相匹配。成功地转换职业道路需要在充分利用现有技能的同时习得新的技能，

---

① 安德烈斯·奥本海默. 改变未来的机器：人工智能时代的生存之道 [M]. 北京：机械工业出版社，2020：53.

但如果新旧技能之间的差距太大，转换就会出现阻碍。

2. 人工智能时代对人才技能的新要求

人工智能产业发展对一些技能的需求会显著上升，"人类"技能包括创造力、原创性、主动性、批判性思维、说服力和谈判能力。情商、领导力在未来会变得更加重要。2019 年世界发展报告指出，高级认知技能、社会行为技能以及预测能力、适应能力的技能组合在劳动力市场上的重要性将与日俱增。这些技能既是人类独有的能力，也是从事更有价值工作的人力资本。智能技术的应用改变了工作任务对劳动者技能的要求，特别是与算法、程序设计相关的知识技能的要求。在现有的技能供给水平上，一方面原本能够对工艺流程进行熟练操作的工人在短期内难以调整其技术供给，另一方面低技能工人提升技能的门槛越来越高。世界银行雇主调查显示，有价值的员工会优先考虑新技能的培训，41%的雇主让高绩效员工学习新技能，53%的企业则想引进能够熟练使用相关新技术的岗位员工。

世界经济论坛报告《未来工作 2020》指出，到 2025 年人们必须具备的技能，包括善于分析性思考和创新技能、主动学习和制定学习计划能力、复杂的问题解决能力、技术设计和规划能力、创造性、原创性和内生性、镇静、忍耐力和适应性、批判性思维和分析、较高情商、技术应用和操控能力等（见表 10-2）。

表 10-2   2025 年必须具备的前 15 种技能

排行	技能	排行	技能
1	善于分析性思考和创新	9	技术应用和操控能力
2	主动学习和制定学习计划能力	10	推理、问题解决能力
3	解决复杂的问题能力	11	领导力和社会影响力
4	技术设计和规划能力	12	故障检测和使用者的经验
5	创造性、原创性和内生性	13	服务导向型
6	镇静、忍耐力和适应性	14	系统性分析和评估
7	批判性思维和分析	15	质量控制和安全意识
8	较高情商		

资料来源：World Economic Forum. The Future of Jobs 2020 ［R/OL］. (2020-10-20)［2021-09-26］. https://www3.weforum.org/docs/WEF_Future_of_Jobs_2020.pdf.

2019 年 8 月，工业和信息化部人才交流中心将人工智能产业人才的能力要素划分为四类，分别为综合能力、专业知识能力、技能能力和工程实践能力。

《新时期职业教育发展规划》对职业教育提出了新要求。未来新一代人工智能人才必须具备三个能力：一是具有分解问题和深度思考的能力；二是能够与机器人对话的能力；三是对文化、情感有敏锐的感知能力。

而对于应届毕业生而言，由于其没有社会经验、阅历和资源的积累，因而企业对于应届毕业生的软技能要求相对较低。但随着大数据对各领域的全面渗透，数据科学相关的技能需求增幅同样猛烈。在企业要求应届生掌握的增幅最高的十大技能中，编程技能位居第一，其次是数据分析技能，增幅比例均超过 55%。此外，应届生的快速学习能力、抗压性等综合素质要求也已被视为标配。总体来看，在人工智能等新技术的冲击下，求职者除了要尽早系统性地培养自己的思维品质和逻辑思维能力，并锻炼自己的沟通能力之外，还要更多地关注自身的创造力、情感沟通能力以及解决复杂问题的能力等其他 AI 无法替代的能力。正如 2019 年世界银行报告《工作性质的变革》中提出的教育思想：变化的世界和不变的教室。①

3. 我国 AI 人才体系存在短板

我国已将人工智能技术广泛运用到传统产业转型升级、政府治理现代化和民生改善等领域，然而中国相关人才存在严重不足。当前，我国人工智能产业人才队伍建设存在着一系列的问题，主要表现在人才供需不匹配、产教融合不充分等方面。

（1）人才供需缺口大。

全球人工智能公司的人才争夺战必将愈来愈激烈，2018 年人工智能专家的薪酬也或将创下新高。据麦肯锡的研究，2020 年，技能短缺每年给中国造成的机会流失可能达到 2 500 亿美元，或相当于 GDP 的 2.3%。② 我国高技能劳动力缺口及机会成本见表 10-3。

---

① 世界银行. 2016 年世界发展报告：数字红利 [M]. 胡光宇，译. 北京：清华大学出版社，2017：269.

② 腾讯研究院. 中美两国人工智能产业发展全面比较 [R/OL]. (2017-07-26) [2018-03-04]. https://wenku.so.com/d/3c2127e6a235701a49a35b3aea807ea3.

表 10-3 我国高技能劳动力缺口及机会成本

类型	人才缺口/万人	机会成本/亿美元	机会成本/GDP
职业学校	1 600	1 450	1.30%
大学	800	1 130	1.00%
合计	2 400	2 580	2.30%

资料来源:麦肯锡全球研究院.厉兵秣马,砥砺前行:后工业革命时代的中国劳动力[R/OL]. (2018-08-24)[2019-04-12].https://www.mckinsey.com.cn/厉兵秣马,砥砺前行:后工业革命时代的中国劳动/.

(2) 人才在产业链中的分布不均衡。

2017 年, 在人工智能基础层上, 美国该领域人数 17 900 人, 约占美国 AI 人才总人数的 22%; 中国该领域人数 1 300 人, 约为中国 AI 人才总人数的 3.3%; 美国该领域人数是中国的 13.98 倍, 比率约为中国的 6.7 倍。在技术层, 美国该领域人数 29 400 人, 约占美国 AI 人才总人数的 37.3%; 中国该领域人数 12 000 人, 约为中国 AI 人才总人数的 33%; 美国该领域人数是中国的 2.26 倍, 比率大体相当。在应用层上美国该领域人数 31 400 人, 约占美国 AI 人才总人数的 39.89%; 中国该领域人数 24 300 人, 约为中国 AI 人才总人数的 61.8%; 美国该领域人数是中国的 1.29 倍, 比率小于中国 21.91%。

表 10-4 中美人工智能团队人数产业链分布

领域	美国		中国		比较	
	数量/人	比率/%	数量/人	比率/%	人数倍数	比率倍数
基础层	17 900	22	1 300	3.3	13.98	6.7
技术层	29 400	37.3	12 000	33	2.26	11.3
应用层	31 400	39.89	24 300	61.8	1.29	21.91

资料来源:腾讯研究院.中美两国人工智能产业发展全面比较[R/OL].(2017-07-26)[2018-03-04].https://wenku.so.com/d/3c2127e6a235701a49a35b3aea807ea3.

美国许多顶尖人工智能人才都在企业做过首席科学家或技术负责人。中国学科人才和产业人才结合还不够紧密、交流还不够频繁。人才结构分布不均衡。中国人工智能领域的优秀人才主要分布在高校和科研机构,企业界人才非常缺乏。

（3）人才引进难度大。

美国由于拥有优良的产学研融合环境，对人工智能顶尖人才具有很大的吸引力。中国优秀人工智能人才流失问题严重，引进人才优惠政策有待改进。不过，在美国向中国高科技领域施压的国际背景下，增加中国人工智能人才储备或可迎来一些机会。中国应抓住时机，为优秀中国留学生回国深造或工作创造更好的环境。

二、我国智能技术教育和培训体系面临新挑战

目前中国的职业教育和培训机构的专业设置改革相对滞后。在探索人工智能应用型人才培养方面，应用型本科院校目前主要有五大方面的问题：

1. 人工智能专业设置不到位

在各省、直辖市、自治区高等专业院校招生专业中，会计、物流管理、酒店管理等专业同时在本科和其独立的高职学院招生，重复率超过50%。这些几年前的社会热点专业虽然具有投入成本少、考生欢迎度高等优势，但在未来很难适应劳动力市场的需求。而现实情况是，财务 APP 系统、智能仓储和机器人酒店服务已经开始侵蚀劳动就业岗位。

2. 人工智能专业教学质量有待提升

数据分析、机器人制造与养护、新媒体设计等专业课程大多在企业内部员工培训上可以看到，而在职业院校和培训机构都比较少见。部分专业改名不换内涵。有些专业带头人熟悉前沿产业，为了迎合社会热点，把原有专业更改名字，去掉"制造""机械"等字眼，增加"智能""自动"等字眼，看似紧跟时代要求，其实师资、设备、实验室配置都没有变化。"智能+"时代，随着人工智能、大数据和云计算等技术的成熟发展，智能化领域越来越宽泛，应用范围越来越广阔，涉及越来越多的学科知识，呈现出知识密集、技术密集性的特点。例如在无人驾驶技术研发中，研发人员不仅需要较强的计算机专业知识，还需要熟练掌握自动化和系统控制技术，因此，"智能+"时代需要的是跨界复合型人才，其不仅要有宽泛、深厚的学科基础知识，而且要有较强的创新、逻辑和沟通能力。然而，目前的高职教育囿于学科壁垒，缺乏跨界思维，学科建设滞后于智能化时代发展的需求，导致人才培养质量不高。

3. 教学与生产脱节

有些高职院校只重视成本比较低的课堂教学，忽视影响学生职业生涯的见习活动，或缺少实习基地，不能将人工智能与教育充分融合起来，导致教育与生产劳动脱节，使学生动手能力较差，职业素质不高，很难适应智能经济时代新兴就业岗位对技能的需求。

工作与专业相关度＝受雇全职工作并且与专业相关毕业生人数/受雇全职工作的毕业生人数。

随着高校的扩招招生，大学毕业生供给总量已经趋于饱和，面对社会停滞增长的就业岗位，大学生的就业空间被压缩，初次就业中专业对口率降低。2020届本科毕业生工作与专业相关度最低的前10位职业见图10-1。

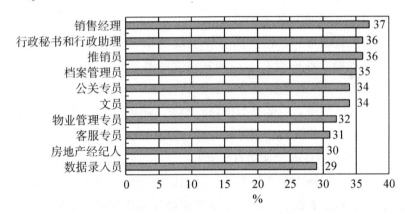

图 10-1　2020 届本科毕业生工作与专业相关度最低的前 10 位职业

资料来源：麦可思研究院. 2021 年中国本科生就业报告 [M] 北京：社会科学文献出版社，2021：103-104.

4. 智能技术教育的投入不足

职业教育与普通教育公共财政预算支出存在较大差距。从各类职业学校生均公共财政预算支出情况看，普通高职高专为 15 785.76 元，职业高中为 15 537.88 元，技工学校为 12 259.83 元，而普通高等本科则为 24 172.13 元（见图 10-2）。

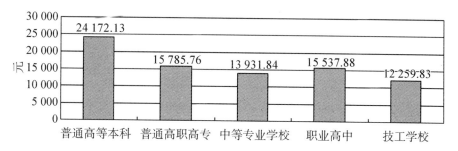

图 10-2 2018 年各级各类职业学校生均公共财政预算支出情况

资料来源：教育部财务司，国家统计局社会科技和文化产业统计司. 2019 中国教育经费统计年鉴［M］. 北京：中国统计出版社，2020：87.

5. 智能技术培训的师资水平有待提高

"智能+"时代的教育是对传统教育模式的重大变革。在"智能+教育"的智能教育环境中，传统的标准化、定制化教育将被人工智能所取代，教育智能化的趋势越来越明显。新时代的教师不仅要熟悉人工智能等相关专业，还要切实提升智能化技术水平，具备较强的信息素质、智能化思维，人工智能与教师的融合将打造出新的教育生态。但目前，高职教育中"双师型"教师的比重不高，教师的专业知识和实践技能不高，难以适应时代的要求。"智能+"时代带来的是知识和技术的快速更迭，由于认识不到位和培训机会少等原因，教师发展后劲不足。学校难以培养适应人工智能时代的专业教师。

三、健全现代智能职业技术教育和培训体系

美国芝加哥大学教授加里·贝克尔（1964）认为："通过增加人的资源而影响未来的货币和物质收入的各项活动，叫做人力资本投资"。① 人力资本投资的主要形式包括：普通教育、职业技术培训、保健和劳动力迁移等。2019 年世界发展报告《工作性质的变革》指出，发达经济体和中等收入国家的自动化导致了制造业的下岗现象，那些负责例行任务的工人是最容易被新技术取代的。相应的，技术催生的新工种需求又往往需要高级人力资本，对认知技能提出更高的要求。投资不足造成的工种与劳动力不适应性将耗费昂贵的经济代价，降低全球竞争力，进一步加剧收入不平等。

---

① 加里·贝克尔. 人力资本［M］. 梁小民，译. 北京：北京大学出版社，1987.

发展中国家应凝聚个人、企业、政府的力量，加大对人力资本的投资。[①]

1. 加快人工智能高端人才的培养

（1）增设人工智能相关专业。

在人工智能时代，人才是关键，人工智能教育是基础。首先，高等院校应尽快优化人工智能学科布局，探索深度融合的学科人才培养新模式。同时，构建基础理论人才与复合型人才并重的培养体系，推进产学研密切合作。其次，夯实人工智能基础教育，培养人工智能时代的创新人才队伍。国家应提供从小学到高中阶段的人工智能教育发展规划，并在中小学教育阶段设置人工智能相关课程，逐步普及编程教育。再次，利用人工智能技术创新教育模式，构建包含智能学习、交互式学习的新型教育体系，推动教育终身化、公平化、个性化。最后，构建以学生为中心的教育和学习环境，促使学校教育从知识灌输型向智能技术培养型转变，培养学生的创新能力、沟通能力和合作精神等综合能力。

目前，开设人工智能专业已成为高校中的一股热潮。近年来，为了贯彻落实国务院《新一代人工智能发展规划》和教育部《高等学校人工智能创新行动计划》，国内高校积极快速地布局人工智能学科建设，开设人工智能专业的高校数量呈上涨态势。2020年2月，教育部公布了2019年普通高等学校本科专业备案和审批结果。结果显示，本次全国范围内获得人工智能专业首批建设资格的共有180所，相比2018年的35所，增加了414%，反映出人工智能专业的热度攀升。2021年3月1日，教育部网站公布2020年普通高等学校本科专业备案和审批结果，确定了同意设置国家控制布点专业和尚未列入专业目录的新专业名单，智能飞行器技术、智慧交通等37个新专业列入普通高等学校本科专业目录。其中，带有"智能"或"智慧"字样专业有8个。具体见表10-5。

表10-5 2018—2020年普通高校人工智能本科相关专业新增情况

新增本科专业高校数量	2018年/所	2019年/所	2020年/所	2018—2020年增长率/%
人工智能	35	180	130	271.4
智能科学与技术	96	36	8	-91.66

---

① 世界银行. 2019年世界发展报告：工作性质的变革（中文版）[R]. 2018：45-60.

表10-5(续)

新增本科专业高校数量	2018年/所	2019年/所	2020年/所	2018—2020年增长率/%
机器人工程	101	62	53	-47.52
智能制造	50	80	84	68
数据科学与大数据技术	203	138	62	-69.45
大数据管理与应用	25	52	59	136

资料来源：教育部关于公布 2020 年度普通高等学校本科专业备案和审批结果的通知［EB/OL］.（2021－03－01）［2022－12－30］.https://www.eol.cn/zhengce/guizhang/202103/t20210301_2079475.shtml.

教育部印发《职业教育专业目录（2021 年）》旨在引导相关职业院校探索新的专业设置和人才培养路径，同时推动专业升级和数字化改造，提高职业教育适应性。国民经济和社会发展"十四五"规划对职业教育专业进行了重新优化和调整，并新设置一批专业。其目的是适应市场化需求，使专业与新技术岗位对接、与新职业岗位对接、与新业态岗位对接、与智慧化管理对接。

（2）不断开发升级课程体系。

高职院校要想培养出人工智能的高端人才，其在新建学科或专业之前必须有一套完整的方案。高职院校应根据人工智能学科自身的特点建设新的课程体系。人工智能专业与其他专业建设的关联度较高，所以高职院校更应重视人工智能专业与其他专业的有机融合。人工智能人才的培养需要面向业界、面向未来，高职院校需要根据未来至少 5~10 年人工智能产业的发展趋势，相应地调整专业课程体系和实验室建设规划。

（3）加强人工智能师资队伍建设。

开设人工智能专业，师资是关键。这对教师的知识结构也提出了新的挑战。高职院校要实现从注重高学历高职称向注重双师型的转变；建立企业导师制，加强双师型队伍建设，让教师将自身的实践经验传授给学生，使学生在走上未来工作岗位后，真正能够做到学以致用；聘用实践经验丰富的企业工程技术人员、高技能人才担任专兼职教师，推进校企共建"双师型"教师培养培训基地。

（4）实施智能技术教育接续制度。

"职业教育接续培养制度"是指从职业教育体系内部，应届毕业生升入高一级学校继续学习的制度。接续培养制度的建立有利于最终构建起中等、专科和本科职业教育以及专业学位研究生的培养体系。高职院校应在原有专业知识基础上，通过培训机构追加培训、到企业实习见习等多种措施，加强对大学毕业生的职前职后培训，提升他们的岗位能力，使其成为具有研发和操作能力的智力型员工。对缺乏专业技能、所学专业不适合需要的大学毕业生，高职院校要帮助他们学习专业技术并强化他们的操作技能，使其尽快走上新的就业岗位。目前，劳动者技能水平与岗位需求脱节的就业结构性矛盾越来越突出。因此，高职院校应面向城乡各类劳动者大规模开展终身职业技能培训，建设技能型、创新型劳动者队伍；通过培训促进新工作技能的提升与迁移，满足高技能就业岗位新需求。

（5）推进产学研合作的智能技术培养新模式。

实用人才的培养应实现从由教学培训为主向教学培训与应用研发并重型转变。推进现代学徒制，共建生产性实训基地，以市场导向多方共建应用技术协同中心。发挥企业作为人才培养主体的作用，使合作企业成为学生教学和训练的主要场所、双师型教师素质锻造的平台、校企合作和生产服务的基地。人工智能产教融合开放平台是工业和信息化部人才交流中心打造的重点项目。政府应通过联合行业龙头企业、院校、人才服务机构共同推动形成产学研用深度融合的创新人才体系和开放生态系统，加快推进创新型、复合型、应用型专业技术人才、高技能人才培养。

大力推进校企合作、工学结合的培养模式，建立企业接受职业院校学生实习的制度。加快实施弹性学习制度，鼓励实行学分制和选修制，健全半工半读制度，广泛推行订单培养和创业培训。鼓励企业创办研究机构，与学校联合建设实验室，培养人才。产学研三方合作机制有助于打破现有高校人才培养模式中普遍存在的教育与实践脱节的现状，有助于实现理论学习、专业实习与技能实践的深度对接，有助于探索人工智能专业人才培养新模式。

高校要充分发挥企业培训基地和社会培训机构的主导作用，鼓励其实行定向招生、定向培训、订单培训等新形式，使经过培训的人员能够更好、更快地与企业需求匹配。政府要注重推动企业建立职工全员培训制度，全面提升在岗职工技能水平，通过企业自身培养与院校合作培养，缓解企业技工短缺问题；要积极倡导和推行校企合作。每所高校都应选择符合产业发展方向的企业与之建立长期合作关系，按企业需求，实行订单式、定向式人才培养模式，或请企业管理技术人员参与教学，或将大学生送到企业实习，或由企业定向招录人员等，从而开通大学生直接到企业就业的通道。这样不仅可以满足企业自身对人才的需求，也有利于解决大学生就业难的问题。高校做好这项工作，需要由财政给予资金扶持。政府要进一步完善大学生实习、见习补贴政策，并落实到位；要结合产业发展需求，采取多种措施，搭建高技能人才培养平台，特别要加强重点城市公共实训基地的建设，瞄准产业变化中对高、新、专、特技能的需求，发挥基地独有优势，面向企业、院校开展实训和鉴定，为企业加速培养所需高端人才。

2. 落实重点群体"人工智能+X"职业技能提升计划

为了缓解结构性就业矛盾，政府需要加快提升劳动者技能素质，完善重点群体就业支持体系，统筹城乡就业政策体系。

（1）做好高校毕业生人工智能技术培训衔接工作。

高校毕业生群体的就业，既关系到个人价值的实现，更关乎国家长远发展和社会稳定。为了缓解高校毕业生结构性就业矛盾，政府应重点做好以下几个方面：

首先，政府要对大学生进行职业技能培训。大学毕业生普遍存在社会实践经验欠缺、职业技能不足等情况。教育部门要加大高校教学内容改革力度，使其与社会和企业的实际情况相适应。政府要鼓励高校开展校企合作，提高社会实践的比重，对吸纳大学生实习实践的企业给予税收优惠和财政补贴；和各个高校共同举办大学生职业技能大赛，形成大学生提升职业技能的社会氛围。

其次，政府要建设"大学生人工智能职业训练中心"，承担在校大学生和往届未就业大学生的职业素养和技能培训工作，每年提供一定学时的免费培训。政府可根据业界主流最新的人工智能及其应用实战技术分成基础级、进阶级、高级实战三个层次进行系统化地培训，让学员分成三个阶段深入系统地掌握人工智能技术的应用。第一步：人工智能基础级培训内容。让学员掌握人工智能的基础知识，人工智能的问题解决思路，人工智能的应用案例，人工智能产业和人工智能产品的应用解决方案。第二步：人工智能进阶级培训内容。让学员掌握人工智能中用到的机器学习方法和深度学习方法，包括有监督学习、无监督学习和半监督学习以及决策树机器学习、朴素贝叶斯机器学习、神经网络机器学习、深度学习、卷积神经网络和 LSTM 神经网络机器学习的算法模型的原理和应用实践操作，每类算法模型在具体场景中的应用实践。第三步：人工智能高级项目应用培训内容。让学员掌握人工智能的系统平台工具的应用实战，包括人工智能的代表性系统工具平台：TesorFlow 深度学习平台，Keras 深度学习库和 Python AI 系统的应用实践，在讲解的同时，由讲师带着学员对人工智能工具安排实践操作，让学员掌握实战技能。参加相关培训并通过考试的学员，可以获得工业和信息化部颁发的 AI 人工智能证书。该证书可作为专业技术人员职业能力考核的证明，以及专业技术人员岗位聘用、任职、定级和晋升职务的重要依据。

（2）落实外出农民工智能操作技术基础培训任务。

农民工是我国产业工人的主体，是国家现代化建设的重要力量。农民工群体要想实现更高质量就业，应从自身开始主动转型，从传统服务业向现代服务业流动。无论是制造业、建筑业，还是服务业，未来行业的发展趋势都对从业者的素质提出了更高要求。人工智能产业走向稳态后技术岗位的需求仍然是橄榄型的，仍然需要低端和操作性、维修性人才。数据标注和常规智能设备操作岗位，经过培训，新时代农民工也可以胜任。到2021 年年末，再就业农民工接受工作相关培训情况见表 10-6。

表 10-6　再就业农民工接受工作相关培训情况　　　　单位：%

培训情况	农民工	县内农民工	县外农民工	省内农民工	省外农民工
接受过	57.9	57.3	61.7	58.6	55.3
未接受过	42.1	42.7	38.3	41.4	44.7
总体	100.0	100.0	100.0	100.0	100.0

资料来源：国务院发展研究中心课题组. 中国民生调查［M］. 中国发展出版社，2021：374.

为了全面提升农民工队伍技能素质，人力资源和社会保障部印发了《新生代农民工职业技能提升计划（2019—2022 年）》，确定了到 2022 年末，努力实现新生代农民工职业技能培训"普遍、普及、普惠"的目标。

政府面向农村转移劳动力特别是新生代农民工，持续实施农民工"春潮行动"、新生代农民工职业技能提升计划和返乡创业培训计划等专项培训，全面提升外出农民工职业技能和就业创业能力；对有回乡创业愿望的新生代农民工开展创业培训，同时加强创业担保贷款、后续扶持等一体化服务工作；围绕乡村振兴和建设美丽乡村战略，启动新型职业农民培训工程，对职业农民进行专业技能培训。

新生代农民工接受新鲜事物的能力较强，对互联网并不陌生，职业院校和培训学校可充分利用互联网便携、即时、时间碎片等特点培训新生代农民工，借鉴互联网+各种产业的产业化发展思路，应用到互联网+各种专业的专业建设上来。未转轨培训学校的职业院校，也应主动承担培训在职和下岗新生代农民工的责任，有计划有步骤地利用互联网技术对新生代农民工开展"机器换人"领域的相关培训，培训内容包括机器的维护、保养、销售、制造和研发等方面。培训学校和职业院校可以通过互联网向社会公开课程，免费或优惠提供技能补偿，惠及广大群众。

面对"机器换人"和人工技能竞争，未来中国也会出现许多全新的职位。新生代农民工要有持续学习的心态，终身学习，而不是专注特定技能和一个领域，努力提高自己的软硬技能。硬技能包括机器维护、机械设计、软件编程等方面；软技能包括时间管理、沟通倾听、积极态度、服务能力、工匠精神等方面。这样具备通用能力的他们将是"机器换人"难以替代的。

3. 大力推进在岗职工智能应用技术提升行动

企业要制订完善的职工智能技术培训计划，开展适应岗位需求和企业发展需要的技能培训，广泛开展岗前培训、在岗培训、脱产培训、在线学习等活动，大力推进高技能人才培训；实施高危行业安全智能技术提升行动计划，严格实施从业人员安全上岗制度。政府要支持和帮助困难企业开展转岗转业人员的智能技术培训活动；在全国各类企业全面推行企业新型学徒制、现代学徒制培训。企业与参训职工应协商一致，灵活地安排工作时间，保障职工培训期间应有的工资福利待遇不受影响。

第三节　实现收益共享和工作共享

针对人工智能引发的失业问题，我们制定了三种解决方案：就业者再培训、减少工作时间或重新分配收入。

一、破除技术垄断

世界经济论坛的创始人兼执行主席克劳斯·施瓦布指出："人们对第四次工业革命最担心的问题，就是价值不能公平共享，进而加剧不平等，削弱社会凝聚力。第四次工业革命可能加剧不平等的途径之一就是垄断。"① 谷歌控制了全球约90%的搜索广告份额，脸谱控制了77%的移动社交流量，亚马逊控制了近75%的电子书市场。② 经合组织警告说，未来成熟的自学习算法可能会共同提高价格，而且人们还无法证明其不当行为。③ 如果通用人工智能能够自我完善为超级人工智能，其先发优势能在广泛市场取得优势地位。就算法歧视来看，在传统经济中，垄断企业实施一级价格歧视只是在理论上的论证。而在人工智能时代，借助大数据和机器的深度学习，垄断企业可以对每一个客户进行精准画像，有的放矢地按照消费者对每一单位产品的支付意愿进行索价，从而实现一级价格歧视，剥夺全部消费者剩余。就算法合谋来看，寡头企业之间可以通过合谋瓜分市场，提高价格，获取高额垄断利润。传统经济中，由于存在信息不对称及囚徒困境等问题，合谋难以持久。在人工智能技术时代，企业之间的合谋不再需要推测合谋伙伴的行动，也无需通过价格领先来协调彼此的行为，不需要考虑厂商数量的多少、产品性质，企业只要对自己创新的某一种算法定价就可以达到合谋的目的。因此，为了打破算法垄断，政府可以确保人工智能开发者以非排他性的方式使用公共数据，让各类开发人员更好地应用人工智能技术。同时，政府应监测独特数据集的访问权限是否成为竞争的障碍，以及是否需要解决这一问题。其他问题包括数据是否集中在少数公司手里，以及竞争对手是否借助复杂的算法索取垄断价格。竞争主管部门要考虑合并之后的公司是否拥有极具价值的独特数据集，导致其他公司不能有效展开竞争。

二、实现收益共享

在人工智能时代的就业市场上，低技能劳动者就业和收入受到的冲击较大。政府要防止低技能劳动者与高技能劳动者形成两极分化。要保障低技能群体的利益，政府需要通过相应财税政策进行调节，让人们共享科技创新带来的福利。

---

① 克劳斯·施瓦布，尼古拉斯·戴维斯. 第四次工业革命：行动路线图. 打造创新型社会 [M]. 世界经济论坛北京代表处，译. 北京：中信出版集团，2018：23.

② 菲利普·斯塔布，奥利弗·纳赫特韦. 数字资本主义对市场和劳动的控制 [J]. 国外理论动态，2019（3）：21-37.

③ 经济合作与发展组织. 数据驱动创新：经济增长和社会福利中的大数据 [M]. 张晓，等译. 北京：电子工业出版社，2017：171-172.

1. 宏观层面：探索全民基本收入计划

很多学者认为，应对人工智能和机器人的一个好的方法是实行"全民基本收入"政策。全民基本收入（UBI）具有三个设计特征：①该方案的目标人群是每一个独立收入者或就业个体。②参与者不必履行任何附带条件。③社会援助以现金而非实物转移和服务的方式提供。全民基本收入政策与其他福利政策相比的一个显著优点就是，不附带任何限制条件，给全部居民提供固定数额的转移支付，居民可以根据他们的需要来支配这笔支付。芬兰在 2016 年实施了这一制度。在欧洲一些较小地方，如荷兰城市乌得勒支和蒂尔堡也实施了这一制度。荷兰还有 18 个甚至更多的城市将会效仿并执行。德国也在进行小规模试验。

全民基本收入（UBI）制度，是人们面临就业不确定的情况下改善收入保障的一种方式。无论一个人的就业、年龄和性别如何，全民基本收入制度都能保证每个人享有最低标准的生活，并给予人们自由和空间过上他们想要的生活。全民基本收入的具体数额设定通常比较适中，可以设定在贫困线上。全民基本收入制度有助于减轻贫困，同时降低现有社会保护体系的管理复杂性和成本。联合国极端贫困与人权问题特别报告指出，全民基本收入制度与社会保护底线概念并不相悖（UN, 2017d）。全国统一规定的社会保护底线，保证了人们整个生命周期中享有不低于基本水平的收入保障，有利于人们在生活中保持尊严。当然，全民基本收入制度实施也存在一些困难，诸如政府财政负担增加、劳动参与的负面激励等。因此，全面覆盖也可以通过缴费和税收筹资的各类福利制度的组合来实现。在更广泛的社会保护体系内，加强税收筹资的要素，有助于缩小覆盖面差距，并确保人们享有不低于基本生活水平的保护。但是，为了充分满足人们的社会保障需求，正如国际劳工组织第 202 建议书所述，缴费型制度将继续发挥关键作用，以确保让尽可能多的人获得范围更广、水平更高的保护。在缴费型和非缴费型制度的结合下，建立一个有着强有力社会保障和保障水平两方面都以风险分散和公平原则为基础，继续服务于社会团结。鉴于考虑不同机制的组合，合理通过税收和缴费机制筹资，以期保证充足的保护水平和面是必不可少的（ILO, 2016b）。

我们要抛弃工业社会所依据的应对未来生活风险的设计原理，代之以按照失业风险预防和应对原理设计一个能够保障基本生活需要、人人享有的国民年金制度，弱化社会保障制度设计的市场化倾向，强化普遍主义的国民年金所体现出来的社会公平价值，促进社会和谐发展。

2. 微观层面：实施公司员工持股计划

员工持股计划是指企业员工通过现金或贷款等其他方式获得企业的股票，并通过某一机构委托管理或由员工自己行使股东权参与公司经营决策和监督，并按所持股份份额分享企业利润，从而使员工能够以劳动者和所有者的双重身份参与公司治理的一种产权制度安排。人工智能领域的上市公司可以实施员工持股或者基于现金的利润和收益共享计划，补偿基础广泛的工人，而不仅仅是高层管理人员群体，让企业利益相关者共享人工智能技术应用取得的成果。

三、实现工作共享：缩短劳动时间

随着人工智能的发展，企业创造财富的能力大幅提升，为工作时间缩短提供了技术基础。工作共享有时被称为"短期工作"，这是一种策略，已在德国、荷兰、瑞典等地广泛流行（在那里它被称为"缩时工作制"）。这项策略的运行理念是，让目前在岗职工缩短本来工作时间的 5%~10%，以使其他工人有工作的机会。同时，该举措还可以减轻劳动者倦怠程度并改善工作条件，提高生产效率。在德国，这项策略仅减少了一些员工的工作时间，而没有显著降低他们的工资。如果在一段时间内缩短他们的工作时间，他们就会有更多的休闲时间与家人共处。从宏观经济的角度来看，创造一个新的工作岗位或者更好地分享现有的工作岗位并无差异，只要工资水平并没有显著降低。工作岗位实现分享之后，可以让更多人在经济衰退期间实现持续就业。

人工智能会减少对人力劳动的需求，如果把每周的工作日减为三至四天，工作总量不变但人均工时减少，就可以让更多的人得到工作机会。马丁·福特（2016）提出了一个简单的建议：采用多人分摊工作的方法。工作性质不同，分摊方法也不同。对于那些可以轮流完成的工作，企业可把一天的工作分成几个时段，让多位工人接力完成。这样每个人都有工作，而且降低了劳动强度。对于那些无法按时间拆分的工作，企业可以采用循环工作制。每个人可以按年或按月轮流参与一项工作。这样每个人可以在一年中不同的时间享受假期，同时又能共同完成一项工作。即使在经济运行平稳阶段，工作岗位分享也可以为那些没有就业机会的工人带来更多工作机会，并且赋予劳动力更大的灵活性，使工人能够更好地平衡工作和家庭的关系。在美国，有28个州以及哥伦比亚特区都已经通过了允许工作岗位分享的法律，以避免业务量骤减引起的企业大规模裁员。在人工智能技术应用所带来的"技术性失业"规模日益扩大的情况下，企业可以更好地采用工作岗位共享策略应对挑战。

但是，面对人工智能对工作岗位持续不断的冲击，这种方案可能会失去后劲。现有的减少工时、工作共享方案仅能补偿部分损失的工资，意味着就业者的净收入还是会减少。面对短暂经济危机导致的收入下滑，就业者也许还能接受，或者政府还能承受补助，但是从长期来看，工资不断下滑肯定不会被低收入者认可，政府也很难负担巨量补助。企业和政府可以继续对此进行试验，但笔者认为这种方法并不能减轻人工智能带给就业市场的长期压力。因此，要缩短工时需要政府的法律、企业的配合、员工的积极参与。政府需要积极参与和实施全社会的工作分摊和轮岗，对分工流转方式的企业减免税收，发放特殊津贴等。

第四节　健全与智能产业发展相匹配的社会保障体系

一、健全与智能产业发展相匹配社会保障体系的必要性

以人工智能为代表的新技术革命颠覆了原有的商业模式，催生了许多灵活多样的新业态和新就业形态，出现了一大批网约车司机、外卖小哥、网络主播等灵活就业人员。这一群体具有工作场所流动化、工作时间弹性化、用工关系零工化等特征，"公司+员工"的就业模式开始向"平台+个人"的就业模式转变。这种新兴就业形态不可避免地对我国现有"工厂+生产线"的社会保障制度带来一些新的挑战。灵活就业群体虽然为社会做出了巨大贡献，但其社会保障严重不足。其中，存在问题主要表现为：

首先，就业和收入的极化趋势，"机器换人"的浪潮使中低技能的劳动者面临的就业压力加大。

其次，劳动者收入来源不稳定，身份容易落入灰色地带，缺乏社会保障。劳动者的权益保护、社会保险和劳动争议的解决等均是劳动法调整的范畴。由于平台型非标准就业劳动者不具有正式的雇员身份和劳动合同，劳动者的劳动权益保护很难纳入劳动关系的调解范畴。国际劳工组织和经济合作与发展组织把此类新就业形态归类为"隐蔽性雇佣""依赖性自雇"

"假性自雇"。数字经济在劳动力市场上创造的各类新就业形态，均出现在劳动合同法颁布之后，所以无法纳入正常的就业统计中。签订劳动合同、建立劳动关系、履行社会保障等原有的用工制度被打破，就业市场的稳定性受到挑战。许多网络平台将劳动者归类为独立承包人以逃离雇主应承担的社会责任，造成劳动力不能享受五险一金的社会福利。一旦发生劳动争议，劳动者难以维权。随着人们开始通过更多样化的途径获得工作，他们比以往任何时候都更加依赖失业保险、工伤保险等社会保障体系。尤瓦尔·赫拉利指出："职场波动如此剧烈，使得组织工会保障劳工权益变得更加困难。我们现在就能够看到，即使在发达经济体中，很多新工作的形态也是无保障的临时工、自由职业和一次合作。"[①]

最后，新一代人工智能技术的发展及应用，使现有法律法规无法适应新就业形态的要求。一方面，《中华人民共和国劳动法》和《中华人民共和国劳动合同法》以正规就业和标准工时为基础，较多关注的是在职职工，不包括灵活用工。另一方面，《中华人民共和国社会保险法》和《中华人民共和国社会保险费征缴暂行条例》也没能使灵活就业人员的社保问题得到有效处理。高流动、高活力的劳动力会加大社会保障体系的压力。新业态和新就业形态需要新制度和新契约。灵活多元化的非标准就业缺乏对劳动者参加社保和工伤赔偿等权益的保障，须与现行法规衔接，甚至创新拓展社会保障体系。一是，社会保障体系主要参照标准就业设计，是"单位关联型"，由单位缴费和个人缴费构成，灵活就业人员只能以个人身份参加社保，最低缴费年限长，个人承担部分高于城镇职工个人承担部分，参保压力凸显。二是，部分灵活就业人员收入水平不高且不稳定，所以其一般选择最低的缴费档次参保，同时断保停保现象比较严重。三是，灵活就业人员只能以个人身份前去办理，申报手续复杂，无论是参保还是转续都需要提供相应的证明材料，因此部分人参保积极性不高。同时，灵活就业人员统筹地区的转移频率比较高，现有的社会保险转移接续经办办法不能与新就业形态人员的高流动性相匹配。

因此，我们需要逐步探索和建立全民社会保障制度，将社会保护覆盖面扩大至所有非正规就业群体，为全部劳动者托起社会保障底线，推动灵活就业向高质量就业发展。

---

① 尤瓦尔·赫拉利. 今日简史 [M]. 林俊宏，译. 北京：中信出版集团，2018：28.

二、智能经济时代社会保障制度的完善

制定覆盖灵活就业的社会保险法对劳动者基本的生存和发展权具有重要的意义，关系到新就业形态的发展和劳动关系的和谐。《中共中央关于制定国民经济和社会发展第十四个五年规划和二〇三五年远景目标的建议》指出，要健全覆盖全民、统筹城乡、公平统一、可持续的多层次社会保障体系，健全灵活就业人员社保制度。为了应对智能化时代灵活就业带来的冲击，我们需要采取一系列应对措施。

1. 以工作为依托扩大社保覆盖面

社会保险包括养老保险、医疗保险、失业保险、工伤保险等项目，保险对象主要是劳动者，强调权利与义务的一致性，目的是解除劳动者的后顾之忧，维护社会稳定发展。社会保险同劳动关系密不可分，劳动者能否受到社会保险制度的覆盖，关键在于是否与用人单位构成劳动关系。现行的社会保险体系仅适用于正规就业的劳动者，对于处在非正规就业的劳动者缺乏相应的保护。在数字经济催生的新业形态出现后，灵活就业群体数量日益扩大，社会保险覆盖较窄的问题日益突出。解决此问题的关键在于重新厘清社会保险与劳动关系的关联性。从新经济实际出发，政府应该让劳动关系同社会保险进行脱钩，从传统典型劳动关系、多重劳动关系两个维度，对社会保险进行分层设计，以覆盖包括雇佣关系和劳务关系在内的广义劳动者。我们应该清楚地认识到人工智能时代的劳动者大多数没有劳动合同甚至不需要签订劳动合同，这个时代的劳动关系是隐性的而不是显性的。因此，我们不应该把劳动合同当作确定劳动关系尤其是参保资格的重要依据。一方面，政府应抛弃过去那种追求确定性、可见性的劳动关系做法，可根据个人金融账户变动情况确定是否取得收入，以此判断个人的参保资格和参保种类；明确任何人不管其是否被雇佣，是否签订劳动关系合同，劳动合同是否规范，只要个人周期性拥有所得就应该是劳动所得，就有资格并且应该参加社会保险。另一方面，政府要扩大参保对象，允许更多的社会成员参加社会保障。为此，我们要实行更为弹性的退休年龄制度，在普遍性规定退休年龄的同时允许部分人可以继续工作。任何人只要取得收入就应依法参保，而不考虑其年龄以及是否有雇佣主体等，从而不断扩大社会成员的参保资格。同时，政府要打通现行的企业职工、灵活就业以及城乡居民三类人员的参保资格、参保的险种界限，淡化这三类人员

的"雇主"缴费责任与义务，给予平台就业或其他体现人工智能时代特征的行业从业人员以职工身份参保，其"雇主"应该缴交的社保费用部分由政府予以承担，为引导社会成员积极从事信息自动化行业提供社会保障政策支持。

2. 灵活设计参保条件与缴费方式

社保法规应当允许灵活就业劳动者以个人身份参加工伤保险和失业保险，在基本养老保险和基本医疗保险费用的缴纳上降低缴费基准、给予政府补贴，调动灵活就业者参加社会保险的积极性。同时，政府要搞清灵活就业群体的多重劳动关系，具体情况，具体对待。政府对已经与某一用人单位确立了固定劳动关系、只是为增加收入而兼职的人员，不允许重复享受社会保险待遇；对于同时与多个用人单位建立合作关系或在某一用人单位持续工作可以构成事实劳动关系的非正规就业人员，政府应当在社会保险上为其"兜底"，根据灵活就业群体的累计缴费年限来确定其领取失业保险金的期限，并结合灵活就业的性质，其缴费期限可以适当缩短。这样，不仅能够确保灵活就业者失业时基本生活，而且可以缓解失业保险基金的给付压力。

3. 完善社会保险服务管理体系

在数字经济蓬勃发展、灵活就业群体规模不断扩大的新形势下，我们迫切需要从推进服务管理机构建设、培养专业化服务管理人才队伍等方面着手，完善社会保险服务管理体系。政府应当针对灵活就业群体的特点，允许其通过劳动保障机构、人才交流中心、职业介绍所等渠道办理社会保险的参保和缴费手续，并简化灵活就业群体的参保手续；应构建全国统一的社会保险服务平台，统一规范服务标准，促进社会保险服务均等化，通过数据共享、地区协同等举措解决灵活就业群体的社保参保、缴费、转移、接续等问题；开设专门的服务窗口，配备专职的服务管理人员，提升服务质量和管理能力。

总之，在智能经济飞速发展的社会大背景下，非标准就业者不管采取何种方式提供何种劳动，只要是合法合规的，就应与其他劳动者一样受到社会应有的尊重及保护。

第五节　鼓励智能化进程中的灵活就业

非标准化的灵活就业可以满足不同劳动者对就业的需求，增加劳动力市场弹性，适当缓解就业压力。当前国际上受关注的灵活就业方式主要包括：临时就业、兼职就业、远程就业、平台就业、家庭就业等。为推动新就业形态和灵活就业健康发展，稳定社会就业，笔者建议采取以下措施：

一、厘清发展灵活就业的全局性思路

灵活就业的新就业形态将成为今后就业领域的重要形态，成为整个劳动力市场发展和变革的方向。因此，国家应从顶层设计层面对灵活就业模式给予重新定位，将灵活就业纳入国家"就业优先"战略大局中去。《中共中央关于制定国民经济和社会发展第十四个五年规划和二〇三五年远景目标的建议》指出，完善促进多渠道灵活就业的保障制度，支持和规范发展新就业形态。这就需要我们统筹劳动力市场灵活性与稳定性的关系，将两者结合起来，实现两者有机统一。

二、打造促进灵活就业的数字化平台

人工智能数字化平台已成为我国灵活就业的主战场。劳动者通过大数据进行精准匹配，可以减少工作搜寻成本，打破对人才和数据的自由流动限制，帮助劳动者寻找新机遇。这种新业态和新就业形态，让人工智能带来的新型非标准化工作给劳动者带来更高的经济收入、自由度和幸福感，从而实现更高质量的就业。当前人工智能平台尚处在落地应用的初期，而且这些平台都是以技术为导向的，比如计算机视觉平台和自然语言处理平台等，随着人工智能平台与行业领域的结合越来越紧密，行业平台会逐渐浮出水面，而行业智能化平台可能会更适合普通人来创业。

三、健全"非正规就业"劳动法规

在国外许多司法规定中，竞争法禁止自我雇佣者参与集体协商，原因是他们已经形成了垄断。我国应重新审视灵活就业者的劳动法律定位，创新理论认识和调整思路；从立法思想上，树立"非正规就业与正规就业并

重"的理念，一切促进就业的法规政策同样适用于灵活就业；要突破传统思维对灵活性用工的限制，将非正规劳动关系纳入整个劳动法律调整的范畴，制定出台专门的"灵活就业劳动关系调整法"，探索具有中国特色、适应新经济发展、符合灵活就业特点要求的多元化用工制度，制定符合灵活就业特征的劳动标准体系，建立多元化劳动标准法律制度，保护灵活就业者的权益；明确平台、协作方和劳动者各自的权利、义务，设立责任追究机制。在国际上，加拿大、爱尔兰、日本和西班牙对不同类型的自我雇佣者采用例外法，允许他们参与参与集体谈判。虽然在平台上工作的劳动者居住的区域是分散的，但是他们也可以通过数字化手段组织起来，走向联合。一些工人已经建立起平台合作伙伴关系。

四、保障灵活就业人员的劳动权益

（1）建立平台与灵活就业者之间的沟通机制，就报酬、劳动安全和社会保障等问题进行协商。同时，为了增强话语权，我们应成立区域性、行业性和基于具体从业平台的三级灵活就业者协会，提高灵活就业者的集体议价能力。

（2）完善灵活就业社保政策。各地政府放开参保人员的户籍限制，允许外地和农村户籍灵活就业人员在工作地参加社会保险；同时，进一步降低缴费率，减轻灵活就业者参保的经济负担，带动灵活就业人员参保积极性。

（3）鼓励把商业保险保障方式作为社会保险的补充。我们应在充分尊重非标准就业劳动者选择意愿基础上，支持互联网平台为灵活就业群体设计的商业保险措施，建立多元化的灵活就业职业伤害保障体系，对此政府应予以财政补贴和税收优惠。

五、优化灵活就业发展环境

灵活就业规模大，是稳就业的重要渠道。地方政府要深化"放管服"改革，取消对灵活就业的不合理限制。一是鼓励个体经营。对从事个体经营的，按规定给予贷款担保、税收优惠等方面的政策支持。二是对就业困难人员从事非全日制工作的，按规定给予社保补贴。三是对线上教育、在线医疗等新就业形态实行包容审慎监管措施，鼓励互联网平台创造更多非标准就业岗位。四是为灵活就业人员提供优质公共服务，制定并完善平台就业劳动保障政策，维护灵活就业人员的劳动权益。

六、加大对灵活就业者的技能培训力度

灵活就业者所在行业人员流动性大，缺乏有效的职业上升通道和培训保障。因此，今后我们要加大对灵活就业者的培训力度，疏通灵活从业者的职业发展通道。笔者建议，政府、平台、企业、学校各方开展职业教育，共建实训基地，深化产教融合；对已有平台企业开展灵活就业职业培训的，纳入职业培训补贴。只有这样，才能提升灵活就业人员技能和职业认同感，拓展他们的职业发展空间，增强他们从事新职业的信心和动力。

参考文献

[1] 马克思. 资本论 [M]. 北京：人民出版社，2004：707-819.

[2] 曾令秋，王德忠. 马克思失业理论与西方经济学失业理论：一个新的综合. 经济学家，2008（4）：73-78.

[3] 朱轶，熊思敏. 技术进步、产业结构变动对我国就业效应的经验研究 [J]. 数量经济技术经济研究，2009（5）：107-119.

[4] 托马斯·安东齐. 欧洲国家的创新与就业：基于产业视角 [M]. 经济科学出版社，2013：280-309.

[5] 尤瓦尔·赫拉利. 今日简史：人类命运大议题 [M]. 林俊宏，译. 北京：中信出版集团，2017：17-40，251-260.

[6] 李正友，毕先萍. 技术进步的就业效应：一个理论分析框架 [J]. 经济评论，2004（2）：21-24.

[7] 经济合作与发展组织. 数据驱动创新：经济增长和社会福利中的大数据 [M]. 张晓，译. 北京：电子工业出版社，2017：186-239.

[8] 曹静，周亚林. 人工智能对经济的影响研究进展 [J]. 经济学动态，2018（1）：103-115.

[9] 国务院. 新一代人工智能发展规划 [EB/OL].（2017-07-20）[2017-08-01]. http://www.gov.cn/zhengce/content/2017-07/20/content_5211996.htm.

[10] 卢克·多美尔. 人工智能：改变世界，重建未来 [M]. 赛迪研究院专家组，译. 北京：中信出版集团，2016：133-150.

[11] 詹姆斯·亨德勒，爱丽丝·穆维西尔. 社会机器：即将到来的人工智能、社会网络与人类的碰撞 [M]. 王晓，王帅，王俊，译. 北京：机械工业出版社，2018：77-147.

[12] 凯文. 塔尔博特. 移动革命：人工智能平台如何改变世界 [M]. 吴建新, 译. 北京：机械工业出版社, 2017：13-65.

[13] 方建国, 尹丽波. 技术创新对就业的影响：创造还是毁灭工作岗位：以福建省为例 [J]. 中国人口科学, 2012 (6)：34-44.

[14] 韩孟孟, 袁广达, 张三峰. 技术创新与企业就业效应：基于微观企业调查数据的实证分析 [J]. 人口与经济, 2016 (6)：114-124.

[15] 埃里克·布莱恩约弗森, 安德鲁·麦卡菲. 第二次机器革命：数字化技术将如何改变我们的经济与社会 [M]. 蒋永军, 译. 北京：中信出版社, 2016：229-281.

[16] 杰瑞·卡普兰. 人工智能时代：人机共生下财富、工作与思维的大未来 [M]. 李盼, 译. 杭州：浙江人民出版社, 2016：125-200.

[17] 麦肯锡全球研究院. 人机共存的新纪元：自动化、就业和生产力 [R/OL]. (2017-02-16) [2017-05-10]. http://www.mckinsey.com.cn/wp-content/uploads/2017/02/MGI.

[18] 克劳斯·施瓦布. 第四次工业革命转型的力量 [M] 北京：中信出版社, 2016：141-155.

[19] 陈永伟. 人工智能与经济学：近期文献的一个综述 [J]. 东北财经大学学报, 2018 (3)：6-21.

[20] 李开复. AI 未来 [M]. 杭州：浙江人民出版社, 2018：146-249.

[21] 王晓, 崔友平. 技术进步与就业：一个文献述评 [J]. 云南财经大学学报, 2013 (2)：21-26.

[22] 吕世斌, 张世伟. 中国劳动力"极化"现象及原因的经验研究 [J]. 经济学 (季刊), 2015 (2)：757-778.

[23] 史蒂文·希尔. 经济起点：共享经济、创造性破坏与未来社会 [M]. 苏京春, 译. 北京：中信出版集团, 2017：167-272.

[24] 王军, 詹韵秋. 技术进步带来了就业质量的提升吗?：基于中国2000—2016 年省级动态面板数据分析 [J]. 云南财经大学学报, 2018 (8)：29-39.

[25] 托比·沃尔什. 人工智能会取代人类吗? 智能时代的人类未来 [M]. 闾佳, 译. 北京：北京联合出版集团, 2018：124-143.

[26] 理查德·萨斯坎德, 丹尼尔·萨斯坎德. 人工智能会抢走哪些工作 [M]. 李莉, 译. 杭州：浙江大学出版社, 2018.

［27］闫雪凌，朱博楷，马超. 工业机器人使用与制造业就业［J］. 统计研究，2020（1）：74-87.

［28］龚遥，彭希哲. 人工智能技术应用的职业替代效应［J］. 人口与经济，2020（3）：86-105.

［29］孔高文，刘莎莎：孔东民. 机器人与就业：基于行业与地区异质性第探索性分析［J］. 中国工业经济，2020（8）：80-97.

［30］王永钦，董雯. 机器人兴起如何影响中国劳动力市场：来自制造业上市公司的证据［J］. 经济研究，2020（10）：159-175.

［31］魏下海，张沛康，杜宇洪. 机器人如何重塑城市劳动力市场：移民工作任务的视角［J］. 经济学动态，2020（10）：92-109.

［32］刘志阳，王泽民. 人工智能赋能创业：理论框架与比较［J］. 外国经济与管理，2020（12）：3-16.

［33］隆云涛，刘海波，蔡跃州. 人工智能技术对劳动力就业的影响［J］. 中国软科学，2020（12）：56-64.

［34］杨光，侯钰. 工业机器人的使用、技术升级与经济增长［J］. 中国工业经济，2020（10）：138-156.

［35］唐永，张衔. 人工智能会加剧资本主义失业风险吗：基于政治经济学视角的分析［J］. 财经科学，2020（6）：51-65.

［36］侯俊军，张莉，窦钱斌. "机器换人" 对劳动者工作质量的影响：基于广东省制造业企业与员工的匹配调查［J］. 中国人口科学，2020（4）：113-128.

［37］孟祺. 数字经济与高质量就业［J］. 社会科学，2021（2）：47-58.

［38］戚聿东，刘翠花，丁述磊. 数字经济发展、就业机构优化与就业质量提升［J］. 经济学动态 2020（11）：17-35.

［39］中国信息通信研究院. 中国数字经济就业发展研究报告：新形态、新模式、新趋势［R/OL］.（2021-03-23）［2021-04-05］. http://www.caict.ac.cn/kxyj/qwfb/ztbg/202103/t20210323_372157.htm.

［40］凯文·拉古兰德，詹姆斯·休斯. 未来的就业：技术性失业与解决之道［M］. 艾辉，冯丽丽，译. 北京：人民邮电出版社，2018：12-45.

［41］罗杰·布特尔. AI 经济：机器人时代的工作、财富和社会福利［M］. 欣玫，译. 杭州：浙江人民出版社，2021：5-30.

［42］王军，常红. 人工智能对劳动力市场影响研究进展［J］. 经济学动态，2021（8）：146-160.

［43］王林辉，胡晟明，董直庆. 人工智能技术、任务属性与职业可替代风险：来自微观层面的经验证据［J］. 管理世界，2022（7）：60-78.

［44］吕健，陆宣. Chat GPT 为劳动者带来的机遇、挑战及其应对［J］. 当代经济管理，2023（12）：1-8.

［45］周子凡. 生成式人工智能对就业的影响及应对之策［J］. 当代经济，2023（1）：46-52.

［46］ILO. World Employment and Social Outlook：The role of digital labour platforms in transforming the world of work［R/OL］.（2021－02－23）［2021－04－02］. https://www.ilo.org/.wcmsp5/groups/public/@ dgreports/@ dcomm/documents/publication/wcms_771672.pdf.

［47］. DAVID H AUTOR，DAVID DORN. The Growth of Low－Skill Service Jobs and the Polarization of the US Labor Marke［J］t. American Economic Review，2013，103（5）：1553-1597.

［48］MICHAEL COELLI，JEFF BORLAND. Job Polarisation and Earnings Inequality in Australia［J］. Economic Record，2016，92（296）：1-27.

［49］GOOS，MAARTEN，ALAN MANNING，et al. Explaining Job Polarization：Routine-Biased Technological Change and Offshoring［J］. American Economic Review，2014，104（8）：2509-2526.

［50］AUTOR D H. Why are there still so many jobs？ The history and future of workplace automation［J］. Journal Of Economic Perspectives，2015，29（3）.

［51］ACEMOGLU，DARON，PASCUAL RESTREPO. Artificial Intelligence，Automation And Work［R］. No. W24196. National Bureau of Economic Research，2018.

［52］CARL BENEDIKT FREY，MICHAEL OSBORNE. The Future of Employment：How Susceptible are Jobs to Computerisation？［J］. Technological Forecasting & Social Change，2013，114：254-280.

［53］WORLD ECONOMIC FORUM. The Future of Jobs：Employment，Skills and Workforce Strategy for the Fourth Industrial Revolution［R］. Geneva，

Switzerland: World Economic Forum, 2016.

[54]. ACEMOGLU, RESTREPO. Robots and Job: Evidence from US. Labor Markets [J]. Journal of Political Economy, 2020, 128 (6): 2188 – 2244.

[55] HOWELL D R. The future employment impacts of industrial robots: An input-output approach [J]. Technological Forecasting and Social Change, 1985, 28 (4): 1-310.

[56] ACEMOGLU, RESTREPO. The Race Between Man and Machine: Implication of Technology for Growth, Factor Shares, and Employment [J]. American Economic Review, 2018, 108 (6): 1488-1542.

[57] WORLD BANK. World Development Report 2019: The Changing Nature of Work [R/OL]. (2018 – 06 – 10) [2018 – 07 – 28]. https://open-knowledge.worldbank.org/handle/10986/30435.

[58] ELOUNDOU, TYNA, SAM MANNING, et al. GPTs Are GPTs: An Early Look at the Labor Market Impact Potential of Large Language Models [R/OL]. (2023–03–10) [2023–03–28]. http://arxiv.org/abs/2303.10130.

[59] OECD. OECD Employment Outlook 2023: Artificial Intelligence and the Labour Market [R/OL]. (2023–07–11) [2023–07–25]. https://www.oecd.org/en/publications/oecd–employment–outlook–2023_08785bba–en.html.

[60]. GMYREK P, BERG J, BESCOND D. Generative AI and jobs: A global analysis of potential effects on job quantity and quality [R/OL]. (2023– 08–23) [2024–10–05]. https://doi.org/10.54394/FHEM8239.

[61] BRYNJOLFSSON E, L DANIELLE, L R RAYMOND. Generative AI at Work. [R/OL]. (2023–10–20) [2023–11–01]. http://www.nber.org/papers/w31161.

[62] FELTEN E, M RAJ, R SEAMANS. How Will Language Modelers Like ChatGPT Affect Occupations and Industries? [R/OL]. (2023–04–18) [2023–05–06]. https://arxiv.org/pdf/2303.01157.

[63] IZETZKI E, S JAIN. The Impact of Artificial Intelligence on Growth and Employment [R]. VoxEU. org, June 20, 2023.

[64] CAZZANIGA. Gen–AI: Artificial Intelligence and the Future of Work [R]. IMF Staff Discussion Note SDN2024/001, International Monetary Fund,

Washington, DC.

[65] WEF. Jobs of Tomorrow: Large Language Model and Jobs-A Business Toolkit [R/OL]. (2023-09-18) [2023-10-02]. https://www.weforum.org/publications/jobs-of-tomorrow-large-language-models-and-jobs/.